思想觀念的帶動者

文化現象的觀察者

本土經驗的整理者

生命故事的關懷者

Psychotherapy

探訪幽微的心靈，如同潛越曲折逶迤的河流
面對無法預期的彎道或風景，時而煙波浩渺，時而萬壑爭流
留下無數廓清、洗滌或抉擇的痕跡
只為尋獲真實自我的洞天福地

心理治療
核心能力系列 5
CORE COMPETENCIES IN PSYCHOTHERAPY

學習認知行為治療

——實例指引

Learning Cognitive-Behavior Therapy:
An illustrated guide

葛林・嘉寶
Glen O. Gabbard, M.D.——系列主編

傑西・萊特
Jesse H. Wright, M.D., Ph.D.
莫妮卡・巴斯可
Monica R. Basco, Ph.D.
麥可・泰斯
Michael E. Thase, M.D.——合著

陳錫中、張立人 等——合譯
陳錫中——審閱 王浩威——策劃

財團法人華人心理治療研究發展基金會共同出版

目次

作者簡介

傑西・萊特醫師（Jesse H. Wright, M.D., Ph.D.）
肯塔基州路易維爾大學醫學院（University of Louisville School of Medicine）成人精神醫學部教授兼主任。

莫妮卡・巴斯可博士（Monica R. Basco, Ph.D.）
德州大學西南醫學中心（University of Texas Southwestern at Dallas）心理學部精神醫學系臨床副教授。

麥可・泰斯醫師（Michael E. Thase, M.D.）
賓州匹茲堡大學醫學中心（University of Pittsburgh Medical Center）成人精神醫學基礎研究部教授兼主任。

譯者簡介

陳錫中　國立陽明大學醫學系畢

國立陽明大學公共衛生研究所博士候選人

臺灣大學醫學院附設醫院精神醫學部心身醫學科

暨睡眠疾患中心主治醫師

臺灣大學醫學院附設醫院精神醫學部

認知行為治療督導醫師

張立人　國立臺灣大學醫學系暨中國文學系輔系畢

臺灣大學醫學院附設醫院雲林分院精神部主治醫師

莫庚翰　中山醫學大學醫學系畢

彰化基督教醫院鹿東分院精神科主治醫師

莊宜芳　國立臺灣大學醫學系畢

美國約翰霍普金斯大學公共衛生學院博士班

臺灣大學醫學院附設醫院精神醫學部住院醫師、總醫師

精神科專科醫師

許嘉月　慈濟大學醫學系畢

英國布里斯托大學實驗心理學系碩士班

居善醫院兼任主治醫師

林安省　國立陽明大學醫學系畢
國立臺灣大學流行病學研究所碩士班
行政院衛生署八里療養院主治醫師

倪信章　國立臺灣大學醫學系畢
國立臺灣大學臨床醫學研究所碩士班
長庚醫院兒童心智科主治醫師

王桓奇　國立臺灣大學醫學系畢
行政院衛生署桃園療養院兒童青少年精神科研修醫師
精神科專科醫師

郭佳倫　中山醫學大學醫學系畢
中山醫學大學醫學研究所碩士班
署立草屯療養院主治醫師

林彥鋒　國立陽明大學醫學系畢
財團法人恩主公醫院精神科主治醫師

劉彥平　國立陽明大學醫學系畢
玉里榮民醫院主治醫師

【總序】心理治療核心能力系列

近年來，隨著神經科學及精神藥物學驚人的進展，有些精神醫學的訓練計畫已不再強調心理治療的教育。因為日益強調精神疾病在生物學上的基礎，及將主要治療策略轉移至身體治療，許多住院醫師及教育學者公開譴責精神醫學已得了「失心症」（loss of the "mind"）。這種治療策略重點的轉移，因管理照顧（managed care）時代常見的慣例——所謂「分割治療」（split treatment）而益形複雜，這意味著精神科醫師常常被貶為單純的開藥醫師，而心理治療則由其他心理衛生專業人員為之。這種改變已在精神醫學教育專家及精神醫學教育消費者——即住院醫師本身，激起相當大的憂心。

然而，因為各種醫學專科普遍推動建立核心能力（core competencies）之運動，所以精神科醫師養成教育中，心理治療的重要性近來再度被重申。1999年，醫學繼續教育評鑑委員會（Accreditation Council for Graduate Medical Education, ACGME）及美國醫學專科醫師委員會（American Board of Medical Specialties）均認定用一套有組織的原則來評估醫學教育的資格是必須的。這六個原則即：病患照顧、醫學知識、人際與溝通技巧、以實務為基礎之學習及促進、專業度，及以系統為基礎之技能，全部參照目前醫學教育上所謂的基礎能力。

這次醫學教育內部的運動，乃起始於約二十年前美國教育部一項規模更大的運動之直接結果，所有教育方案，包括認證教育，均必須發展出結果評估工具，委託給醫師的訓練方案自然不能例外。

就如同其他醫學專科，精神醫學界未能妥善處理此變局，將核心能力的概念轉譯成有效的精神醫學用語。「核心能力」這樣的用語本質上不明確，在精神醫學教育學者間激起許多討論。此用語是否意指臨床醫師擁有足夠能力，足以使任何一個人都會毫不遲疑地轉介家人給他（她）治療？亦或此用語暗指基本的知識及技能，可確保某種合理程度的安全性？這些疑問均未被完全解答。藉由發展對核心能力的基本理解，未來幾年內，將在醫學或精神醫學不同團體內，努力與教育學者心中合理的標準做連結。

2002年的七月，精神科住院醫師甄審委員會（Psychiatry Residency Review Committee, RRC）下令：所有精神科住院醫師之訓練計畫，不論在臨床及教育課程上，均必須開始實施六項核心能力原則，這些計畫若無法執行，在進行認證調查時可能要接受引證，此命令也要求教育訓練指導者發展出更熟練的方法，以評估住院醫師在計畫中的進展與學習狀況。

採用核心能力於精神醫學的一部分過程，便是精神科住院醫師甄審委員會深感心理治療的合理能力，應包含五種不同型式的治療——長期精神動力（psychodynamic）心理治療、支持性心理治療、認知行為（cognitive behavioral）治療、簡短（brief）心理治療及心理治療併用精神藥物學（psychopharmacology），如此對所有精神科住院醫師提供一個好的精神醫學教育，必能有理想的成果。

許多訓練計畫必先爭著尋覓各個治療模式訓練的完整師資及教材，以便能促進學習的過程。美國精神醫學會出版有限公司

（American Psychiatric Publishing, Inc.）深感在這五種指定的範圍出版基礎的教科書，將對訓練計畫有莫大助益，所以於2002年，美國精神醫學會出版社主編羅伯特・海爾斯博士（Dr. Robert Hales）指定我擔任此一系列五本書的編輯。此系列書籍命名為「心理治療核心能力」（Core Competencies in Psychotherapy），並邀請各心理治療界居領導地位之專家執筆，以彰顯這五本簡潔教科書的特色。每一冊包含治療執行上的主要原則，同時也提供評估住院醫師在各項治療上的訓練是否已達某水準之方法（若需更多有關此系列書籍的訊息，請見www.appi.org）。

真正心理治療的專家需要多年熟練地督導及照會經驗，然而，因為基本功夫可以在住院醫師訓練時學習，所以精神科醫師新手，也可以準備好使用必要的治療來面對不同的病患。

這些書將成為傳統心理治療教育方式的重要助力，這些教育方式包括：督導、課堂教學，及對不同病患的臨床經驗。我們深信在熟練這五冊書本教材後，將可跨出學得心理治療能力的一大步，並且最終提供給求助病患慈悲的照顧。

系列主編　葛林・嘉寶醫師
布朗精神分析基金會主席
貝勒醫學院精神科門診暨心理治療教育主任
德州休士頓

【中文版序】心理治療之路

從事精神醫療的過程，常要聽人述說人生經驗，處理悲歡離合的反應，這樣做可以幫助改善精神疾病，也充實自己對人類行為的瞭解。許多人因為對人的行為有興趣而走精神科，因此可以說，選擇精神醫療為職業的人，會期待自己是好的心理治療師。

1970年代初，好友們先後翻譯了佛洛伊德（Sigmund Freud）的《日常生活的精神病理學》、《性學三論》和《夢的解析》，以及梅寧哲（Karl Menninger）的《精神分析術》，使我有機會閱讀一些精神分析相關的著作。然而有系統的閱讀心理治療書籍，是在第一年住院醫師時，由林憲教授帶領的心理治療讀書會，讀書會訂在星期五下午五點到七點。大家將伍伯格（Lewis R. Wolberg）的《心理治療術》（*The Technique of Psychotherapy*）這本心理治療的百科全書，依照章節分攤報告，在四十週讀完。這本書每一章的頁數相當多，讀起來並不容易，尤其沒有多少實際經驗，讀起來一知半解的地方很多。我擔任總住院醫師時，有機會在心理師楊思根先生指導下，有系統地閱讀一本行為治療的書。記得在台大精神科地下室，大家坐在治療室的沙發椅上，一面討論書的內容，一面實際操作，譬如肌肉放鬆技巧、呼吸技巧等，現在回想起來還印象深刻。那時，徐澄清教授每週一次的督導，也是從行為治療的觀點來討論兒童行為的評估和改變技術。因此可以說，我比較有系統地學習動力心理治療和行為治療的理論和技術，是在台大擔任住院醫師的那四年。1978年到加拿大英屬哥倫比亞大學接受兒童和家庭精神科住院醫師訓練時，成人心理治療、兒童心理治療或家庭治療，都是以督導之下實作為主，唸文獻為輔，在討論到某些內容的時候，才會到圖書館找尋相關的資料。受到督導老師的影響，「關係治療」和Knobloch的「整合治療」（Integrated Psychotherapy）的文獻，剛興起的borderline的文獻，以及主修的兒童和家庭治療的文獻，在這段期間倒是讀了一些。

1981年回台，將在加拿大學到的一些理論和技巧使用在台灣患者身上，在理論和技巧上，因為碰到不同的困難和多種因素而有所修正，而逐漸發展出自己對心理治療引起的行為改變的一些看法。這些年來在督導時，尤其在督導的後期，會和住院醫師分享、說明行為改變的原理，及心理治療在人和社會環境的互動中所扮演的角色。

1990年代中期，林憲教授退休，原由林憲教授負責的住院醫師心理治療課程改由我負責。本想承襲林教授的規畫，以閱讀伍伯格的《心理治療術》為基礎，可是新版《心理治療術》的篇幅愈來愈大，一年實在讀不完，住院醫師也難以消化。因此我將一年的讀書會規畫為三段，第一段閱讀一些精神分析的中文書籍，像《夢的解析》等。第二段讀一本動力心理治療基本技巧的書，我用過的有兩本，第一本是由Ursano等三人所撰寫的《Concise Guide to Psychodynamic Psychotherapy》，這是一本非常精簡的口袋型指引手冊，全書分為十二章，以討論治療過程相關的現象和技巧為主。這本書對住院醫師而言太過於精簡，因此後來我採用另一本也是由American Psychiatric Press出版，由Hollender和Ford兩位教授共同主編的《Dynamic Psychotherapy: An Introductory Approach》。這本書分為十五章，文中有很多對話的例子，敘述治療的過程中實際發生的內容，以幫助閱讀者瞭解書中所敘述的一些現象和技術。2004年我到紐約參加美國精神醫學會年會時，看到展覽的葛林・嘉寶（Glen O. Gabbard）教授主編的心理治療系列，其中一本《Long-Term Psychodynamic Psychotherapy》，我把它買回來，打算取代前兩本書成為第二段的閱讀材料。在讀書會的第三段，是由住院醫師自選動力心理治療的大師們的著作，加以介紹。例如安娜・佛洛伊德（Anna Freud）、艾瑞克森（Erikson）、榮格（Jung）、克萊恩（Klein）、溫尼考特（Winnicott）都是常被選的人物。經過幾年嘗試，我發現只要把心理治療讀書會分成兩部份，即刪除上述第一段，保留第二段和第三段就可以了，這也是近幾年的做法。

近十來年的台灣心理治療，從過去的荒漠時代進入百花齊放的世代。愈來愈多人投入心理治療的市場開發、專業訓練和實際運用，心理治療成為一個新興的產業，不只成立許多心理治療相關的學會和協會推展心理治療，臨床心理師法的實施，也給了臨床心理師和諮商心理師從事心理治療業務的法律依據。然而全民健保的低給付不符心理治療的成本，及神經科學和藥物等生物治療的突飛猛進，都對心理治療的發展有重大的影響。近年來，人權，尤其是適當高品質之醫療權的呼聲已成主流要求，因此，助人專業也應順應主流思潮，積極研發有效的心理治療理論和技術，建立高品質的心理治療標準作業程序，使心理治療成為標準助人專業不可或缺的一環。

世界醫學教育聯盟在1990年代起推展全球醫學教育標準的一致化，在十九世紀末提出醫學教育的目標是要教育出具有基本核心能力的醫生。本世紀初，更將基本核心能力加以整合成為七個核心課程。即：專業的價值、態度、行為和倫理、醫學的科學基礎、臨床技巧、溝通技巧、人口學和公共衛生系統、資訊處理、批判性的思考和研究。美國的各專業醫學會，也逐步發展各專業所必需的核心能力，譬如嘉寶教授在總序中所提到的，美國精神醫學會已初步制訂精神科醫生需要具備的核心能力，並有專書指引。根據該核心能力中有關心理治療的部份，由嘉寶教授擔任總主編，著手編撰心理治療核心課程的書籍，總共有五本之多，由美國精神醫學會出版有限公司出版，做為美國精神科專科醫師養成之心理治療核心課程用書。心靈工坊預定將這幾本書及另一本相關的書翻譯出版，供正在培養專業素養的人，及已經從事心理治療專業的相關人士參考之用。在全套著作中，我只讀過動力心理治療這一本，這是一本目標取向的實用書籍，我將用在台大精神科住院醫師心理治療訓練課程。由該書高實用性的內容推測，這整套書籍的完整和實用性，對於培養一個有效的、有能力的、關心病人的心理治療師，是非常重要而完整的基本著作。我相信閱讀這些基本著作，並在適當的督導下進行心理治療訓練，可以建立心理治療師的基本核心能力。我相信這是台灣心理治療朝著建立專業證照的重要基礎和執行歷程，對台灣心理治療的發展有極大的助益，更對國人接受心理治療的品質有較好的保證。希望心理助人專業者能善用這一系列書籍。

宋維村　謹識

臺大精神科、心理學研究所、流行病學研究所副教授

臺大醫院精神部兒童精神科主任

臺灣心理治療學會理事長

亞洲兒童青少年精神醫學會會長

2005年九月

【譯序】真知力行的核心能力——認知行為治療

在當代精神健康專業社群中，認知行為治療因其治療的原理具有「常識性」，操作治療的架構又富有「實證性」，因此一直被認為是最符合現代科學典範檢驗療效成果的心理治療方法。話雖如此，在臺灣，卻一直未見適合入門學習者，同時又有實際範例示範的專門教科書，可供知識與技巧的傳承。本書是美國精神醫學會出版社委託葛林・嘉寶醫師主編，為滿足美國精神科住院醫師心理治療核心能力所出版系列基礎教科書之一。中文版的發行相信可以解決目前國內在推廣認知行為治療的訓練、服務與認證上遇到的困難。

以筆者任職之醫學院附設教學醫院為例，認知行為治療之教學研究傳承近二十年。除了臨床廣泛使用的基礎認知行為技術外，幾位醫師曾經針對華人族群飲食疾患、呼吸放鬆訓練、失眠、銀髮族失眠以及社交畏懼症等個別議題，進行認知行為個別或團體治療模式的發展與改良。在這段期間，亦完成數本進階專書論述認知行為方法應用於心身醫學之實作技巧與案例介紹，例如《精神官能症之行為治療》(李明濱、李宇宙醫師合著)，以及針對失眠患者設計之認知行為自助手冊《李宇宙好眠自助寶典》(李宇宙、陳錫中醫師合著)等。然而，在訓練住院醫師基礎認知行為治療能力時，卻不若提供認知行為治療服務或研究來的順利。原因之一是受訓的住院醫師在心理治療能力的基礎教育上，往往有相當之異質性。「知識」是必要的能力，透過大量閱讀外文之參考文獻或指定教科書雖會有相當助益，卻常受限於「專業術語」之不易理解，以及陷入急於套用「套裝」治療模式，忽略基礎核心技巧的窘境。關於後者，可以透過選定合適的入門教科書來解決；問題是，對於「專業術語」字意下的原理，常常需要透過以「外文解釋外文」的方法來溝通的結果，往往與真意擦身而過。再者，完成初步訓練之後，學習成效的評量也莫衷一是。何謂「基礎必備能力」？有無客觀的評量方法？這些都是督導者與受訓者的共同困擾。

有鑑於此，自2005年起，在心靈工坊王浩威醫師的策劃下，選定「心理治療核心能力系列」叢書中《簡短心理治療》與《學習認知行為治療》兩本與時限性心理治療相關的教科書，委由前臺大醫院精神醫學部李宇宙醫師執行統整翻譯的工作。李宇宙醫師帶領了一群對於時限性心理治療有興趣的臨床醫師，開始翻譯的任務。在繁重的臨床工作外，譯者群利用公暇之餘，透過定期的討論會，分頭進行翻譯。在整個過程中，對於專門術語的譯詞討論最為耗時。由於譯者全數為臨床醫師，所有平時朗朗上口的專業用詞，如：「case formulation」、「collaborative empiricism」等，突然間不知如何用最為貼切的中文來表達。在定期的翻譯討論會中，譯者群收集國內先進著作或譯著中的用法，盡量沿用學界習慣用語來進行中譯。然而，令人扼腕的是我們發現在中譯詮釋上依舊存有相當的變異。找出最貼切譯法的過程並不輕鬆，但李宇宙醫師鼓勵大家，除了翻譯教科書本身會在教學上帶來相當的便利性外，試行建議某些心理治療專門用語之中譯法，也會對學界帶來些許貢獻。令人遺憾的是，李醫師因為健康因素在2006

年之後便無法繼續協助翻譯的工作，並將統合翻譯的工作囑託給筆者。所有參與翻譯的醫師，也自始至終牢記著李醫師的鼓勵與叮嚀。因此，《簡短心理治療》與《學習認知行為治療》兩冊中的譯詞，與另一本同是李宇宙醫師統合翻譯，葛林・嘉寶醫師的大作《動力取向精神醫學》的譯詞，原則上是連貫與一致的。

筆者協助《簡短心理治療》與《學習認知行為治療》的翻譯、審閱工作前後近四年時間，雖然過程篳路藍縷，但也體認到徒具「知識」是無法有效助人，真知力行後增長的「智慧」才是力量來源的道理。翻譯過程中透過實作所累積的經驗與體會，對於筆者未來教學與助人的志業有莫大的幫助。能有這樣的收穫需要感謝王浩威醫師對於出版時程延宕的包容與鼓勵，裘佳慧小姐在編輯上的專業協助，張立人醫師費心整理初譯稿，以及邱錦榮老師持續的關懷。顧此失彼的同時，更謝謝親愛的家人靜怡、子彤、子杉與母親捐出家庭時間，支持兩本譯著的完成。雖然耽誤了一些時間，許多殷殷企盼中譯本付梓的師長、同僚總算可以開始使用於臨床與教學實務上，同時也期盼先進們不吝指正。最後，希望譯序交代的種種，能傳遞給遠在天際的恩師宇宙與先父。

陳錫中
臺大醫院精神醫學部
2009年九月

認知行為治療簡介

（編註：本文原標題為「臺大醫院認知行為治療訓練摘要」，由前臺大醫院精神醫學部心身醫學科李宇宙醫師為臺大醫院精神醫學部住院醫師訓練計畫親自撰寫。現經邱錦榮女士同意後節錄部分內容轉載於此，希望能以最精簡的方式，使讀者快速掌握認知行為治療的歷史脈絡及發展走向，特此致謝。）

認知行為治療（cognitive-behavior therapy，簡稱CBT）是傳統上廣義心理治療的一種；以治療的深度來區分，就支持性（supportive）、再教育（re-educative）、重新建構（re-constructive）三個層次而言，CBT至少包含了前兩個層次。支持性關係是治療初始最基本的要件，沒有經驗過支持性關係的治療者，往往會遭遇到困難。認知治療和行為治療經常被誤解為將思考型態和行為模式強加諸於患者，與上述要件的闕如有關。嚴格說來，CBT是強調在工作同盟（working alliance）的基礎上協助指導患者學習和實踐，其治療機轉也是一種重新建構，只是所根據的是學習理論和認知理論，而非傳統的精神動力學理論。

心理治療的分野與範疇

今天狹義的心理治療，是指從古典的精神分析（classical psychoanalysis）到新佛洛伊德學派（neo-Freudian）一脈相承的所謂領悟性心理治療（insight-oriented psychotherapy）和精神分析導向式的心理治療（psychoanalytical-oriented psychotherapy），認知

和行為治療被分離出來成為獨立的領域。

CBT和分析式心理治療最大的差別在於治療關係和時間脈絡：

動力學派心理治療	行為學派心理治療
關注移情、反移情關係和阻抗作用的運作	強調治療者主動直接的治療態度，關係固定
歸納早期發展和創傷經驗素材	演繹問題和行為症狀形塑機轉
以過去／現在時間軸向上意識／潛意識流動為主要觀照	從此時此刻的實存到將來的可能性進行新建構
Intra-session & Indoors	Inter-session & Outdoors
self-connectedness	selfless-connectedness

認知行為治療學派的源流

「行為治療」（behavior therapy）和「行為改變」（behavior modification）的原始概念有必要先行釐清。由於歷史發展的結果，兩者已經逐漸被混用，但是嚴格地加以界定，仍有極大的分別。前者強調「治療」，由巴甫洛夫（I. P. Pavlov）的「古典制約」（classical conditioning）理論發軔；後者由美國本土發展出來，從史金納（B. F. Skinner）的「工具制約」（operant conditioning）理論衍生：行動的行為結果（behavioral consequence）會回饋改變原來的行動和行為。這兩種治療理論施用的對象一開始就有很大的差別：前者廣泛地應用在臨床醫學與心身醫學領域；後者則被援用於教育、機構和監獄管束的訓練上，再逐漸延伸到臨床領域上來，如及急慢性精神病患，或兒童與青少年問題的照護和處置等。

國內過去有人將兩者混為一談，形成對行為治療忽略患者自主性的刻板印象，認為這個治療學派患者不顧患者動機，把患者當動物一樣實驗。同時也認為，行為治療無法治本，僅止於暫時抑制外顯症狀，會有替代性症狀出現。實際上這些刻板印象已經一一被駁斥，批評者反而被認為有陷入「還原主義」（reductionism）的嫌疑。實際上今天的CBT主要精神是在讓案主透過學習自我調控（self-regulation），重新建立有助於適應的思考和行為模式，治療者一開始便定位於旁輔的角色，促引真正「以病人為中心」的實踐。以認知行為治療對自我監控（self-monitoring）效應的重視可說明這一種不同於「內省」或「洞見」（insight-oriented），反而強調「實踐」的和「行動」的內涵。

在藥物學還未發展之前，精神分析式治療是臨床精神醫學的主要治療形式，精神分析成為精神醫學的專業，並由相關專業團體把關。在精神藥物學和生物精神醫學發展以後，非藥物治療方面由於其他相關臨床專業人員如臨床心理師和臨床社工加入，作出了極大的貢獻。其實更早之前，當醫療服務體系由精神科醫師所主導時，行為學派的心理學者已經在實驗室中從事單一個案實驗（single case experiment study），為認知行為治療奠定了嚴謹的行為改變理論基礎，至今行為治療即被當做臨床心理學的主要領域之一。

另一方面，傳統精神分析治療主流亦有學者努力思索，意圖突破心理治療的限制，建構更穩固之科學理性基礎，如提出「交互抑制」（reciprocal inhibition）理論的渥爾普（J. Wolpe），和建立認知治療的貝克（A. T. Beck），從傳統的動力學派出發，開創了臨床精神醫學的認知和行為治療模式。這兩股力量和實驗心理學的研究匯流起來，成為今天認知行為治療的風貌。

近年來，貝克強調辨認重塑自動化思考（automatic thought）的認知治療，艾里斯（A. Ellis）強調改變功能不良思考（dysfunctional thought）的理情治療，和班度拉（A. Bandura）從社會學習理論出發，尋找自我效能（self-efficacy）的中心治療機轉，其實又和傳統支持性心理治療的強化患者自我強度（ego strength）不謀而合。認知行為治療正逐漸形成一種精神科治療的新典範，和藥物治療相呼應或抗衡，對於某些疾病的治療，目前已有以認知行為治療為主，以藥物治療為輔的概念。

認知行為治療與精神醫學訓練

在美國，認知行為治療雖然仍未被納入專科醫師的必要訓練之一，但在八〇、九〇年代之後，許多學者一直在思考：精神科醫師在心理治療上的訓練範疇究竟為何？除了藥物治療和一般的心理社會處置外，認知行為治療對於專業養成和日後執業意義為何？由於管理式醫療和健保時代的來臨，由第三部門給付成為二十一世紀醫療的主要特性，短程的治療成效和客觀數據的需求將使臨床目標被拆解成更為具體而微小（精神分析投資報酬率的判斷遭到很大的困難），而認知行為治療正好滿足這個需求。因此基於專業發展的考量，在專科醫師訓練階段包含此治療模式是絕對需要的。

CBT的重要的理念之一是，所有臨床決策上要建議或應用的，都必須可由量化數據呈現出來，抽象的目標也應該在技術上設法，藉著行為分析和邏輯經驗論的法則呈現。這樣的思維的確將心理治療淪為計量式治療活動，不過在醫學科學化的努力之中恐怕勢為必要之惡。

臺灣精神科住院醫師認知行為治療訓練模式

國內的訓練醫院中，臺大醫院精神醫學部自十五年前起即將CBT列入住院醫師訓練選項。十年前專科醫師制度開始實施，開始納為正式的訓練科目，是住院醫師第三年的重點訓練之一，包含在心身醫學的次專科訓練內。一季三個月的時間，每人接案三至五名，以每週至少一個session的個案工作頻度，10到12個sessions數大約能夠達成一個治療目標的需求。有過起碼支持性心理治療或分析性心理治療訓練者，學習成效較好。

第一個月的學習目標為orientation, conceptualization, psychophysiological assessment, cognitive-behavior assessment及goal setting。

第二個月為self-monitoring training, behavioral strategies如discrimination training, biofeedback control training, relaxation training, exposure training...等等，包括home practice的training。

第三個月為goal reevaluation, goal resetting, transferring training (from in-vitro to in-vivo), 以及termination & disposition training。

有幾項原則需要強調：第一、治療目標必須小而具體；第二、尋找量化指標；第三、必須顧及整體疾病的病理和患者的主要關注焦點；第四、不能忽略疾病和問題行為所造成的功能障礙；第五、將患者過去自我治療的策略納入評估；第六、瞭解自己的極限；第七、傳統心理治療所強調的「同理心」（empathy）仍然是基本配備。

過去二十年來，針對個別病態行為和問題行為的特殊認知行為治療技巧不斷地被開發驗證，要在三個月內熟悉它並不容易。訓練內容僅能針對壓力處理和焦慮處理的練習為基礎，從relaxation training, biofeedback training, measurement的基本技巧出發，再逐漸基於治療需要討論其他特殊技巧的應用。由於轉介而來的個案可能有難度稍高的個案，因此難免會有挫折，不過反而有助於學習效果。

李宇宙
2006年七月

前言

ix 認知行為治療（cognitive-behavior therapy, CBT）這種治療方式自1950年代被引介以來，其影響與擴展範圍始終穩定成長。眾多對照研究顯示CBT能有效治療憂鬱症、焦慮疾患及各種其他症狀。此外，最近的成果也顯示CBT對於使用藥物治療的嚴重精神疾患病人，例如難治型憂鬱症、躁鬱症、精神分裂症等，也有加成療效。這些發現連同焦點取向、務實、高度合作的治療方式所帶來的益處，都激發了大家對於學習如何執行CBT的興趣。

要將CBT納入治療法中，精神科住院醫師必須展現出相當能力，這點更促進了提供認知行為方法有效訓練的活動蓬勃發展。當本書的主要作者（Jesse H. Wright）在1980年代初期開始教導住院醫師、研究生和臨床執業醫師CBT時，這種方式常被視為輔助或專業療法。現今，CBT則被公認為精神疾患治療的核心組織理論與方法之一。CBT的課程在精神科住院醫師實習計畫、心理學研究所訓練及其他心理衛生專業人員的養成教育中，都是標準課程。為臨床執業醫師設計的繼續醫療教育計畫，也在美國精神醫學會（American Psychiatric Association）、美國心理學會（American Psychological Association）和許多其他機構的會議中廣泛提供。

我們寫作本書的目標，是為了提供一份學習CBT重要技巧的簡易入門指南，並協助讀者有能力勝任這種治療方法。x 我們一開始會先追溯CBT模式的起源，並概述核心理論與技術。接著描述

CBT中的治療關係，解釋如何以CBT模式將案例概念化，並詳述架構療程的有效方法。如果你了解CBT的這些基本特色，你就應有穩固的基礎能學習改變認知與行為的特定程序，這些記敘於本書中段章節，例如修正自動化思考的方法；治療精力低落、缺乏興趣及逃避的行為策略；以及修正適應不良核心信念的介入方法。《學習認知行為治療：實例指引》最後三章專門幫助你建立更精進的技巧，例如克服治療過程中的阻抗、治療複雜疾患以及持續建立CBT方面的知識與經驗。

我們發現理解CBT精髓的最佳方式，就是將觀摩治療進行的機會（不論是藉由看影片、角色扮演或觀察實際療程），與閱讀和課堂講授相結合。下一步則是與患者練習這些方法，理想的情況是在受過訓練的認知行為治療師審慎督導下進行。本書的設計是要幫助你從三個主要方向學習CBT：閱讀、觀察和實作。本書所附的影片闡明CBT的特色，書中也提供各式各樣的學習演練，幫助你建立施行認知與行為技術的技能。

幾位自願的臨床執業醫師同意示範普遍使用的CBT方法，影片範例即是他們演出的成果，影片以簡約的風格拍攝，因為我們的目的是展現執業醫師在實際療程中可能使用的方法，而非請收費演員依照腳本製作看似流暢或專業的影片。我們想要闡明實際可行且兼具各種優缺點的介入方法，展現真實療程的特色。因此，我們請四位不同學科領域的執業醫師根據他們治療過的病例，與不同背景與病症的病患進行角色扮演。護理診斷師吉娜・伍茲（Gina Woods）扮演患有焦慮疾患的患者（由主要作者傑西・萊特醫師面談）；精神科住院醫師凱莉・辛格特里－瓊斯（Kellye Singletary-Jones）扮演有婚姻問題和憂鬱症的年輕女士；

心理學家及教牧輔導師克里斯坦・史莫（D. Kristan Small）扮演有憂鬱症和焦慮的男士（由精神科醫師芭芭拉・費茲傑羅〔Barbara Fitzgerald〕面談）；在CBT方面有豐富經驗的內科醫師麥可・哈里菲德（Michael Hollifield）則扮演一位在工作上吃力，且低自尊的男士（由本書共同作者麥可・泰斯醫師面談）。

我們不演出每個案例的全部療程，而是要求執業醫師製作示範重要CBT方法的簡短片段（長度為三到十分鐘），例如合作的治療關係、議題設定、辨識自動化思考、檢視證據，以及分級暴露於所畏懼的刺激中。我們選定這種形式，是因為當這些片段出現在書中時，我們想要闡述特定的重點，並且將核心方法的說明與影片範例直接連結起來。我們建議讀者觀看其他錄影療程紀錄，作為本書所附影片的補充，這樣才能看到技巧和風格的各種示範。由大師級認知行為治療師（例如亞隆・貝克〔Aaron T. Beck〕、克莉絲汀・佩德斯基〔Christine Padesky〕及亞瑟・弗利曼〔Arthur Freeman〕）進行的完整療程有攝製成影片，索取影片的資訊則列於附錄二〈認知行為治療資源〉一節。

影片範例提供於DVD上。要觀看影片時，請將光碟放進DVD播放器或有灌錄DVD光碟機驅動程式的電腦中，這時螢幕會出現主選單，列出光碟內含的每個片段。請依照這些影片在書中出現的順序，並在你閱讀相關特定主題時觀看。舉例來說，頭兩段影片的設計是搭配第二章〈治療關係：進行合作的經驗療法〉。我們建議你先閱讀說明影片所示範方法的文本後，再看相關影片。

我們描述用於影片範例的病歷時，以彷彿那是真實案例的手法呈現。事實上，執業醫師確實治療過有類似問題的人，我們將這些經驗混合，據此產生這些模擬情境。全書描述病患的方式彷彿這些人都真實存在，因為以這種溝通風格寫作及閱讀案例資料讓人很自在。使用這些案例資料時，我們變更了性別、背景資訊和其他數據資料，使我們或我們同事治療過的病患身分得以隱匿。同時為了避免「他或她」的累贅措辭，當我們不是撰述特定案例時，會輪流使用不同性別的人稱代名詞。

運用工作表、檢核清單、思考紀錄表和其他書面練習，可以強化CBT的實踐。因此，我們納入一部分這些有用的格式，讓你能用於規畫或執行CBT。範例提供於內文及附錄一〈工作表及清單〉中，附錄一也可於美國精神醫學會出版社網站免費下載完整版本及更大的格式，網址是 http://www.appi.org/pdf/wright。

執行CBT所需的特定能力，「美國精神科住院醫師訓練指導學會」（American Association of Directors of Psychiatric Residency Training, AADPRT）已有描述，這些能力會在第十一章〈建立認知行為治療的能力〉中討論。不過，我們決定不環繞這些能力組織本書，因為我們想要寫一本適用於廣大讀者的指南，我們的讀者包括各個學科領域的臨床執業醫師和受訓者。但是，本書的確提供了背景資訊和習作練習，應能幫助精神科住院醫師和其他人學得在AADPRT能力中所描述的技能。

《學習認知行為治療》融合了我們許多教師及同事的想法，我們對他們銘感五內。數以千計的研究人員和執業醫師奉獻心力，成就了CBT知識庫，本書中所描述的概念是這個成果的產物。我們的學生也在我們成為CBT教育者的成長過程中，扮演重要的角色。我們在美國路易維爾大學（University of Louisville）、德州大學西南醫學中心（University of Texas Southwestern Medical

Center）、匹茲堡大學（University of Pittsburgh）執教的課程，以及我們在專業組織的研討會發表專題研究的合作成果，兩者共同的結晶就是這本書。我們得自學生和同事的回饋與建議，在很多積極的面向上形塑了我們的思考。

熟練CBT的學習經驗，可以是十分激勵且富創造性的。研讀CBT的豐富歷史，可以幫助你將治療處遇穩穩固定在廣泛的哲學、科學和文化架構中。研讀認知行為方法的基礎理論，可以擴展你對精神疾患心理學的了解，並能提供心理治療實務的寶貴指引。而學習CBT的方法，則能針對林林總總的臨床問題，給你務實且經實證驗證的工具。

我們希望你將發現，本書是你學習CBT的珍貴良伴。

傑西・萊特醫師（Jesse H. Wright, M.D., Ph.D.）
莫妮卡・巴斯可博士（Monica R. Basco, Ph.D.）
麥可・泰斯醫師（Michael E. Thase, M.D.）

【第一章】認知行為治療的基本原則

1 臨床所使用的認知行為治療（CBT），其治療計畫的系統性闡述（formulate）以及治療師的實際作為，乃根據一套已發展成熟的理論架構來進行。本章開宗明義解釋這些核心概念，並說明基本的認知行為模式對於特定技術發展的影響。我們先簡短地回顧認知行為治療的歷史背景，以便讓大家理解，認知行為治療的基本原則和數千年前就已提出的理念，其實是相通的（Beck et al. 1979; D. A. Clark et al. 1999）。

認知行為治療的起源

認知行為角度的治療理論建構在二項普世熟知的「常識」上：（一）自己的認知支配本身的情緒與行為；（二）自身作為的力量大到足以影響我們的思考型態與情緒。早在認知行為治療被正式引入的二千年前，愛比克泰德（Epictetus）、西賽羅（Cicero）、賽尼加（Seneca）等斯多噶（Stoic）學派的哲學家就已注意到這些觀點的「認知」成分。希臘的斯多噶哲學家愛比克泰
2 德在其《教義手冊》（*Enchiridion*）中提到：「事件本身並不會帶來困擾，而是我們對於事件的觀點在困擾我們。」（Epictetus 1991, p.14）同樣地，在東方道家與佛教的哲學傳統中，「認知」也被視為決定人類行為的主要力量（Beck et al. 1979; Campos 2002）。達賴喇嘛（1999）在《新千禧年的倫理》（*Ethics for the*

New Millennium）一書中提到，「如果可以重新導正我們的思想與情緒，重整我們的行為，不僅可以學會更輕易地因應苦難，更可以在一開始就避免許多苦難的發生。」（p. xii）

培養健康的思考習慣可以減少壓力、提升生活滿意度的觀點，普遍存在於許多世代與文化之間。例如，古波斯祆教（Zoroaster）「善思、善行、善言」的三善救贖說；美國開國先驅班哲明・富蘭克林（Benjamin Franklin）在著作中時常提到培養建設性的態度為個人行為所帶來的正面影響（Isaacson 2003）；十九及二十世紀間，歐洲的哲學家包括康德（Kant）、海德格（Heidegger）、雅斯柏（Jaspers）與弗蘭克（Frankl），一脈相承地指出在人類存在經驗中，「意識層次的認知過程」起著根本的作用（D. A. Clark et al. 1999; Wright et al. 2003）。例如弗蘭克倡言，尋找生命的意義是治療絕望與幻滅的良藥。

使用認知行為取向治療情緒疾患完整的理論與方法，最先是由亞隆・貝克發展出來（Beck 1963, 1964）。雖然貝克遠離精神分析學派的概念，但他也注意到自己的認知理論受到後佛洛伊德（post-Freudian）分析師的影響，如阿德勒（Adler）、荷妮（Horney）、及蘇利文（Sullivan）。他們重視的「自我形象的扭曲」（distorted self-image）為日後更系統性地對精神疾患和人格結構進行認知行為的闡述奠下根基（D. A. Clark et al. 1999）。凱利（Kelly 1955）有關個人的概念理論（theory of personal constructs）、核心信念（core beliefs）或自我基模（self-schemas）以及艾里斯（Ellis）的理情治療（rational-emotive therapy），也對於認知行為理論與方法有所貢獻（D. A. Clark et al. 1999; Raimy 1975）。

貝克早期的系統性闡述集中於適應不良的訊息處理過程在憂鬱及焦慮疾患中所扮演的角色。貝克在他1960年代早期所發表的系列論文中，提到憂鬱形成的認知概念。他認為憂鬱症狀和「自我」、「世界」、「未來」三個面向的負面思考風格有關（即所謂的「負面認知三部曲」；Beck 1963, 1964）。貝克提出扭轉功能不良的認知（dysfunctional cognitions）及相關行為的認知導向治療，其成效已被大量的研究所驗證（Butler and Beck 2000; Dobson 1989; Wright et al. 2003）。貝克及其他貢獻者所提出有關認知行為模式的理論及方法，已經被廣泛地運用於各式疾病，包括：憂鬱、焦慮疾患、飲食性疾患、精神分裂症、雙極性情感疾患、慢性疼痛、人格疾患以及物質濫用。目前已經完成超過300個針對不同疾患有對照組的CBT研究（Butler and Beck 2000）。

CBT模式中的行為成分起始於1950及1960年代。在當時，臨床研究者開始運用巴甫洛夫（Pavlov）、史金納（Skinner）及其他實驗行為學家的概念（Rachman 1977）。約瑟夫・渥爾普（Joseph Wolpe 1958）和漢斯・艾森克（Hans Eysenck 1966）是首先嘗試減敏法（desensitization）（逐步接觸所害怕的物體或情境）與放鬆訓練等行為處遇方法的先驅。很多早期使用行為原則進行的心理治療，並不太注意精神疾患的認知過程；相對地，當時著重使用增強物（reinforcers）來形塑可測量的行為，以及使用暴露（exposure）計畫來消除恐懼反應。

隨著行為治療研究的拓展，一些重要的研究者，如：梅欽鮑姆（Meichenbaum 1977）、萊文松及其同事（Lewinsohn and associates 1985）開始將認知理論與策略融入他們的治療計畫中。他們注意到，認知的觀點可以增加行為處遇法的脈絡、深度及理解。

因為知道行為處遇法可以有效地減少症狀，貝克從一開始就主張將行為方式納入，而且他更進一步把認知與行為間的緊密關係概念化。從1960年代起，漸漸地就將心理治療中認知和行為的系統性闡述整合在一起。雖然仍有一些純粹主義者，爭論著單獨使用認知或行為介入的優點，但大部分實用取向的治療師認為，認知和行為方式在理論和實際上都是有效的伙伴。

在克拉克（D. M. Clark 1986; D. M. Clark et al. 1994）和巴洛（Barlow and Cerney 1988; Barlow et al. 1989）對於恐慌症的治療計畫中，可以看到他們如何妥善將認知及行為理論整合起來。他們觀察到，恐慌症患者都會有一堆典型的認知症狀（如：對身體不適的災難性恐懼或害怕失去控制感）及行為症狀（如：逃跑或躲避），將認知技術（如：修正恐懼認知）及包含呼吸訓練、放鬆、暴露治療等行為方法整合在一起的療效，已獲大量研究的支持（Barlow et al. 1989; D. M. Clark et al. 1994; Wright et al. 2003）。

認知行為模式

4

認知行為模式的主要組成元素圖示於圖1-1。認知的處理過程（cognitive processing）是這個模式的主角。因為人類不斷地評估外在與內在環境事件（如：壓力事件、別人有沒有給自己回饋、過去事件的記憶、需完成的任務，以及身體的感覺）的重要性。認知也常常和情緒反應有關。舉例來說，理查是一位患有社交畏懼症的男士，他準備參加街坊的一場宴會時，腦子裡浮現這樣的念頭：「我不知道要說什麼……每個人都曉得我神經兮兮的……我會看起來一付格格不入的樣子……我會陷入危機並想馬上逃走……」由這些適應不良的認知刺激可以預期會出現一些情緒與生理反應，例如極度焦慮、身體緊繃以及自律神經的警醒。他開始盜汗、胃翻攪、口乾舌燥。他的行為反應也是有問題的；他不去面對這些情境或試著學習掌控社交場合的技巧，反而打了通電話告訴主辦人他得了感冒。

從所畏懼的情境逃離，增強了理查的負面思考，同時也變成了思想、情緒、行為的惡性循環，進一步加重了他的社交畏懼問題。每次他刻意讓自己從社交場合逃離時，同時也強化了他認為自己是無能且脆弱的信念。這些畏懼的信念接著強化了他在情緒上的不安，也使得他更不可能參加社交活動。圖1-2圖示了理查的認知、情緒與行為。

治療像理查這樣的個案時，認知行為治療師根據CBT基本模式（認知、情緒、行為三個面向）所發現的病態功能，藉以挑選各式各樣的方法來進行治療。例如：理查可能被教導如何察覺與改變自己焦慮的想法，運用放鬆或想像以減低焦慮的情緒，或循序漸進地打破逃避的形態，並養成社交技巧。

在進一步詳述CBT的理論與方法之前，我們先解釋在臨床上怎麼使用圖1-1所呈現的模式，以及這個模式和廣義的精神疾患病因學與治療學的關聯。CBT的基本架構幫助臨床治療師理解臨床問題、設定治療計畫，它也被刻意地簡化以使治療者注意到思考、情緒、行為三者間的關係，並導引出治療方法。

認知行為治療師也察覺到在精神疾患的產生與治療中，生物性過程（如：基因、神經傳導物的功能、腦部結構，以及神經內分泌系統）、環境及人際的影響與認知行為元素有著複雜的互動（Wright 2004; Wright and Thase 1992）。CBT模式假設，認知與行為是透過生物性的過程而改變，而且精神藥物與其他生物性療法會影響認知（Wright et al. 2003）；最近的研究已經支持這種理論。

在一項研究中，正子斷層造影（PET）顯示，對於抗憂鬱藥Citalopram或CBT治療有效的社交畏懼患者，在他們大腦中對威脅反應有關的區域，血流量都有同等程度的減少（Furmark et al. 2002）。在另一項調查中，正子造影結果也顯示，不論是經由行為治療或是抗憂鬱劑fluoxetine治療的強迫症（Obsessive compulsive disorder, OCD）患者，他們大腦中眼額葉皮質代謝正常化的程度，都和症狀改善程度呈正相關（Schwartz et al. 1996）。另一項探討不同治療對於憂鬱的生物性影響之研究發現，CBT對於腦部代謝的影響，皮質部分的變化早於邊緣系統（Goldapple et al. 2004），這些發現意謂著生物性和認知性的介入在精神疾患的治療中，可能會互相影響。

有關藥物和心理治療的研究，也可以提供更多CBT造成生物性影響的證據。合併CBT和藥物治療可以改善一些較嚴重精神疾患的療效，例如：慢性或難治型的憂鬱症、精神分裂症和躁鬱症（Kellar et al. 2000; Lam et al. 2003; Rector and Beck 2001; Wright 2004）。不過，像alprazolam這類效力強的苯二氮平（benzodiazepines）藥物，反而可能會影響CBT的療效（Marks et al. 1993）。

5

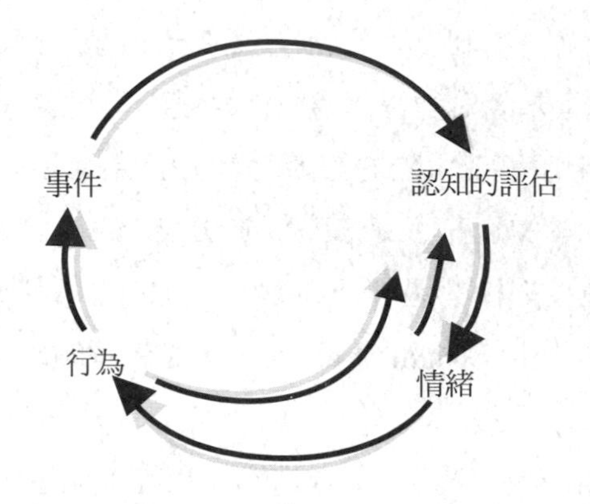

圖1-1　基本的認知行為模式

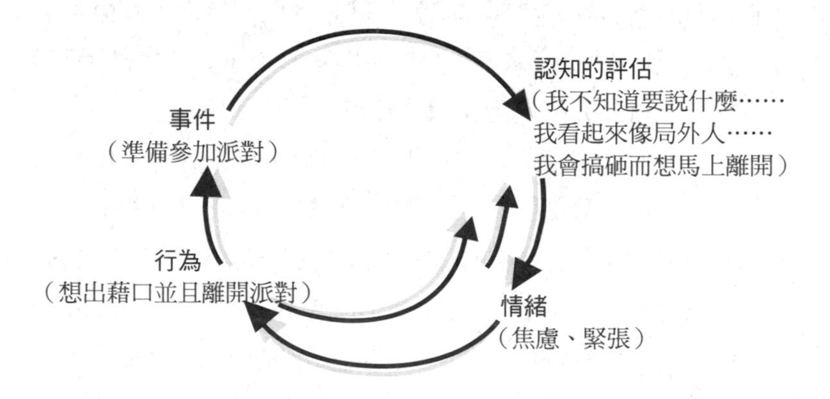

圖1-2　基本的認知行為模式：社交畏懼症患者的例子

為了能提供治療的整體方向，強烈建議要能完整地整合出包含認知行為、生物、社會及人際考量之系統性闡述。如何將個案作多面向的概念化（conceptualization），將在第三章〈評估與系統性闡述〉中討論與示範。本章接下來的部分將繼續介紹CBT的核心理論與方法。

基本概念

認知處理過程的層級

貝克及其同僚指出，認知處理的過程有三個主要的層級（Beck et al. 1979; D. A. Clark et al. 1999; Dobson and Show, 1986）。「意識」（consciousness）是最高的層級，在意識的狀態下所作的決定是合理的。意識層級的注意力使我們可以（一）監測和評估與環境的互動；（二）將過去的記憶和現在的經驗做聯結；（三）控制和計畫未來的行動（Sternberg 1996）。在CBT中，治療師鼓勵發展和運用例如合理思考（rational thinking）和問題解決（problem solving）這類具有適應性的意識層級的思考過程。此外，治療師也致力於幫助患者察覺和改變另二個層級。這二個層級是相對較為自動化的訊息處理過程，包含：「自動化思考（automatic thought）」及「基模」（schemas）（Beck et al. 1979; D. A. Clark et al. 1999; Wright et al. 2003）。「自動化思考」，是我們身處某種情境或回想事情時，那些閃過腦海的想法。雖然我們可能下意識地察覺到自動化思考的存在，但是這些念頭通常沒有經過仔細合理的分析。「基模」是一些核心信念，是訊息處理過程背後的樣版或法則，它們有使人類能過濾、篩選、解讀和賦予外界訊息意義的重要功能。

自動化思考

我們每天都有大量的認知處理過程，發生在自己幾乎能完全意識到的層級中。在我們評斷日常事務的意義時，通常自動化思考會如同連續點火般地以私密、獨白的方式接連發生。克拉克及其同事（D. A. Clark and colleagues 1999）用「前意識」（preconscious）這個詞來描述自動化思考。因為當我們刻意注意它們時，可以察覺、了解這些思考。患有憂鬱症或焦慮症的人通常會經驗到如洪水般適應不良或扭曲的自動化思考，這些思考能夠引發痛苦的情緒反應和功能不良的行為（dysfunctional behavior）。

8 強烈情緒的出現，就是可能有自動化思考最重要的線索之一。瑪莎，一位正為重鬱症所苦的婦女，她的例子（圖1-3）說明了事件、自動化思考和情緒的關係。

事件	自動化思考	情緒
媽媽打電話給我，問我為什麼忘記妹妹的生日。	「我又搞砸了。 我始終無法取悅她。 我沒做對任何一件事。 這有什麼用？」	悲傷、憤怒
思索一件工作上快要到期的大計畫。	「這對我而言太多了。 我不可能來得及完成它。 我會無法面對老闆。 我將會失去工作和一切。」	焦慮
老公抱怨我總是易怒。	「他真令我難過。 我不是個稱職的太太。 我無法享受任何事物。 為什麼會有人想跟我在一起呢？」	悲傷、焦慮

圖1-3　瑪莎的自動化思考

在這個例子中，瑪莎的自動化思考呈現了憂鬱時常見的負面思考。雖然她很抑鬱，而且家庭和工作都遭遇一些問題，但事實上，她實際的功能比她嚴苛的自動化思考好得多。已有大量的研究確認，當人患有憂鬱、焦慮疾患及其他精神疾患時，會產生高頻率的扭曲自動化思考（Blackburn et al. 1986; Haaga et al. 1991; Hollon et al. 1986; Wright et al. 2003）。憂鬱時，自動化思考的主題多半圍繞在無助感、低自尊以及失敗。當患有焦慮症時，自動化思考的內容則包含對危險的預測、傷害、失控感或無力處理威脅（D. A. Clark et al. 1990; Ingram and Kendall, 1987; Kendall and Hollon 1989）。

每個人都有自動化思考，它們並不專屬於患有憂鬱、焦慮或其他情緒障礙的人。治療師若能察覺本身的自動化思考，並使用替代的認知行為過程，他們可以增進自己對於基本概念的了解，增加他們對患者的同理心，以及更深入地知道自己的認知行為型態會如何影響治療關係。

9

整本書有許多我們建議的練習，透過這些練習，我們相信會幫助你學習CBT的核心原則。大部分的練習是透過對患者實際操作CBT，或是和同事進行角色扮演的練習，但有時候你會被要求檢視自己的思考與感覺。第一個練習是寫下一些自動化思考的例子。試著從自己的生活情境中舉例。若一下無法想出個人的例子，也可以使用你和病人會談的片段。

練習1-1　察覺自動化思考：三欄式思考紀錄表

1. 在紙上畫出三個欄位，分別標示「事件」、「自動化思考」和「情緒」。
2. 現在，試著回想最近一個引發你情緒（如：焦慮、憤怒、悲傷、身體緊繃或開心）的情境（或事件的回憶）。
3. 試著讓自己重回事件發生的場景，就如同身歷其境般。

4.當下產生哪些自動化思考呢？在三欄式紀錄表上，記下事件、自動化思考和情緒。

有時候自動化思考聽起來還滿合理的，而且也真確地反映當時的情況。例如：瑪莎可能真的快要丟工作了，或是她的先生正不客氣地批評她的行為。CBT並不掩飾真實的問題。若一個人面臨困境，認知和行為的方法可以被用來幫助我們調適。然而，在有精神疾患的人身上，通常有絕佳的機會可以找出一些可以透過CBT來修正的不合理推論和其他扭曲的認知。

認知謬誤

貝克（1963, 1964; Back et al. 1979）在其初期的闡述中提出一項理論，他認為在有情緒疾患的人身上，他們的自動化思考會有一些典型的邏輯謬誤。後來的研究也確認認知謬誤在病態訊息處理過程中的重要性。舉例來說，憂鬱者比起對照組有更多的認知謬誤（LeFebvre 1981; Watkins and Rush 1983）。貝克及其同僚描述了六類主要的認知謬誤：選擇性解釋（selective abstraction）、武斷推論（arbitrary inference）、過度類推（以偏蓋全）（overgeneralization）、誇大與縮小（magnification and minimization）、個人化（personalization）、絕對性（absolutistic）（二分法，或全有全無〔dichotomous or all-or-nothing〕）思考。表1-1整理出有關這些認知謬誤的定義和例子。

在看過表1-1的例子後，或許你會發現，認知謬誤間可能會有相當程度的重疊。當大衛使用絕對性思考時，他同時也可能會忽略自己尚有能力的證據，以及縮小他朋友泰德的問題。那個因為沒收到賀卡而陷入以偏概全謬誤的男子，也可能還有其他的認知謬誤，例如：全有全無的思考（「再也沒人在乎我」）。在執行CBT時，治療師的首要任務僅是讓患者察覺一個人會有認知謬誤這回事，而不是要教他們將每個邏輯上的錯誤都找出來。

基模

在認知行為理論中，將基模定義成：潛藏於自動化思考下的一種訊息處理樣版或規則（D. A. Clark et al. 1999; Wright et al. 2003）。基模是一種長期的思考原則。這些原則從孩提時期開始形塑，受到眾多人生經驗的影響，包括父母的管教和示範、正規和非正規的教育、同儕經驗、創傷和成就等。

鮑比（Bowlby 1985）等人觀察到，人類為了要處理每天遭遇的大量訊息，並作出立即而適切的決定，都需要發展出一些基模。例如：若一個人的原則是「凡事預先計畫」，她就不太可能會花時間去爭論不須事先準備的好處；相反地，她會自動為掌握狀況預做準備。

表1-1 認知謬誤

選擇性解釋（有時稱為漠視證據或心智過濾器〔mental filter〕）

定義 只用有限的證據就妄下結論。為了支持自己對情境的偏見，漠視或過濾掉重要的事實。

範例 一位低自尊的男性，沒收到某位老朋友的賀卡。他心想：「我失去了所有的朋友；根本沒有人會再關心我。」他忽略掉的證據有：還有很多老朋友寄賀卡給他；這位老朋友在過去十五年間，每年都有寄卡片給他，但去年因搬家、換工作而變得很忙碌；他自己和其他朋友仍然維持良好的關係。

武斷推論

定義 在只有矛盾或沒有證據的情況下做出的結論。

範例 一位害怕搭電梯的婦女被問到，她覺得在她搭電梯時，電梯突然掉下來的機率。她回答，有10%左右的機率電梯會掉落地面，而她會因此受傷。很多人企圖說服她，這種災難發生的機會是微乎其微。

過度類推（以偏概全）

定義 僅從幾個單獨的事件，就將結論不合理地外推到各種情境。

範例 一位憂鬱的大學生在考試中得了B，他覺得不滿意。他以偏概全地產生自動化的想法，如：「我這門課陷入麻煩了；我生活中的每個部分都一事無成；我一無是處。」

誇大與縮小

定義 歸因、事件或感覺被誇大或縮小。

範例 患有恐慌症的女性在恐慌發作時覺得頭昏，她心想：「我要昏倒了；我可能快要心臟病發作或中風了。」

個人化

定義 在很少或根本沒有憑據的情況下，將外在事件和自己相關聯。對於負面事件承擔過多的責任或自責。

範例 景氣較為衰退，一家過去很成功的企業也面臨年度預算的問題，必須考慮裁員。好幾間工廠都因此出現財務危機，但其中一位經理認為「這全是我的錯，我未能預見會發生這樣的事而先做些處裡，是我害慘了公司的所有員工。」

絕對性思考（也稱為二分法或全有全無思考）

定義　使用二分法來判斷自己、個別經驗或他人，例如：大好或大壞、大勝或大輸、全對或全錯。

範例　大衛，一位患有憂鬱症的男性，拿他自己和朋友泰德作比較。泰德看來擁有幸福的婚姻，小孩學業表現也很好。不過，他這位朋友雖擁有美滿的家庭生活，實際情況卻不盡理想。泰德的工作有問題、財力吃緊、身體也不好等等。大衛用二分法思考，他告訴自己：「泰德擁有所有的事物，我卻一無所有。」　12

克拉克等人（D. A. Clark et al. 1999）認為基模主要可分三大群：

一、單純基模

定義：和環境的物理特性有關的規則、每日生活的實務處理、對精神病理幾乎沒有影響的自然律則。

範例：「當個防禦性駕駛」、「好的教育帶來好的結果」、「打雷時找掩護」。

二、中間信念或假設

定義：像「如果……就會……」這類會影響自尊和情緒控制的條件規則。

範例：「我必須完美才會被接納」、「如果我沒有時時刻刻討好他人，他們就會拒絕我」、「如果我努力工作，我就會成功」。

三、關於自我的核心信念

定義：用來解釋和自尊相關的環境訊息之絕對法則。

範例：「我不討人喜歡」、「我是愚蠢的」、「我是失敗者」、「我是個好朋友」、「我能信任別人」。

在我們的臨床運用中，很少會試著對患者解釋不同層級的基模（例如：中間假設或核心信念）。我們發現，大多數患者瞭解基模或核心信念（我們把這兩個詞交互著用）如此強烈地影響自信和行為後，更能獲益。我們教導病人瞭解，所有的人都混有一些適應性的（健康的）和一些適應不良的核心信念。CBT的目標是要確認和建立適應性的基模，同時改變或減少適應不良基模的影響。表1-2整理了一些適應性的和適應不良的基模。

在「壓力—體質假說」（stress-diathesis hypothesis）中，已經詳述了基模和自動化思考之間的關係。貝克等人認為，除非生活的壓力事件啟動了核心信念，否則，即使處在憂鬱或其他情況下，適應不良的基模也不見得能夠被察覺。（Beck et al. 1979; D. A. Clark et al. 1999; Miranda 1992）。此時，適應不良的基模會被強化，刺激並驅動更表層的負面自動化思考。馬克是因被資遣而憂鬱的中年男性，我們用他的例子來說明。

13

表1-2　適應性的和適應不良的基模

適應性基模	適應不良基模
不管發生任何事，我多少都能夠處理。	若我選擇要做，就一定要成功。
不管我做什麼事，我都可以勝任。	我是愚蠢的。
我可以存活下來。	我是冒牌貨。
別人可以信任我。	我在別人面前不自在。
我是討人喜歡的。	沒有男人（女人），我什麼也不是。
人們尊敬我。	我必須完美才會被接納。
如果我預先準備，我通常能做得更好。	不論我做什麼，我都不會成功。
沒什麼事能嚇倒我。	這世界對我而言太可怕了。

出處：改編自萊特等人（Wright et al.2003）

在丟掉工作前馬克並不憂鬱，但他因找新工作遇到困難後，開始質疑自己的能力。當馬克看著當地報紙的求職廣告欄，心中的自動化思考起了作用。如：「他們不會要我的」、「我再也不可能找到像先前一樣好的工作」、「即使有機會去面試，我也會緊張到說不出話來」。開始CBT之後，治療師幫助馬克發掘幾個盤旋在他心底多年、深信不疑、關於自我能力的基模。其中一個核心信念是「我一向不夠好」。當他狀況比較好的時候，這個信念不會浮現檯面，但是每次他試著找工作時，這個信念就會刺激一連串的負面自動化思考。

憂鬱與焦慮疾患的訊息處理過程

除了自動化思考、基模和認知謬誤的相關理論和方法之外，還有一些影響認知導向治療方法發展的重要觀念。接下來會針對憂鬱和焦慮疾患的研究結果，提供一些簡述，以作為後面幾個詳述治療方法的章節更詳盡的理論背景。表1-3整理了憂鬱和焦慮疾患在病態訊息處理方面特徵的關鍵。

無望感與自殺的關聯

無望感和自殺行為之間的關聯，是憂鬱症研究中最富有臨床意涵的發現之一。

許多研究已經發現，憂鬱的人較有可能產生更多的無望感，而無望感會增加自殺的危險性（Beck et al. 1975, 1985, 1990; Fawcett et al. 1987）。無望感是憂鬱症住院病人出院後十年內自殺行為最重要的預測因子（Beck et al. 1985）。在門診病人也有類似

14

的研究發現（Beck et al. 1990）。最近，布朗及其同僚（Brown and coworkers 2005）發現，包含特殊自殺預防計畫的認知行為處遇方案，可以降低自殺危險性。

表1-3　憂鬱和焦慮疾患的病態訊息處理

常見於憂鬱症	常見於焦慮症	憂鬱症和焦慮症都很常見
●無望感 ●低自尊 ●對環境的負面觀感 ●錯誤歸因 ●高估負面回饋 ●費力或需要抽象思考的認知工作表現較弱	●害怕傷害或危險 ●提高對潛在危險資訊的注意 ●高估情境的危險性 ●有關危險、風險、失控感、不勝任之自動化思考 ●低估適應害怕情境的能力 ●錯誤解釋身體刺激	●顯著的自動化訊息處理過程 ●適應不良的基模 ●認知謬誤發生頻率增加 ●解決問題的認知能力下降 ●對自己的注意增加，尤其是是針對缺失或問題

出處：改編自萊特等人（2003）

憂鬱的歸因風格

亞伯曼森等人（Abramson et al. 1978）認為，憂鬱的人對於生活事件的負面扭曲歸因分成三個面向：

一、「內在」對「外在」

憂鬱時，會傾向將生活事件導向內在歸因，因此，憂鬱者常會因負面的生活事件而過度自責；相對地，不憂鬱的人易於將生活中的不順遂歸因於運氣不佳，或是別人的問題。

二、「全體」對「特殊」

憂鬱者不會把負面事件當作特殊情況或者不重要，反而認為事情會有深遠的、全面的，甚至是無所不包的影響。不憂鬱的人較能夠限制住負面事件的衝擊，並且避免對自尊或行為造成廣泛的影響。

三、「固定」對「可變」

憂鬱時，會認為負面或麻煩的情況無法改變，未來也不可能改善。在不憂鬱的人身上，可以看到較健康的思考風格，他們常相信，負面情境總會隨時間而消逝（例如：「這也會過去的。」）。

有關歸因風格的研究一直遭受批評。因為早期的研究對象主要是學生與非臨床族群。在嚴謹診斷為憂鬱症患者身上的研究，則有不一致的結果（Wright et al. 2003）。然而，目前的證據支持憂鬱時會有扭曲歸因的看法，也認為CBT的方法對扭轉這種偏差的認知過程有幫助。在我們的臨床實務中，許多憂鬱患者很快就能理解自己的思考風格偏向內在、全體和固定的歸因形式。

對於回饋的扭曲反應

研究發現，憂鬱和非憂鬱的人對於回饋的反應不同，這項發現對於治療有相當的意義。憂鬱者會低估別人給自己正向回饋的量，也比較不願再花心力於先前被認為表現不佳的事物上（D. A. Clark et al. 1999; DeMonbreun and Craighead 1977; Klein et al. 1976; Loeb et al. 1971; Wenzlaff and Grozier 1988）。非憂鬱者呈現的歸因風格是正向的自利偏差（positive self-serving bias），也就是他們會聽到比實際多的正向回饋，或低估負向回饋的重要性（Alloy and Ahrens 1987; Rizley 1978）。

因為CBT的目的是要幫助患者建立正確、合理的訊息處理過程，因此治療師要能識別及強調可能的回饋扭曲。一個重要的方法——在療程當中提供以及詳細詢問回饋——將在第二章〈治療關係：進行合作的經驗療法〉及第四章〈結構化與教育〉中介紹。這些技術將治療經驗視為學習適當聆聽、反應及回饋的機會。

16 **焦慮症的思考風格**

焦慮症患者有數種在訊息處理上的典型偏差。其中一種失能的偏差是過度注意環境中潛在的危險訊息（Mathews and MacLeod 1987）。以表1-1中那位有電梯畏懼症的女士為例，她可能在聽到電梯發出的咯吱聲或其他聲音時，便會擔心電梯的安全。沒有這種恐懼的人，可能不太會注意到這些聲音。焦慮症患者常會不切實際地把誘發他們恐懼的對象視為一種危險、可能造成傷害的刺激（Fitzgerald and Phillips 1991）。很多有恐慌症的人認為恐慌發作或誘發恐慌發作的情境，會造成災難性的傷害，譬如心臟病、中風或死亡。

有關訊息處理的其他研究顯示，焦慮症患者通常會低估自己處理或因應所畏懼情境的能力；有失控感；時常對自己作負面描述；錯誤解釋身體刺激；高估未來重大災難的風險（Glass and Furlong 1990; Ingram and Kendall 1987; McNally and Foa 1987; Wright et al. 2003）。瞭解各種存有偏見的訊息處理過程，有助於治療師計畫和執行焦慮症的治療。

學習、記憶和認知功能

專注力和面對困難費力與抽象事物的學習與記憶功能，在身處憂鬱時常常會明顯地減弱（Weingartner et al. 1981）。在憂鬱症和焦慮症中，也常觀察到問題解決能力和任務執行能力的減退（D. A. Clark et al. 1990; Ingram and Kendall 1987）。這些認知表現的缺損，在CBT裡都有特定的介入技巧（如：建構、心理教育方法與預演），用來增進患者的學習能力，或協助患者改善問題解決技巧（見第四章〈結構化與教育〉）。

治療方式綜論

因為CBT以它有效的方法而廣為人知，病人也熱衷某些特定的練習，初學者常落入陷阱，誤以為CBT的處理只是一整套的技術或介入方式。他們可能因而略過CBT的精髓，直接跳到技術的執行面。例如：思考記錄、活動規畫或去敏感化。然而，若過早或過度地使用這些技術，你會錯過CBT的精華。

17

在選用技術前，你需要根據CBT的理論和病人獨特的性格特質與問題，發展個別案例的概念化（conceptualization）（見第三章〈評估和系統性闡述〉）。個案概念化是認知治療師一項重要的工作指引。CBT的若干特色還包含：高度合作的治療關係、技巧性地使用蘇格拉底式探問法，以及有效地結構化（structuring）與心理衛教（psychoeducation）（表1-4）。本書除了幫你學會幾種常見精神症狀的特定處理方式，也會協助你習得CBT一般性的重要技術。本書後面幾章會再詳述，在此我們僅作治療方式的綜論。

表1-4　認知行為治療的重要方法

- 問題導向焦點
- 個別化的案例概念化
- 合作—經驗性的治療關係
- 蘇格拉底式探問
- 透過建構、心理衛教及預演來增強學習
- 循誘並修飾自動化思考
- 發掘及改變基模
- 使用行為方法扭轉無助感、自我挫敗行為、逃避等模式
- 建立避免復發的CBT技巧

治療時間的長度和焦點

CBT是問題導向的治療方式，因此通常屬於短期治療。治療單純憂鬱或焦慮疾患之療程通常延續5到20次。然而，若有共病或病人的症狀是慢性、難治型症狀，就可能需要較長的療程。人格疾患、精神病性疾患或雙極性疾患的療程通常需要超過20次。此外，對於病程慢性化或反覆發作的患者，也可以先在治療的前幾個月安排每週一次CBT療程，往後則較長期地間續進行維持性CBT治療。對於CBT有經驗的精神科醫師，可以在復發型憂鬱症、雙極性疾患或其他慢性病的患者的療程中合併短期藥物治療。

一節CBT會談時間大約45-50分鐘。然而，為了要快速治療焦慮症患者，也有人施行過較長的時間（Öst et al. 2001）。對於注意力會因嚴重症狀而受影響的患者，例如住院患者和精神病性疾患患者，會談時間建議不超過50分鐘（Kingdon and Turkington 2004; Stuart et al. 1997; Wright et al. 1992）。相對地，如第四章

〈結構化與教育〉所述，短如25分鐘的治療時間，若配合電腦輔助治療，對於憂鬱症也具有療效（Wright et al. 2005）。另外，也有人使用簡式CBT合併手提電腦治療程式來進行恐慌症的治療（Newman et al. 1997）。有一種簡化的療程常常被熟稔CBT的精神科醫師所採用，包括：較短的時數、合併藥物、電腦輔助與自助手冊等，用以取代傳統「一節＝50分鐘」的會談時間。

CBT著重「當下」。然而，為了完整地了解患者或治療計畫，縱向觀點是非常重要的，包括：早期孩童發展史、家庭背景、創傷、正面及負面的成長經驗、教育、工作史及社會影響。CBT強調問題導向的介入方式，將關注放在現有的議題，更可以激勵個案發展出克服無望感、無助感、規避、延宕等症狀的行動計畫。此外，相較於過去事件，最近才發生的事件其認知或行為可近性與可辨識性也較高。聚焦在處理目前功能的另一個好處，是可以減少治療關係中的依賴與退行（Wright et al. 2003）。

個案概念化

當全力進行CBT時，我們就會領會到，每個問題、每個非語言的回應、每個處遇，以及無數個為了增加與患者溝通所作的治療風格調整，都深受個案概念化影響。換言之，治療師憑藉的是嚴謹的治療策略，而不是單靠個人經驗或直覺。要成為一個有效率的認知行為治療師，你必須練習將手上有關個案的診斷性評估、特有背景的資料，以及在詳細治療計畫中對於「認知－行為」的看法，做成系統性的闡述。個案概念化的方法在第三章〈評估與系統性闡述〉會有詳盡的介紹。

19

治療關係

在認知行為治療、動力取向心理治療、非指導性的治療，及其他常用的心理治療模式中，共同存在一些關於有效治療關係的特徵。這些特徵包含：瞭解、仁慈與同理心。就像所有好的治療師一樣，CBT的治療師也應該能夠建立信任感，並且在壓力狀態下表現鎮定。然而，相較於其他大家熟知的治療方式，CBT治療關係有更高程度的合作性、更著重經驗性，以及使用行動導向的處遇方式。

貝克及其同僚（1979）使用「合作的經驗療法」（collaborative empiricism）來描述CBT中的治療關係。患者和治療師共同進入團隊中，一起合作來探討更健康的思考風格，建立適應技巧，並改變徒勞無功的行為模式。在傳統上，認知行為治療師較其他治療形式的治療者更為主動。他們會協助將每節治療結構化、給予回饋並指導個案如何使用CBT的方法。我們鼓勵患者在治療關係中承擔重要的責任，他們會被要求給予治療師回饋、協助設立每節治療的議題，而且要在每天的生活情境中演練CBT。整體而言，CBT的治療關係中，溝通是公開的，使用一種實作導向的、務實的、團隊合作的方式來處理問題。

蘇格拉底式探問

CBT的問話風格和合作經驗關係一致，問話的目標是希望幫助病人察覺並改變適應不良的思考。**蘇格拉底式探問**包含一系列可以刺激好奇心與追根究柢的問句。治療師試著讓個案涉入學習的過程，而不使用說教式的治療概念。一種特殊的蘇格拉底式探問的形式稱為「引導式發現」（guided discovery），治療師運用這

20

種方式詢問一系列誘導性的問句，來揭露功能不良的思考型態與行為。

建構與心理衛教

CBT使用設定議題、回饋等方式使每節治療的效能最佳化，幫助患者更有組織地為了康復而努力，並加強其學習。為了要能清楚掌握每節治療的方向，CBT要求交代治療議題，並且可以測量進度。例如：明確的議題可以是「擬定重回職場的計畫」、「降低和兒子的緊張關係」或「熬過失婚的方法」。

在治療會談中，治療師引導患者運用這些議題探索出重要的課題，並避免偏離到無助於達成治療目標的主題上。然而，治療師在發現重要的新的主題或想法，或是當前議題陷入停滯時，可以偏離議題。患者與治療師定期地相互回饋以確認對於彼此的瞭解，並修正治療會談的方向。

CBT使用各種心理衛教方法。典型做法包括在會談過程中運用患者自身生活中的情境來講解某些觀念，通常治療師在簡短的解釋之後，就開始詢問一連串問題，以促進患者參與學習過程。有許多工具可以用來協助心理衛教的進行，例如自助手冊、講義、量表及電腦應用程式。在第四章〈結構化與教育〉中將完整介紹這些工具。

認知重建

CBT大半的時間致力於幫助患者察覺和改變適應不良的自動化思考與基模。最常使用的方法是蘇格拉底式探問。CBT大量使用思考記錄。以文字的方式捕捉自動化思考，通常能引發更合理

的思考形式。其他常用的方法包含：辨識認知謬誤、檢視證據或
21 正反分析、重新歸因或修正歸因方式、表列合理的替代性想法，以及認知預演。後者包含了透過想像或角色扮演來演練新的思考方法。這些可以在治療會談中於治療師協助下完成，或者在患者有過預演的經驗後，當成回家作業自行練習。

認知重建的整體策略，是在治療會談中找出自動化思考和基模，教導患者改變認知的技巧，然後讓患者在真實情境中演練回家作業，當做額外的治療會談。唯有反覆不斷地練習，患者才能改變根深柢固、適應不良的認知。

行為方法

CBT模式強調認知和行為的關係有如雙向道。上述針對認知部分介入的方法，若能執行成功，很可能也有助於行為的改變。同樣地，正向的行為改變，往往也帶來觀點或認知上的進步與修正。

CBT中設計使用的大部分行為技術，是為了幫助人（一）打破規避行為和無助；（二）逐步地面對所畏懼的情境；（三）建立因應技巧；（四）減少痛苦的情緒或自律神經醒覺。在第六章〈行為方法I：增進活力、完成任務及解決問題〉和第七章〈行為方法II：降低焦慮及打破規避的模式〉中，我們會再詳述有效治療憂鬱及焦慮疾患的行為方式。你將學會重要的處遇方法，包含：行為活化、階序暴露或系統減敏法、分級任務指派、活動及愉悅事件排程、呼吸訓練及放鬆訓練。這些方法是幫助減輕症狀及促進正面改變的有力工具。

建立CBT技能以預防復發

學會CBT技能的另一項好處是能降低復發的危險性。學會前面提到的一些處遇方式，如察覺和改變自動化思考、使用常見的行為方法等，能夠幫助患者處理未來可能刺激症狀復發的事件。舉例而言，一個學會察覺自動化思考中認知謬誤的人，在完成治療以後，若再遇到壓力情境時，更能夠避免產生災難性想法。在CBT的後半階段，治療師往往會藉著協助患者找出可能造成困境的潛藏問題，來預防復發。接著再使用預演的技術，來演練有效的因應之道。

22

為了說明CBT預防復發的方法，我們設想這樣的個案：患者因企圖自殺而住院，現在快要出院了，雖然這名個案現在已經好多了，且目前沒有自殺念頭，但好的認知行為治療計畫應該包括：和患者討論重返家庭和工作時可能會面臨的挑戰；接著教導並練習對這些挑戰的因應方式。很可能這名患者的CBT也要包含擬定預防自殺的計畫。

結論

CBT是治療精神疾患最廣為使用的心理治療形式。這種治療方式所根據的定律，也就是「認知」在控制人類情緒和行為上所扮演的角色，可在亙古溯今哲學家的著作中發現，CBT的架構是在1960年代初期由亞隆‧貝克及其他具影響力的精神科醫師與心理師共同建立。CBT的特色是有大量的實證研究檢視其基本理論及療效。

一位熟練的CBT治療師的學習歷程，涵蓋研習基本理論與方法、觀摩CBT處遇的範例，以及實際演練等。我們在本章介紹了一些CBT的核心觀念，例如：認知行為模式、察覺和修正自動化思考的重要性、基模對訊息處理過程和精神病理的影響，以及在設計治療處遇時，行為介入的主要原則。接下來幾章，會詳盡解釋與示範如何將CBT的基本原則運用於實務中。

參考書目

Abramson LY, Seligman MEP, Teasdale J: Learned helplessness in humans: critique and reformulation. J Abnorm Psychol 87:49-74, 1978

Alloy LB, Ahrens AH: Depression and pessimism for the future: biased use of statistically relevant information in predictions for self versus others. J Pers Soc Psychol 52:366-378, 1987

Barlow DH, Cerney JA: Psychological Treatment of Panic. New York, Guilford, 1988

Barlow DH, Craske MG, Cerney JA, et al: Behavioral treatment of panic disorder. Behav Ther 20:261-268, 1989

Beck AT: Thinking and depression. Arch Gen Psychiatry 9:324-333, 1963

Beck AT: Thinking and depression, II: theory and therapy. Arch Gen Psychiatry 10:561-571, 1964

Beck AT, Kovacs M, Weissman A: Hopelessness and suicidal behavior—an overview. JAMA 234:1146-1149, 1975

Beck AT, Rush AJ, Shaw BF, et al: Cognitive Therapy of Depression New York, Guilford, 1979

Beck AT, Steer RA, Kovacs M, et al: Hopelessness and eventual suicide: a 10-year prospective study of patients hospitalized with suicidal ideation. Am J Psychiatry 142:559-562, 1985

Beck AT, Brown G, Berchick RJ, et al: Relationship between hopelessness and ultimate suicide: a replication with psychiatric outpatients. Am J Psychiatry 147:190-195, 1990

Blackburn IM, Jones S, Lewin RJP: Cognitive style in depression. Br J Clin Psychol 25:241-251, 1986

Bowlby J: The role of childhood experience in cognitive disturbance, in Cognition and Psychotherapy. Edited by Mahoney MJ, Freeman A. New York, Plenum, 1985, pp 181-200

Brown GK, Ten Have T, Henriques GR, et al: Cognitive therapy for the prevention of suicide attempts: a randomized controlled trial. JAMA 294-563-570, 2005

Butler AC, Beck JS: Cognitive therapy outcomes: a review of meta-analyses. Journal of the Norwegian Psychological Association 37:1-9, 2000

Campos PE: Special series: integrating Buddhist philosophy with cognitive and behavioral practice. Cognitive and Behavioral Practice 9:38-40, 2002

Clark DA, Beck AT, Stewart B: Cognitive specificity and positive-negative affectivity: complementary or contradictory views on anxiety and depression? J Abnorm Psychol 99:148-155, 1990

Clark DA, Beck AT, Alford BA: Scientific Foundations of Cognitive Theory and Therapy of Depression. New York, Wiley, 1999

Clark DM: A cognitive approach to panic. Behav Res Ther 24:461-470, 1986

Clark DM, Salkovskis PM, Hackmann A, et al: A comparison of cognitive therapy, applied relaxation and imipramine in the treatment of panic disorder. Br J Psychiatry 164:759-769, 1994

Dalai Lama: Ethics for the New Millennium. New York, Riverhead Books 1999

DeMonbreun BG, Craighead WE: Distortion of perception and recall of positive and neutral feedback in depression. Cognit Ther Res 1:311-329, 1977

Dobson KS: A meta-analysis of the efficacy of cognitive therapy for depression. J Consult Clin Psychol 57:414-419, 1989

Dobson KS, Shaw BF: Cognitive assessment with major depressive disorders. Cognit Ther Res 10:13-29, 1986

Epictetus: Enchiridion. Translated by George Long. Amherst, NY, Prometheus Books, 1991

Eysenck HJ: The Effects of Psychotherapy New York, International Science Press, 1966

Fawcett J, Scheftner W, Clark D, et al: Clinical predictors of suicide in patients with major affective disorders: a controlled prospective study. Am J Psychiatry 144:35-40, 1987

Fitzgerald TE, Phillips W: Attentional bias and agoraphobic avoidance: the role of cognitive style. J Anxiety Disord 5:333-341, 1991

Frankl VE: Man's Search for Meaning: An Introduction to Logotherapy. Boston, MA, Beacon Press, 1992

Furmark T, Tillfors M, Marteinsdottir I, et al: Common changes in cerebral blood flow in patients with social phobia treated with citalopram or cognitive-behavioral therapy. Arch Gen Psychiatry 59:425-433, 2002

Glass CR, Furlong M: Cognitive assessment of social anxiety: affective and behavioral correlates. Cognit Ther Res 14:365-384, 1990

Goldapple K, Segal Z, Garson C, et al: Modulation of cortical-limbic pathways in major depression: treatment-specific effects of cognitive behavior therapy. Arch Gen Psychiatry 61:34-41, 2004

Haaga DA, Dyck MJ, Ernst D: Empirical status of cognitive theory of depression. Psychol Bull 110:215-236, 1991

Hollon SD, Kendall PC, Lumry A: Specificity of depressotypic cognitions in clinical depression. J Abnorm Psychol 95:52-59, 1986

Ingram RE, Kendall PC: The cognitive side of anxiety. Cognit Ther Res 11-523-536, 1987

Isaacson W: Benjamin Franklin: An American Life. New York, Simon & Schuster, 2003

Keller MB, McCullough JP, Klein DN, et al: A comparison of nefazodone, the cognitive behavioral-analysis system of psychotherapy, and their combination for the treatment of chronic depression. N Engl J Med 342-1462-1470, 2000

Kelly G: The Psychology of Personal Constructs. New York, WW Norton, 1955

Kendall PC, Hollon SD: Anxious self-talk: development of the Anxious Self-Statements Questionnaire (ASSQ). Cognit Ther Res 13:81-93, 1989

Kingdon DG, Turkington D: Cognitive Therapy of Schizophrenia. New York, Guilford, 2004

Klein DC, Fencil-Morse E, Seligman MEP: Learned helplessness, depression, and the attribution of failure. J Pers Soc Psychol 33:508-516, 1976

Lam DH, Watkins ER, Hayward P, et al: A randomized controlled study of cognitive therapy for relapse prevention for bipolar affective disorder: outcome of the first year. Arch Gen Psychiatry 60:145-152, 2003

LeFebvre MF: Cognitive distortion and cognitive errors in depressed psychiatric and low back pain patients. J Consult Clin Psychol 49:517-525, 1981

Lewinsohn PM, Hoberman HM, Teri L, et al: An integrative theory of depression, in Theoretical Issues in Behavior Therapy. Edited by Reiss S, Bootzin R. New York, Academic Press, 1985, pp 331-359

Loeb A, Beck AT, Diggory J: Differential effects of success and failure on depressed and nondepressed patients. J Nerv Ment Dis 152:106-114, 1971

Marks IM, Swinson RP, Basoglu M, et al: Alprazolam and exposure alone and combined in panic disorder with agoraphobia: a controlled study in London and Toronto. Br J Psychiatry 162:776-787, 1993

Mathews A, MacLeod C: An information-processing approach to anxiety. Journal of Cognitive Psychotherapy 1:105-115, 1987

McNally RJ, Foa EB: Cognition and agoraphobia: bias in the interpretation of threat. Cognit Ther Res 11:567-581, 1987

Meichenbaum DH: Cognitive-Behavior Modification: An Integrative Approach. New York, Plenum, 1977

Miranda J: Dysfunctional thinking is activated by stressful life events. Cognit Ther Res 16:473-483, 1992

Newman MG, Kenardy J, Herman S, et al: Comparison of palmtop-computer assisted brief cognitive-behavioral treatment to cognitive-behavioral treatment for panic disorder. J Consult Clin Psychol 65:178-183, 1997

Öst LG, Alm T, Brandberg M, et al: One vs five sessions of exposure and five sessions of cognitive therapy in the treatment of claustrophobia. Behav Res Ther 39:167-183, 2001

Rachman S: The evolution of cognitive behavior therapy, in Science and Practice of Cognitive Behavior Therapy. Edited by Clark DM, Fairburn CG. New York, Oxford University Press,

1997, pp 3-26

Raimy V: Misunderstandings of the Self. San Francisco, CA, Jossey-Bass, 1975

Rector NA, Beck AT: Cognitive behavioral therapy for schizophrenia: an empirical review. J Nerv Ment Dis 189:278-287, 2001

Rizley R: Depression and distortion in the attribution of causality. J Abnorm Psychol 87:32-48, 1978

Schwartz JM, Stoessel PW, Baxter LR Jr, et al: Systematic changes in cerebral glucose metabolic rate after successful behavior modification treatment of obsessive-compulsive disorder. Arch Gen Psychiatry 53:109-113, 1996

Sternberg RJ: Cognitive Psychology. Fort Worth, TX, Harcourt Brace, 1996

Stuart S, Wright JH, Thase ME: Cognitive therapy with inpatients. Gen Hosp Psychiatry 19:42-50, 1997

Watkins JT, Rush AJ: Cognitive response test. Cognit Ther Res 7:125-126, 1983

Weingartner H, Cohen RM, Murphy DL, et al: Cognitive processes in depression. Arch Gen Psychiatry 38:42-47, 1981

Wenzlaff RM, Grozier SA: Depression and the magnification of failure. J Abnorm Psychol 97:90-93, 1988

Wolpe J: Psychotherapy by Reciprocal Inhibition. Stanford, CA, Stanford University Press, 1958

Wright JH: Integrating cognitive-behavioral therapy and pharmacotherapy, in Contemporary Cognitive Therapy: Theory, Research, and Practice. Edited by Leahy RL. New York, Guilford, 2004, pp 341-366

Wright JH, Thase ME: Cognitive and biological therapies: a synthesis. Psychiatr Ann 22:451-458, 1992

Wright JH, Thase ME, Beck AT, et al (eds): Cognitive Therapy With Inpatients: Developing a Cognitive Milieu. New York, Guilford, 1992

Wright JH, Beck AT, Thase M: Cognitive therapy, in The American Psychiatric Publishing Textbook of Clinical Psychiatry, 4th Edition. Edited by Hales RE, Yudofsky SC. Washington, DC, American Psychiatric Publishing, 2003, pp 1245-1284

Wright JH, Wright AS, Albano AM, et al: Computer-assisted cognitive therapy for depression: maintaining efficacy while reducing therapist time. Am J Psychiatry 162:1158-1164, 2005

【第二章】治療關係：進行合作的經驗療法

27　合作的、明確的、以行為為導向的治療關係，是認知行為治療（CBT）的一項引人的特色。雖然對於某些其他類型的心理治療而言，治療者及病患之間的關係並非造成改變的機制，好的治療關係對於治療仍相當重要（Beck et al. 1979）。就像其他派別的心理治療，認知行為治療與其他有效的治療，都試著提供一個高度真誠、溫暖、正向回饋及精確同理的治療情境（Beck et al. 1979; Keijsers et al. 2000; Rogers 1957）。除了這些治療關係的共同特徵之外，認知行為治療更具備特殊的工作同盟——**合作的經驗療法**（collaborative empiricism），適合於促進認知及行為的改變。

各種心理治療的治療關係之研究都證明了，醫病關係的強度與治療結果息息相關（Beitman et al. 1989; Klein et al. 2003; Orlinsky et al. 1994; Wright and Davis 1994）。在一份探討認知行
28　為治療之治療關係的評論中亦提到，治療同盟的品質會影響治療結果（Keijsers et al. 2000）。特別值得注意的，是針對慢性憂鬱症的修改型認知行為治療（心理治療的認知行為分析系統〔McCullough 2001〕）所做的大規模且具影響力的研究。這項研究指出：在治療早期，治療關係的好壞會影響憂鬱症狀進展的幅度（Klein et al. 2003）。陸續也有大量研究證明了：在建立認知行為治療關係上所做的努力，對於治療過程影響至鉅。

學習建立最有效的醫病關係，是漫長且無止盡的。所有的治療師皆由先前治療關係的經驗來建立基礎。典型的看法是，人們

之所以選擇治療為志業，是因為他們天生具備瞭解他人的能力，能以足夠的敏感度、仁慈及平靜的態度，來討論充滿情緒的話題。然而，要能將這些能力發揮至最大，通常需要豐富的臨床經驗、個案督導及內省。做為認知行為治療治療關係的入門書，我們將先簡短討論治療的共通特徵，接下來會將本章焦點放在：合作—經驗取向的工作同盟。

同理、溫暖及真誠

從認知行為的觀點，要能精確地同理，攸關當治療者保持客觀以找出可能的扭曲、不合邏輯的思考或適應不良的行為時，是否同時能站在病人的角度來感受病人的感覺及想法。貝克及其同僚（1979）強調，適度地調整同理的分量及對人的溫暖程度是很重要的。如果治療者被認為是疏離、冷漠及不在乎的，可預期治療的結果並不好。然而，過度的同理及溫暖，也會產生反效果。例如，一位長期低自尊或缺乏基本信任的人，會以負面的觀點來看待過度熱心的治療師為了瞭解所做的努力（例如：「她為何要這麼關心像我這樣的失敗者？治療師自己一定很孤單，才會這麼努力來瞭解我。治療師想從我這裡得到什麼？」）。

給予同理意見的時機也很重要。一個常見的錯誤是，在病人尚未感受到治療者充分瞭解自己的苦境前，治療者試圖大量給予同理。然而，即使在治療最初期，若治療者忽略了重大的情緒傷痛，則會被認為是脫線或反應遲鈍。下列是一些當你想要使用同理時，可以問自己的一些問題：我對此人的生活周遭及思考方式瞭解有多深？此時是表現同理的好機會嗎？現在需要多少的同

29

理？當下對這位病人表達同理有風險嗎？

雖然適當的同理通常可以加強治療關係及舒緩情緒，但在某些情境下，同理反而會強化負面扭曲的認知。舉個例子：如果治療者不斷地以「我能瞭解你的感受」，來對相信自己是失敗的或無法掌握自己人生的病患做保證，則可能反而在無意間確認了病患的自我責難及無望態度。當患者冗長地說明他適應不良的認知，如果你認真聆聽且不斷點頭稱是，他可能會認為你同意他的結論。又或者，治療一位懼曠症的病人，對他的痛苦表達太多的同理，以致忽略了使用行為技巧來阻斷規避的模式，治療效果則可能會降低。

要能表達精確同理的另一個重點是真誠。不論是口語或非口語的方式，展現出誠意的治療者能以誠實、自然且帶有情感的態度來告訴病人，他真的瞭解情況。真誠的治療者能圓融地提供病人建設性的回應，但不會試著掩藏事實。即使承認目前的負面事件及結果，治療者總是試著從病人身上發掘能夠因應無常人生的力量。因此，做為認知行為治療師，最值得擁有的個人特質之一，即是真正的樂觀，及相信病人擁有韌性與成長的潛力。

在認知行為治療中，要充分且精確表達同理，包含了努力尋找解決問題的方法。單純地表達關心是不夠的。治療者需要將關心轉換成行動，以減輕受苦及幫助病人處理生活問題。因此，認知行為治療師會以蘇格拉底式問句以及鼓勵理性想法、建立健康因應行為的其他CBT方法，來調和適當的同理陳述。往往最有效的同理，是提出能夠幫助病人看到新觀點的問題，而不是只在功能不良的思考中隨波逐流。

合作的經驗療法

30

最常用來描述認知行為治療中治療關係的詞語，是**合作的經驗療法**。這個詞可以完整表達出治療關係的精髓。治療者使病人融入一個高度合作的過程，包含共同設定目標及議題的責任、給予與接受回饋，以及將認知行為治療放入日常生活中來實行。治療者和病人一起找出造成問題的想法及行為，然後，根據經驗來仔細檢視它們的正確性或是效力。當發現了真正的缺陷或缺點，便要針對這些障礙，設計出因應策略並且實踐。然而，治療關係的主要任務是，從經驗的觀點來分析認知扭曲及無效的行為模式，經驗的觀點能揭露增加合理性、症狀緩解及改善自我效能的機會。

本書將以一系列介紹認知行為治療核心的簡短影片，來說明合作－經驗性的治療關係。我們建議你，現在先看其中的兩小段，內容是由萊特醫師來治療一位患有焦慮症的女性，名叫吉娜。在第一個例子中，萊特醫師正在評估吉娜的症狀且開始建立治療計畫。儘管尚未應用到特定的認知行為治療介入法，但治療者和病人建立了穩固的關係，使他們能在減低焦慮症狀上有所進步。在第二個例子中，吉娜被鼓勵用經驗性的方式來修正那些適應不良的認知。良好的治療關係是實行這種治療工作的基本要求。

在看第一段影片之前，我們要提幾個建議，如何從觀看這些示範中得到最多收穫。就如序言所述，拍攝這些影片的目的，是提供如何在實際會談中操作認知行為治療的例子。這些影片並非被設計成針對各種治療情形的唯一完美例證。儘管我們要求治療師盡最大努力來評估，而且，我們相信這些影片大體上陳述了完整的認知行為治療評估，但你仍可能會想到其他成效或許更好的方式或不同的治療風格。

即使晤談都是由亞隆・貝克（Aaron T. Beck）等大師所示範，當我們在課堂上播出時，還是會一再發現，不同的做法有更多力量與機會。所以，當你在看書中的影片時，可以自問下列的問題：「這些例子是如何示範認知行為治療的關鍵原則？」「我喜歡治療師的哪些風格？」「如果可能的話，我會有不同做法嗎？」與同事及督導者一起看影片、對照筆記並且想出新的治療方法，也是很有用的。最後，我們要提醒你，當你讀到書上指示有示範的特定方法時再來看影片，因為它們是依此順序來設計的。

31

▶ 示範影片一　評估焦慮症狀：萊特醫師與吉娜

▶ 示範影片二　修正自動化思考：萊特醫師與吉娜

CBT治療者的行動力

除了所有有效治療者共有的非特異性關係特質，認知行為治療者更需要在治療會談中熟稔於展現出高度的行動力。傳統上，認知行為治療者全心全力於將治療結構化，調整會談以最有效利用可用的時間，建立一個不斷發展的系統性闡述，以及執行認知行為治療的技巧。

在治療早期，當病人症狀較明顯且正適應認知行為模式時，治療者的行動力通常最高。在這個階段，治療者肩負帶領會談方向的責任，也會花相當多的時間來解釋及描述認知行為治療的基本概念（參考第四章〈結構化與教育〉）。治療者也可能常需要在治療中注入活力、鼓舞及具有希望的感覺，尤其是當病人嚴重憂鬱，而且表現出極深的興趣缺乏，或精神動作遲滯。以下例子是一位憂鬱男性的治療，顯示有時候治療者可能需要相當主動，來幫助病人領會及操作認知行為治療的技巧。

案例

在第二次會談之後，麥特被分派了記錄想法的作業，但卻難以完成。

治療者：我們說過，會花一些時間回顧你上星期以來的作業，做得如何呢？

麥　特：我不知道。我曾試過，但每次晚上回家後真的很累，我似乎永遠都沒有足夠的時間來完成它們（打開他的治療筆記本並取出作業）。

治療者：可以讓我看看你寫了什麼嗎？

麥　特：當然，但是我不認為我寫得很好。

32

治療者及麥特看了麥特的思考紀錄。第一行是事件（「太太告訴我，我很無趣」）；第二行（想法）則未記錄；而第三行則包含了對他的感受的評估（「傷心，強度100％」）。

治療者：麥特，我可以告訴你，你已經著手作業了。有時，當人情緒低落時，要做這種事情是有困難的。但是，你的確做了不錯的嘗試，也的確找出勾起許多情緒的情境。如果可以的話，我們可以一起來完成其他部分。

麥　特（看起來鬆了一口氣）：我本來擔心我搞砸了，而且你會以為我沒去嘗試。

治療者：不，我不會評斷你，我只是要幫助你利用這些練習來變得更好。你準備好來談談，當你太太說那句話時，發生了什麼事嗎？

麥　特：準備好了。

治療者：我注意到你有寫下事件及當時的情緒。但在想法那一行則空白。你能不能回到當你太太告訴你，你很無趣的時候，且試著記住心中可能出現的想法？

麥　特：那讓我非常生氣。那天工作得很累，所以當我回家後，就有點攤在椅子上，開始看報紙。然後，她開始痛罵我。我想，那讓我太難受了，以致不想寫下我的想法。

治療者：那是可以理解的。我能瞭解那的確使你難受。但如果我們能夠知道你當時的想法，也許能夠找出對抗憂鬱的方法。

麥　特：我現在可以告訴你。

治療者：讓我們用這張思考紀錄，寫下一些當時的想法（拿著思考紀錄且作勢要寫）。

麥　特：嗯。我想，第一個想法是「她要找我碴」，然後，我開始覺得生命中重要的東西都離開我了。

治療者：當時你覺得你會失去什麼？

麥　特：嗯，我想第一個念頭是，「她一定會離開我。我將會失去家庭及孩子。我整個人生要崩潰了。」

治療者：那些都是令人難過的想法。你現在認為它們是完全正確的嗎？我懷疑當時是否憂鬱已經影響了你的想法？

然後，治療者解釋自動化思考的本質，而且幫助麥特檢查負面思考的證據。結果，麥特得到結論，很有可能他太太決心要維持這段關係，但卻因為他的憂鬱而持續受挫。當麥特認知的絕對性思考消失，他的悲傷與緊繃降低了，而且想出了一套行為計畫來回應他太太的擔心。這個例子顯示出，治療者可能必須採取非常主動的態度來解釋概念、示範CBT的中心教誨及協助病人完全參與治療過程。

33

在大部分的交談中，你可能會注意到治療者說得比麥特多。雖然在認知行為治療中，治療者需要說多少話，在不同的病人及不同次的會談之間，存在很大的差異，不過早期會談可能會有幾次是治療者說得較多的。通常隨著治療進展，且病人習得如何使用認知行為治療的概念，治療者就能較不費唇舌且較不費力地傳達重點、表達同理的關心，並且推進治療。

治療者如同老師－教練

你喜歡教學嗎？你有被訓練或訓練他人的經驗嗎？正因為學習在認知行為治療中的特殊重要性，與其他種類的心理治療相比，認知行為治療中的治療關係含有較多的師生成分。在認知行為治療中，好的老師能以高度合作的方式來傳遞知識，使用蘇格拉底式的方法來鼓勵病人完全參與治療過程。以下列出治療關係中，可以增加教學、訓練效果的特質：

- **友善**。病人認為一位好的治療者－老師，是友善而親切的，不會威脅、過度刺激或警告。他們以正面及建設性的方式傳達資訊。
- **熱衷**。為了達到認知行為治療中有力教師的角色，你需要營造一個能夠刺激學習的環境。讓病人參與能夠刺激治療的蘇格拉底式問句及學習演練，但也不要給予超過病人能夠負荷的量或複雜度。強調學習中的團隊模式及合作過程。
- **創意**。因為病人常常帶著固著及單向的思考方式來參與治療，治療者可能需要發展更具創意的方式，來看待情境及尋求解決的方法。試著使用能夠啟發病人創意的學習方式，而且把這些力量用來解決問題。
- **賦權**。好的教學通常包含提供病人能夠改變自我生活的概念或工具。CBT的賦權本質高度仰賴治療關係的教育本質。

34

- **行動導向**。CBT的學習並非被動、不切實際的過程。治療者及病人共同合作，來獲取可以在真實生活情境中實行的知識。

在CBT中運用幽默

為什麼你要考慮在CBT中運用幽默？畢竟，我們的病人大部分都面臨了很嚴重的問題，例如：摯愛的人過世、婚姻破滅、身體疾病及精神疾病的摧殘。嘗試幽默是否會被誤解成，你想要試著淡化、棄置或忽略病人問題的嚴重性？病人是否會將你試著幽默的努力，視為無理的回答？有沒有可能病人會認為，你是**在嘲笑他**，而非**跟他一起笑**嗎？

在治療中運用幽默，當然是有風險的。治療師需要非常小心地辨識潛在的陷阱，及評估病人是否能從注入在關係中的幽默而獲益。不過，幽默的確為病人帶來許多正面的幫助，包括：辨識扭曲的認知、表達健康的情緒，以及體驗愉悅。對許多人而言，幽默是一個具高度適應性的因應策略。幽默將情緒的釋放、笑聲及趣味帶入生命中（Kuhn 2002）。然而當病人參與治療時，他們常常不是失去就是喪失了大部分的幽默感。

在CBT中運用幽默有三大原因。第一，幽默感可以使治療關係正常化及人性化。因為幽默是生命中非常重要的一部分，也常是良好關係的成分之一，審慎及恰當的幽默評論，能夠幫助提升認知行為治療中友善及合作的本質。運用幽默感的第二個原因是，幫助病人破除僵化的思考及行為。如果治療者及病人對於以極端方式來看待情況的缺點能共同溫和地一笑置之，病人就比較有可能考慮並採取認知的改變。將幽默帶進CBT的第三個理由是，幽默技巧可以被發掘、加強，並提高成為對抗症狀及應付壓力的重要資源。

CBT中的幽默極少包含治療者或病人破壞性的玩笑。大多數場景是利用誇張的方式，來描述因保有適應不良的信念或持續僵化無效的行為所造成的影響。這種幽默的重要元素是：（一）自發且真誠，（二）建設性的，（三）聚焦於外在問題或不正確的

35 思考方式，而非個人的短處。依據上述方針的幽默，能夠鬆開僵化及功能不良認知或行為的箝制。示範影片二包含了一些幽默在CBT中的治療性使用的例子。當萊特醫師和吉娜能在使用CBT模式擊倒吉娜的焦慮症狀上取得進展的同時，他們也能一起歡笑。

有些治療者在晤談中自然而熟練地使用溫和的幽默，有些治療者卻覺得這種治療方式是尷尬或困難的。幽默絕非認知行為治療必備的部分，所以，假如你不喜歡使用幽默或沒有這些技巧，你可以不去強調治療的這個面向，而將焦點放在合作經驗關係上的其他要素。然而，我們仍然建議，詢問病人幽默感是否為他的長處之一，再進而協助他們把幽默感當成正向的因應策略。

彈性及敏感度

因為病人是帶著各種不同的期待、生活經驗、症狀及性格來參與治療，當治療者試著建立有效的工作關係時，需要隨著個人差異調整。應該要避免統一的、一體適用的治療方式，而彈性化、個別化的風格較能切合每個病人獨具的特質。我們建議，當定製治療同盟時，可以從臨床上所關心的三個主要面向來考量它們所造成的影響：（一）情境議題、（二）社會文化背景、（三）診斷及症狀（Wright and Davis 1994）。

情境議題

最近的生活壓力，例如所愛之人過世的傷慟、分居或離婚、失去工作、財務問題或是身體疾病，可能需要在治療關係中做調整。我們臨床實務中的一個例子，即是治療一位憂鬱的女士，她十幾歲的兒子最近自殺身亡。由於她傷慟極深，治療者需要非常努力地同理、理解及支持她。典型的認知行為處遇方式，例如：思想紀錄及檢視證據，於此治療的早期是不被使用的，為了回應病人深沉的傷慟，並幫助她恢復日常生活的功能，治療者最好採用溫暖的關懷、主動式聆聽，及行為的處遇方式。

環境影響或壓力，時常使病人做出特別的要求。婚姻關係陷入困境的病人可能會要求，不要將診療費用帳單寄到他家去，這樣他的太太才不會知道他正在接受治療。有術後併發症，正考慮控告外科醫師的病人，可能會定下不能聯絡外科醫師要求提供病歷資料的約定。正為了孩子監護權打官司的婦女，可能會要求治療者在法庭上當她的辯護者。在治療早期，回應這些要求的一般原則是在表面上接受它，並試著去滿足病人的期望，除非有倫理上的衝突，或是考量到專業上的界線。然而，有些病人可能會有不切實際或潛藏危機的要求。關於進一步的友誼或是身體上親密接觸的要求，不論是直接的或含蓄的，都需要被辨識出來，並以堅定的、合乎倫理的方針處理（Gutheil and Gabbard 1993; Wright and Davis 1994）。其他種類的要求，例如：要求在正規時間外的額外晤談，或回應病人過多的電話，對於治療同盟可能會有負面的影響。即使有時病人因臨時的處境議題而提出這些要求，靈敏的治療者應察覺到，過度滿足病人特殊要求的危險。

36

社會文化背景

對於社會文化議題的敏感度，是形成可靠的、高功能的治療同盟的必要成分。在不同的個別差異之中，性別、種族、年紀、社經地位、宗教、性傾向、身體疾病及教育程度，會對於嘗試建立治療關係的治療者及病人造成影響。雖然，治療者通常會試著不具偏見，並且尊重多樣的背景、信仰及行為，我們仍會因為盲點或缺乏知識，以致影響了治療關係，或完全抵銷為了與病人聯繫起來所做的努力。同時，當治療者的人格特質不符合病人的期待時，病人的偏見會明顯減低他們由與治療者一同工作所能獲益的能力。

有一些策略能夠調和社會文化背景對治療同盟所造成的影響。我們的第一個建議是：與不同背景的病人一同工作時，要保持內省。不要假設自己對於病人的多樣性是百分之百可以敏感察覺到，並且能夠容忍的。密切注意你對病人的負向反應，以及治療受到社會文化因素妨礙的證據。對於某些病人，要表達你的同理有困難嗎？在治療會談中，你會覺得拘謹或不自然嗎？你會擔心與病人的晤談嗎？這些反應中，是否有起源於你個人的偏見或態度的？為了要更瞭解及接受病人，如果你發現這些反應，你就得想出修正負向看法的計畫。

37　第二個策略，是努力增加自己對於會影響治療關係的社會文化差異的知識。例如：一位對同性戀文化所知有限的異性戀治療者，發現自己厭惡與男同性戀或女同性戀者共事，也許可以閱讀關於同性戀經驗的文獻，參加增加敏感度的工作坊，及觀看為增進對於性傾向相關議題瞭解的影片（Spencer and Hemmer 1993; Wright and Davis 1994）。同時，治療者如果學習到範圍更寬廣的宗教傳統及生活哲學，或許能夠建立更有效的同盟。雖然只有少數研究指出，有特定宗教信仰的病人，會喜好具有相似宗教背景的治療者（Propst et al. 1992），但我們使用CBT治療各種宗教信仰（或沒有任何宗教偏好）病人的經驗顯示，瞭解、容忍及尊重不同的信仰，常能促進好的治療同盟。

治療者也需要精通種族及性別議題，它們可能影響治療過程（Wright and Davis 1994）。除了閱讀及敏感度訓練，我們建議你與文化多樣性的專家、同事及朋友討論，以得到對治療關係有潛在性影響的全方位觀點。我們特別重視對於我們態度給予回饋的同事之意見。他們幫助我們洞察到，種族、性別及其他社會文化因素是如何影響治療過程。

當你學到更多社會文化對治療關係造成的影響，我們也建議你花些時間，檢查你辦公室可能造成病人不舒服的擺設。等候室的設計能夠容納肢體殘障人士或過胖的病人嗎？在等候室的雜誌有傳達任何特定的偏見嗎？辦公室的職員對所有的病人有相同的尊重及注意嗎？辦公室的裝飾品是否非蓄意地傳達任何意義，使得有特殊種族或文化背景的病人討厭？如果你發現辦公室裡有任何會對治療同盟造成負面影響的東西，要下點功夫來改善及增強治療環境。

診斷及症狀

每個病人的疾病、人格特質及症狀的型態，會對治療關係造成實質上的影響。一個處於躁期的病人，可能是具有侵犯性及激躁的，或者，他也可以是過度迷人及誘惑的。物質使用疾患的病人，常有誘使他們欺騙治療者及自己的認知及行為模式。一位飲食疾患的病人，會努力說服治療者相信她確實有適應不良的態度。

38

治療者為了建立有效工作同盟所做的努力，會受到人格疾患及特質的重大影響。依賴性高的病人可能想要依賴治療者；強迫性人格疾患的病人，在治療互動交流之際，表達情緒可能有困難。類分裂性人格疾患的病人，可能非常警戒且無法相信治療者。而邊緣性人格疾患的病人，很可能有混亂且不穩定的人際關係，並且把它們帶入治療場所。

為特定情形所做的認知行為治療的修正模式，包含人格疾患，於第十章〈治療慢性、嚴重或複雜疾患〉中有詳述。為了處理因病人疾病及人格結構對治療同盟造成的影響，我們列出了一般性策略：

一、辨識潛藏的問題。要小心症狀及人格差異所造成的可能影響，同時要調整你的行為來適應這些差異。舉例來說，要與一位受過創傷且正經歷創傷後壓力症候群的病人建立互信的關係，是需要特別注意的。或者，一位帶有強迫特質的人，你可能會想用肌肉放鬆、運用幽默及嘗試創新的方法來突破他的固執。如果你正在治療一位患有飲食性疾患的女性，你懷疑她對於自己的不健康行為並非完全誠實（例如：大吃大喝、催吐、濫用利尿劑、過度運動），就可能有必要公開討論你的擔心。

二、不要為病人貼標籤。標籤化發生於當治療者開始以貶損的態度使用診斷術語，例如**邊緣性**、**酒精性**或**依賴性**。對這類行為的負面態度，可能以隱微的、檯面下的或公然的方式表現出來。一旦產生標籤化，關係會變得更加疏遠或緊張。治療者可能不再努力處理症狀，而且治療品質可能會下降。

三、努力表現沉著。試著保持如身處暴風眼中心的平靜。客觀，並且引導一個清楚的治療方向，即使當你要回應一個非常情緒化的場景，或被苛求的病人所挑戰。要努力培養能夠處理各式

39

各樣臨床狀況及人格種類的能力，以避免過度反應、憤怒行為或防衛反應。或許你與生俱來的氣質就已經包含了健康的平靜；不

過，這種特質是可以不斷練習及強化的。為了增加你平靜的能力，一個最有效的辦法，是建立辨識及處理移情與反移情反應的技巧，如下所述。

CBT中的移情

移情的概念是由精神分析及精神動力取向心理治療而來。但在CBT中，它大致上被修訂過，以符合認知行為理論及技巧（Beck et al. 1979; Sanders and Wills 1999; Wright and Davis 1994）。就像在其他治療，移情的現象被認為是過去重要關係（例如父母、祖父母、老師、老闆、同儕）的重要元素，在治療關係中重演。然而，認知行為治療的焦點，並不在移情的潛意識成分或防衛機轉，而是在治療環境中重現的習慣性思考及舉動。舉例來說，如果一位男性的深層核心思想是「我必須掌控」，而且有著控制他人的長期行為模式，他可能會在治療關係中表現出這些相似的認知及行為。

因為典型的CBT是短期的治療，且具有直接的、高度合作性的治療者－病人同盟，和長期、動力導向的心理治療比較起來，移情的強度通常較低。此外，移情並不會被視為學習或改變的必要或基本機轉。然而，覺察病人的移情反應，和使用這些知識來促進治療關係並修正功能不良思考模式，皆是認知行為治療的重要部分（Beck et al. 1979; Sanders and Wills 1999; Wright and Davis 1994）。

評估CBT中的移情時，治療者等待很可能從過去重要關係中發展出來的基模及相關行為模式。這個評估有兩個主要功能：第一，治療者能夠分析治療關係，進一步得知病人的核心思想，及檢驗這些認知在重要關係中對病人行為造成的影響；第二，治療者能設計出處遇方法，來減少移情對治療關係或治療結果的負面影響。

40

如果有核心信念正影響治療者－病人關係的證據，臨床工作者需要思考下列問題：

一、移情是健康或有建設性的現象嗎？如果是，治療者可能會選擇保留任何關於移情的意見，而且讓它繼續下去。

二、你認為移情存在潛藏的負面影響嗎？或許目前移情的程度是中立或良性的，但未來有可能會對治療關係產生併發症。當你辨識出移情反應，試著更進一步思考，如果治療繼續下去且關係變得更緊繃，可能會發生什麼事？預防性的動作（例如：建立嚴格的界線、詳述治療同盟的合適指導方針）可能幫助避免未來的問題。

三、現在是否有需要注意的移情反應？當出現妨礙合作關係、阻擋進展、對治療產生破壞性影響的移情反應時，治療者需要做出適當行動來點出問題。處遇包含了移情現象的精神衛教、使用標準CBT技巧來修正牽涉到移情的自動化思考和基模、行為預演（在治療晤談中練習其他較健康的行為）、訂下約定來限制或阻礙特定行為。

案例

卡拉是一位嚴重憂鬱的二十五歲女性，她的治療師是一位中年女性，治療計畫包含：努力將移情反應顯現出來，並且使用移情來幫助病人改變。病人的核心信念（例如：「我從不是一個能幹的人」、「我永遠無法滿足我的父母」、「我是個失敗者」）對治療造成負面的影響，因為病人拿自己與這位有成就的治療者比較。同時，卡拉有個自動化思考，即治療者正在評斷她，認為她是懶惰或遲鈍的，因為她總是無法成功地實行CBT中自助的方法。結果，卡拉覺得與治療師很疏遠，同時認為治療師是個嚴苛且不太喜歡她的人。

治療者發現，由於卡拉擁有吹毛求疵的父母，並且總認為自己低人一等，所以會陷入緊張的治療關係。因此，治療者開放地談論移情反應，然後使用CBT的方法，來矯正那些損壞合作關係的曲解。

41

某些關於治療者的特定認知且被認定可當作改變目標的陳述如下：「她擁有任何她所想要的，而我什麼也沒有」（一個認知錯誤的自動化思考：把別人的優點最大化，而把自己的長處最小化）；「如果她真的瞭解我，就會知道我是個騙子」（一個適應不良的基模，造成病人及治療者的分裂）；及「我永遠無法達到她的標準」（一種移情信念，將治療者視為父母）。

在引出這些認知後，治療者解釋自動化思考、核心信念，及由其他關係而來的行為，是如何在治療中及其他目前的人際情境中一再重演。然後，她對卡拉保證，治療師瞭解並尊重她，但也想要幫助她建立自信。她們同意，增進卡拉自我形象的一種方式，就是定期討論治療同盟，充分檢驗她對於治療者態度與期待的假設。隨著治療的進展，治療關係變成一個健康的機制，用來幫助卡拉更正確地看待自己，及建立更實際、更有用的態度。

反移情

認知行為治療者的另一個責任，是尋找可能影響合作治療關係發展的反移情反應。在CBT中，當與病人的關係激發了治療師的自動化思考及基模，而這些認知有可能影響治療過程時，就會產生反移情。因為自動化思考及基模能在你的覺察之外運作，一個發現可能的反移情的好方法，就是去辨識出那些可能由你的認知而引起的情緒、身體感覺及行為反應。反移情可能正在產生的一般跡象，包含：你對病人感到生氣、緊張或挫敗；覺得治療很無聊；當病人遲到或取消約會時會覺得鬆了一口氣；處理某種疾病、症狀群或某類個性的人，會反覆發生困難；發現自己被特定的病人所吸引。

當你懷疑反移情可能正在產生，你可以使用本書所描述CBT的理論及方法，來進一步瞭解並處理這個反應。從嘗試辨認你的自動化思考和基模開始。然後，如果臨床上合適且可行，你可以努力修正這些認知。舉例來說，如果你有下列的自動化思考，例如：「這個病人沒有動機……他只是在整個晤談中哭嚎……這個治療毫無進展。」你可以試著辨識你的認知謬誤（例如：全有全無思考、漠視證據、武斷推論），並且改變你的想法，以較平衡的觀點來思考病人的努力及潛力。

42

結論

存在於病人及治療者間的有效同盟關係，是執行CBT特定技巧的基本條件。當治療者使病人投入CBT過程，他們必須表現出理解；適當地提供同理和個人溫暖；以及彈性回應每個人與眾不同的症狀、信念和社會文化背景。CBT中良好治療關係的特點是：高度合作，以及詢問與學習的經驗風格。合作的經驗療法形成的治療同盟讓治療者和病人在一起，共同為發現問題及尋找解答而努力。

參考書目

Beck AT, Rush AJ, Shaw BF, et al: Cognitive Therapy of Depression. New York, Guilford, 1979

Beitman BD, Goldfried MR, Norcross JC: The movement toward integrating the psychotherapies: an overview. Am J Psychiatry 146:138-147, 1989

Gutheil TG, Gabbard GO: The concept of boundary in clinical practice: theoretical and risk-management dimensions. Am J Psychiatry 150:188-196, 1993

Keijsers GP, Schaap CP, Hoogduin CAL: The impact of interpersonal patient and therapist behavior on outcome in cognitive-behavior therapy: a review of empirical studies. Behav Modif 24:264-297, 2000

Klein DN, Schwartz JE, Santiago NJ, et al: Therapeutic alliance in depression treatment: controlling for prior change and patient characteristics. J Consult Clin Psychol 71:997-1006, 2003

Kuhn C: The Fun Factor: Unleashing the Power of Humor at Home and on the Job. Louisville, KY, Minerva Books, 2002

McCullough JP Jr: Skills Training Manual for Diagnosing and Treating Chronic Depression: Cognitive Behavioral Analysis System of Psychotherapy. New York, Guilford, 2001

Orlinsky D, Grawe K, Parks B: Process and outcome in psychotherapy—noch einmal, in Handbook of Psychotherapy and Behavior Change, 4th Edition. Edited by Bergin AE, Garfield SL. New York, Wiley, 1994, pp 270-376

Propst LR, Ostrom R, Watkins P, et al: Comparative efficacy of religious and nonreligious cognitive-behavioral therapy for the treatment of clinical depression in religious individuals. J Consult

Clin Psychol 60:94-103, 1992

Rogers CR: The necessary and sufficient conditions of therapeutic personality change. J Consult Clin Psychol 21:95-103, 1957

Sanders D, Wills F: The therapeutic relationship in cognitive therapy, in Understanding the Counselling Relationship: Professional Skills for Counsellors. Edited by Feltham C. Thousand Oaks, CA, Sage, 1999, pp 120-138

Spencer S, Hemmer R: Therapeutic bias with gay and lesbian clients: a functional analysis. The Behavior Therapist 16:93-97, 1993

Wright JH, Davis D: The therapeutic relationship in cognitive-behavioral therapy: patient perceptions and therapist responses. Cognitive and Behavioral Practice 1:25-45, 1994

【第三章】評估與系統性闡述

評估接受CBT的病人及形成個案概念化（case conceptualizations）的過程，是建構在一個全面的治療模式之上。雖然瞭解病人疾病的認知與行為要素是最重要的，但生物性及社會性的影響，也是評估與系統性闡述（farmulation）中不可缺少的部分。在這個章節，我們會討論CBT的適應症、能持續這種治療的病人特徵，及評估是否適合治療的重要面向。我們也會介紹一個實用的方法，來架構個案概念化及發展治療計畫。 45

評估

開始CBT的評估，與其他形式的心理治療評估相似，有兩個基本要素：完整的病史及精神狀態檢查。除了考慮發展史、遺傳、生物因子及內科疾病的影響，重點是放在病人現在的症狀、人際關係、社會文化背景及個人的長處。仔細評估這些不同面向對病人的影響，才能形成一個多重面向的系統性闡述，這在下一節「個案概念化」中會詳述。 46

因為CBT的適應症主要是根據診斷來決定，所以一個完整的會談及多軸向的診斷有助於評估病人是否適合接受CBT治療。從1980年代起，CBT治療模式開始針對各種情況使用及修正，除了治療輕度至中度的憂鬱及焦慮疾患外，更大大擴展其使用的範疇（Wright et al. 2003）。舉例來說，在第十章〈治療慢性、嚴重或複雜疾患〉中，我們回顧了針對雙極性情感疾患、精神分裂症、邊緣性人格疾患及其他困難治療的情況所修正的CBT。所以幾乎大部分接受精神科治療的病人都可能是接受CBT的適合人選，不管是單獨使用，或是與適合的藥物治療合併使用。

CBT是被研究最多的一種心理治療（Butler and Beck 2000, Dobson 1989; Wright et al. 2003）。有超過300個隨機對照試驗，證實CBT對許多第一軸疾患的效用（Butler and Beck 2000）。在許多情況單獨使用CBT（不合併使用藥物）就有效用，而且在重度憂鬱症、焦慮疾患、暴食症及一些其他的情況中，CBT就是第一線治療其中一種選擇（Wright et al. 2003）。雖然CBT不適合單獨使用來治療精神分裂症或雙極性情感疾患，但被證實與藥物治療合併使用有其效用（Lam et al. 2003; Rector and Beck 2001; Sensky et al. 2000; 見第十章〈治療慢性、嚴重或複雜疾患〉）。再者，修正形式的認知行為治療對邊緣性人格也相當有用（Linehan et al. 1991），其他第二軸疾患（Beck and Freeman 1990）及物質使用疾患（Beck et al. 1993; Thase 1997）亦可使用此種治療方法。

CBT的使用極少有絕對的禁忌症（如嚴重的失智症、其他嚴重的失憶症、短暫的意識混亂如譫妄或藥物中毒）。嚴重的反社會人格、詐病、或其他明顯會破壞合作與信任的治療關係發展的情況，也比較不適合CBT。這些會限制CBT使用的因素，在其他形式的心理治療中一樣適用。

47

在第十章〈治療慢性、嚴重或複雜疾患〉中，我們會討論，在較嚴重疾病或複雜狀況病人的長期CBT使用。本章的重點是如何找出那些接受二至四個月CBT就有效果的病人。因此，我們擷取短期心理動力心理治療的早期文獻（Davanloo 1978; Malan

1973; Sifneos 1972），以及薩弗朗與席格（Safran and Segal 1990）富有創見的著作。薩弗朗與席格發展一套半結構式會談，來評估病人是否適合有時限的CBT。雖然這個會談有很好的心理計量特性，但因為需要一至二小時才能完成，薩弗朗與席格的方法在研究領域之外並不實用。在此我們的建議是部分採用薩弗朗與席格的方法，但將其整合入標準精神科初步評估中的一部分。

誰是單獨使用CBT的理想人選呢？就某個程度而言，有時限的認知行為治療最適合典型容易治療的病人（即有較急性的焦慮或非精神病性憂鬱症的健康成人、有良好語言溝通技巧、過去有一些成功的人際關係、有動機要使用這個治療）。這樣的個案很可能對任何形式的專業治療都有效，或者，很可能不需任何治療就自然緩解。在這些一般性的良好預後因子之外，我們可能加上其他因素，例如：足夠的經濟來源、安全的住居環境，以及支持的家人或朋友。幸運的是，有足夠的證據顯示：使用CBT不只限定在那些容易治療的病人。以下討論幾個適合有時限治療的附加面向（表3-1）。

表3-1　評估接受CBT的病人時應考慮的面向
慢性化程度及複雜性
對於治療成功的機會樂觀以對
接受需要改變的責任
與CBT原理的相容性
有能力瞭解自動化思考並能辨識伴隨的情緒
可以參與治療同盟
有能力以問題導向的方式進行並持續下去

48

在表3-1中的第一個面向，是一般預後的指標：**病人問題的慢性化程度與複雜性**。一般而言，長期的問題通常需要較長的療程；憂鬱或焦慮症合併有藥物濫用、明顯的人格疾患、有早期創傷或被忽略的病史，或其他的共病情形，也是如此（見第十章〈治療慢性、嚴重或複雜疾患〉）。病人的治療史也提供我們評估病人情況的可治療性之重要線索。如果你是一個病人二十五年來的第十二個治療者，或是在一連串廣泛的藥物與心理治療之後，要開啟新的治療方式，只提供12至16週的治療計畫是很令人懷疑的。

第二個面向，**對於治療成功的機會樂觀以對**，也是一個整體的預後指標。概括地說，是幫助關係建立的預後指標（Frank 1973）；尤其適用於CBT（Mercier et al. 1992）。高度的悲觀會降低病人對治療的反應，這是由兩種途徑造成。一方面，悲觀反映了病人深信自己有嚴重的問題，尤其是那些過去有治療失利經驗的病人。憂鬱會抹殺一般人低估自己問題以及高估自己長處的傾向。另一方面，意志頹廢會削弱病人參與治療活動的能力，或是因為自我實現的預言，而將進步的證據大打折扣。因為悲觀與無望感及自殺意念相關，所以必須要保持警覺，對於一些特別悲觀的病人，可能需要替代療法甚或住院治療。在另一種極端的情況，悲觀可能隱藏了虛無妄想，那表示需要使用抗精神病藥物。

第三個面向，**接受需要改變的責任**，這和普羅卻斯卡與狄克雷門（Prochaska and DiClemente 1992）闡述的動機模式（model of motivation）相關連。雖然這個方法一開始是用在評估物質濫用的病人，但現在逐漸被使用於其他治療模式。試著問你自己這些問題：這個人為什麼要來接受治療？他想要完成什麼？他想要用多少努力來進行改變？然後，從一般性的問題來導引你的會談

（例如：「你所知道的憂鬱症的原因是什麼？」或「你認為病人在治療中最好扮演怎麼樣的角色？」），乃至於關於CBT較特定的問題（例如：「根據你對恐慌症的瞭解，你覺得哪種治療可能對你最有效？」）。相信自己的疾病是由於賀爾蒙失調或化學物質不平衡造成的病人，可能就比較不熱衷進行CBT，而強烈偏好藥物治療模式的病人（「我寧可只吃藥，可是我的醫師叫我來這裡，因為他認為這種治療對我比較好」），同樣對心理治療的效果存有疑慮；相反地，準備好要改變，且對於看看心理社會因素對症狀的影響，真正表示有興趣的人，就比較可能接受CBT，並從中獲益。

49

第四個面向的評估與第三個息息相關：**與CBT原理的相容性**，攸關病人及治療者雙方對CBT之適當性的特定印象。就如日常生活中，第一印象是很重要的；事實上，有兩個研究顯示，在治療開始前對CBT有好印象的病人，相較於那些對CBT有中性或負面印象的病人，日後對治療的反應也比較好（Fennell and Teasdale 1987; Shaw et al. 1999）。另一個相容性的面向，是執行自我協助的練習或回家作業的意願。在本書中，我們強調回家作業在CBT中是不可或缺且具體的部分。充分證據顯示，病人若無法定期完成指定的回家作業，對治療的反應就會比較差（Bryant et al. 1999; Thase and Callan, in press）。

雖然如此，有趣的是，相容性並不表示病人一定有充滿邏輯錯誤與認知扭曲的思考過程。新手治療師通常會認為，有高度功能不良負面思考的病人是CBT的最佳候選人，但是相當一致的證據告訴我們，與認知問題較不嚴重的病人相較，這些病人的治療效果較差（Whisman 1993）。你可能會發現，從CBT的另一個角度，即強調並利用病人的長處來治療，比起試圖去糾正或克服病人根深柢固的弱點，會更有用（Rude 1986）。同理可推，擁有較佳的習得的伶機應變（learned resourcefulness，認為問題可以獲得解決，以及可以使用積極的方式解決問題的傾向）的重鬱患者，對CBT的反應較好（Burns et al. 1994）。

雖然極度的悲觀及相當高程度的功能不良態度，可能對預後有不良的影響，但第五個面向——**有能力瞭解自動化思考並能辨識伴隨的情緒**，則反映了是否真正適合CBT。持續這個觀點——治療建立在長處之上，你會發現，在憂鬱或焦慮情緒中，還能識別並且講出自己的負面自動化思考的病人，能夠在治療初期就開始使用三欄和五欄的練習。為了幫助病人揭露負面自動化思考，在初步評估時，可以詢問病人在來治療的路上或坐在等候室裡時，有什麼樣的想法及伴隨的情緒。用以進一步探究病人辨識及表達負面自動化思考能力的問題（例如：「在當時那樣的情況下，你在想什麼？」或「當你感覺很憂鬱時，心裡在想些什麼？」），也被用來評估是否適合CBT。難以辨識的起伏情緒是不利於CBT的，因為病人會錯失辨識過激想法（hot thought）的機會（即與強烈的情緒狀態一起經驗到的負面自動化思考），也無法練習用認知重建的方式來改善情緒。

第六個評估是否適合短期治療的相關面向，是關於病人參與**治療同盟的能力**。薩弗朗與席格（Safran and Segal 1990）建議，在治療中對於病人行為的觀察，以及詢問病人過去的親密關係，都可以提供關於他是否有能力建立有效治療關係的重要線索。在治療初期，直接懇切地要求回饋（例如：「你對今天的治療感覺如何？」）並且觀察病人**進入狀況**的能力（例如：眼神接觸、姿勢、對治療者感到自在的程度），都是用來衡量參與治療同盟的能力。詢問過去各種關係的品質，包括與父母、兄弟姊妹、老師、教練及情人，可以提供有用的資訊——尤其是揭露一些重複的模式，像是失望、拒絕或剝削。同樣地，如果病人過去有接受心理治療的經驗，他對這種兩人關係品質的印象，也可能傳達一些關於未來可能發生情況的資訊。

第七個，也是最後一個需要考慮的面向，是**病人有能力以問題導向的方式進行並持續下去**。從薩弗朗與席格（1990）的觀點來看，這個面向有兩個部分：**安全監控和聚焦性**。前者指的是，當病人心理上受到威脅時，會使用可能破壞治療的行為，來回復情緒上的安全感，例如：（一）在會談中明顯地企圖控制談話的速度或主題；（二）刻意逃避談論強烈情緒的題材，或（三）使用冗長（及離題）的談話方式。相反地，**聚焦性**指的是，能在CBT的架構下進行，而且從開始到結束都能持續相關的主題。　51

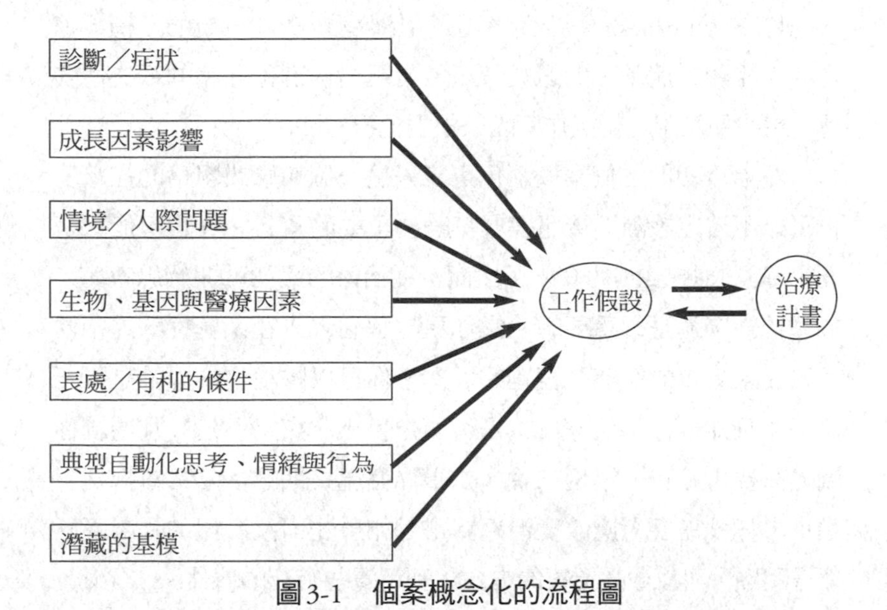

圖3-1　個案概念化的流程圖

CBT中的個案概念化

個案概念化，或系統性闡述，是你和病人進行治療的指示圖。它將七個主要範疇的資訊整合在一起，包括：（一）診斷及症狀；（二）兒童時期的經驗以及其他成長因素的影響；（三）情境與人際關係的問題；（四）生物、基因及醫學的因素；（五）長處及有利的條件；（六）典型的自動化思考、情緒及行為；（七）潛在的基模（圖3-1）。簡而言之，所有在評估病人時蒐集的重要發現，都是形成系統性闡述所需要考慮的。

第一眼看到這麼多項目，可能會讓人覺得，要綜合這些資料來為病人設計治療計畫真是艱鉅的工作。然而，我們在本章描述的系統，將給你一個實用且容易使用的方法，來架構個案的系統性闡述。個案概念化中的一個重要步驟，是形成工作假設（working hypothesis）（見圖3-1）。治療者以認知行為的架構，綜合病人相關的症狀、問題及資源，發展出個別化理論的系統性闡述，然後便使用這個工作假設來指引治療方法。

在治療初期，個案概念化可能只是一個輪廓或粗略的描繪。52 你可能不確定診斷，或還在收集一些重要的資料。你也可能只是開始嘗試一些CBT的介入。然而，從治療的最初就開始思考病人的系統性闡述是很重要的。當你更瞭解病人，在系統性闡述中便可以加入更多的觀察及複雜的層次。你可以驗證你的理論是否正確，並且知道你的治療方式是否切中目標。如果不是，那系統性闡述需要再修正。舉例來說，如果你發現長期的依賴特質拖延了進步，你就需要考慮改變治療計畫。如果先前沒發現的長處逐漸變得明顯，可以改變治療的方向以利用這些有利的條件。

CBT的中期及後期，個案概念化逐漸成熟至一個十分協調的計畫，可以提供每次治療處遇一個連貫且有效的指引。如果你回顧這部分治療的其中一節錄影，在任何一個時刻暫停影片，你應該可以解釋你依循的原理，說明為何選擇當時的方式及整個治療的方向。理想的情況下，你應該可以闡述，在達成最好結果的過程中所遇到的阻礙，以及克服這些阻礙的計畫。

我們建議用來發展個案概念化的這個系統，是根據認知治療學會（Academy of Cognitive Therapy）所建立的指引。這個組織的網站（http://www.academyofct.org）上有關於如何寫出符合認知治療標準的系統性闡述之詳細指導，也提供案例。我們將認知治療學會的個案概念化指引的精華，精煉為個案系統性闡述的工作表（圖3-2；亦參見附錄一〈工作表及清單〉，有空白格式）。

為了完成系統性闡述的工作表，你需要完成如本章所述的詳盡評估，以及瞭解CBT的核心理論和方法。因為你可能還未具備足夠的資訊跟技巧，來形成一個完整的個案概念化，所以本書在現階段的目標是較保守的。我們想要介紹系統性闡述的方法，並且給予一些實例，告訴大家如何將CBT的架構運用在治療計畫的擬定。當你閱讀完本書其他章節，並且累積更多CBT經驗後，你將會更專精於個案概念化的完成。

圖3-2是萊特醫生為治療吉娜所做的系統性闡述工作表，吉娜是一位罹患了焦慮疾患的中年女性，她的案例被收錄在治療示範影片中。

病患姓名：吉娜

診斷／症狀：伴隨懼曠症和電梯畏懼症之恐慌性疾患。主要的症狀包括恐慌發作、緊張、過度換氣及規避。

成長因素影響：祖母生病，在吉娜七歲時過世；姊姊有先天性心臟病，從小被叮嚀要避免壓力；媽媽很緊張，總是告誡她們這世界是個非常危險的地方。

情境問題：新工作需要開車穿過重重車陣；未婚夫目前載吉娜去上班。

生物、基因與醫療因素：媽媽有慢性焦慮但未接受治療。

長處／有利的條件：聰明、善言辭、有幽默感，有未婚夫與家人的支持。

治療目標：（一）減少恐慌發作至一星期一次或更少；（二）能夠到擁擠的地方（如自助餐廳）而不會有恐慌發作；（三）能搭電梯，以及（四）開車到「任何我想去的地方。」

事件一	事件二	事件三
到擁擠的自助餐廳	想到搭乘電梯	想到自己開車去上班
自動化思考	自動化思考	自動化思考
「我會打翻我的餐盤。」 「我會昏倒。」 「我會死掉。」	「電梯會掉下去。」 「電梯裡會很擁擠。」 「我會被卡在裡面。」	「我開車的時候會昏倒。」 「我會發生車禍。」 「我會在高速公路上撞死別人。」
情緒	情緒	情緒
焦慮、恐慌、手心盜汗、呼吸急促	焦慮、緊張、呼吸急促	焦慮、緊張、盜汗、呼吸急促
行為	行為	行為
避免去自助餐廳，或是找朋友陪伴。	可能的話就走樓梯。	不開車，叫未婚夫開車載我上班。

基模：「我一定會受傷」；「我是那個會遭受意外的人」；「這世界是個非常危險的地方」；「你必須一直保護自己」。

工作假設：（一）吉娜對於某些情境有不切實際的恐懼，低估自己控制或處理這些情境的能力，而且規避這些會引起恐懼的刺激；（二）她的家庭背景（如生病及死亡、媽媽的緊張與過度警覺）造成她形成充滿焦慮的基模與規避；（三）現在的環境因素（新工作及必須開車的壓力）扮演了誘發症狀的角色。

治療計畫：（一）認知重建（例如：檢視證據、找出認知謬誤、使用思考紀錄法），教導吉娜她的恐懼是不切實際的，且她可以學習處理自己的焦慮；（二）呼吸練習與想像練習，提供控制焦慮的方法；（三）針對引發恐懼的刺激（如擁擠的人群、開車）作分級暴露；（四）針對電梯畏懼症進行現場實境暴露；（五）示範並指導處理焦慮的方式；（六）治療後期將焦點放在修正適應不良的基模。

圖3-2　吉娜的系統性闡述工作表

案例

吉娜描述了許多焦慮相關的症狀，包括恐慌發作、過度換氣、盜汗，及規避引發恐懼的情況（如擁擠的人群、在公共場合用餐、開車及搭電梯）。她有這些症狀已超過三年。沒有清楚的誘發因素，但她注意到，在她開始新的工作，需要在交通繁忙的時間開車進城，並且在擁擠的辦公大樓中工作後，她的焦慮逐漸增加。

吉娜早年的一些成長因素，型塑了她產生焦慮症狀的易感性（vulnerability）。吉娜在一個父母健在的溫暖家庭環境中成長，在兩個小孩中排行第二。雖然她沒有任何特殊的孩童期創傷經驗，但她記得七歲時，奶奶開完癌症手術後從醫院回家，因為太虛弱而無法照顧自己，所以待在吉娜家，直到六個月後過世。吉娜回憶起那時奶奶有強烈的疼痛，常會在半夜哭泣。除此之外，吉娜的媽媽在奶奶生病時非常緊張不安，奶奶過世後，仍然這樣持續好幾年。

吉娜對這個世界的看法，也受到有個罹患先天性心臟病的姊姊影響。她的父母總是叮嚀姊姊要非常小心，不要過勞，同時避免壓力。吉娜的媽媽被形容為杞人憂天，她在吉娜學開車時尤其不安，不斷地灌輸她青少年開車有很高的肇事率，要她非常小心。雖然她媽媽從未接受焦慮症的治療，她顯然是一個緊張的女人，過度擔心危險，還教導她兩個女兒，這個世界是非常危險的地方。

55　幸運的是，吉娜有很多優點，可以在CBT過程中被開發出來。她對學習CBT很有興趣，並且願意參與暴露療法——這是CBT針對焦慮疾患中極重要的部分。她聰明、善於言辭且具幽默感。她沒有第二軸疾患，而且未婚夫及家人給予相當良好的支持。然而，她有長期的焦慮症狀，伴隨根深柢固的規避模式，可能需要大量的CBT才能解決。顯然她的未婚夫、同事及朋友在不知情的情況下，參與了她複雜的規避方式（如載她去上班、避免讓她單獨去餐廳、幫她跑腿），進而強化了她的焦慮。

在示範影片一、二中（見第二章〈治療關係：進行合作的經驗療法〉），吉娜能夠有效與我們合作達成她的目標：（一）減少恐慌發作至一星期一次或更少；（二）能夠到擁擠的地方（如餐廳）而不會有恐慌發作；（三）能搭電梯，以及（四）開車到

「任何我想去的地方」。她的診斷是，伴隨懼曠症及電梯畏懼症之恐慌性疾患。

認知治療學會在其個案概念化指引中，建議評估影響症狀表現的認知及行為因素時，同時採取橫斷面及長期追蹤的觀點。在系統性闡述的橫斷面部分，包括檢視現在主要的誘發因素（如重大的壓力，像是關係破裂、失業、嚴重身體疾病的初發）及激發情境（常發生的事件如與伴侶爭吵、工作壓力、暴露在會反覆出現焦慮症狀的誘發因素中）如何啟動自動化思考、情緒及行為。而長期追蹤的觀點則是，考慮發展史及其他形成因素的影響，尤其是那些會型塑核心信念或基模的部分。

在圖3-2中的個案概念化工作表中，包含對吉娜現在環境中三個典型事件的**橫斷面**及**縱貫面**分析，這與適應不良的認知、情緒及行為有關。她對第一個事件——到擁擠的餐廳——的反應，有諸如「我會打翻我的餐盤……我會昏倒……我會死掉。」等自動化思考。與這些認知相關的情緒及生理反應包括：焦慮、恐慌、手心盜汗及呼吸急促。她的典型行為反應是完全避免去餐廳，或是以安全的行為參與（可以降低焦慮，卻也使她不須真正面對她的害怕的舉動），像是在一早還沒有人潮的時候去，或是找朋友陪伴。第二與第三個會引發自動化思考與焦慮情境的例子（搭電梯與開車上班）也有類似的結果。她的認知焦點都在高風險或危險的主題（如：「電梯會掉下去……會很擁擠，而且我會被卡在裡面……我開車時會昏倒……我會發生車禍……我會在高速公路上撞死別人」）。　56

從長期追蹤的觀點來看，吉娜的早期經驗（奶奶的生病及死亡，緊張且憂慮的媽媽）促成了適應不良核心信念的形成，包括覺得她周遭的世界充滿危險，以及容易覺得災難會降臨到她身上（如：「我一定會受傷……我是那個會遭受意外的人……這世界是個非常危險的地方……你永遠必須保護自己。」）。

綜合這些觀察，萊特醫生形成的工作假設包含下列重要特徵：（一）吉娜表現了焦慮疾患典型的認知行為特徵：對某些情境不切實際的恐懼、低估自己控制或處理這些情境的能力、強烈的情緒及自律神經醒覺，以及規避害怕的情境；（二）成長的背景包含緊張、擔心危險、所愛的人罹病和死亡——以及她母親可能為焦慮疾患患者的家庭史——都可能造成她的疾患；（三）目前環境因素（新工作及必須開車上班）也可能扮演誘發症狀的角色。

萊特醫生架構的治療計畫與工作假設直接相關。他決定將焦點放在以蘇格拉底式的探詢、檢視證據及思考記錄，來修正吉娜災難性的自動化思考。他也計畫給予她呼吸訓練，來減輕或解決她在恐慌發作中的過度換氣。這個計畫最重要的部分，是對害怕的情境建立分級暴露的階序，及示範新的行為處理焦慮，以此來對害怕的情境去敏化。這些方法在第五章〈處理自動化思考〉及第七章〈行為方法II：降低焦慮及打破規避的模式〉中會配合影片詳細解釋。

雖然萊特醫生相信吉娜的成長經驗（奶奶的疾病及死亡、姊姊的先天性心臟病、從家庭中習得對危險的警覺）使她形成充滿焦慮的核心信念，他選擇將大部分的治療放在使用認知技巧，來識別及改變自動化思考；以及應用行為策略來打破她規避的模式。這些方法與焦慮疾患治療的認知行為模式是一致的。在治療後期，他能夠幫助吉娜瞭解並修正她的基模，即她容易被危險所傷害。

57

在本書另一個案例的示範影片中，則示範了如何形成憂鬱症患者的個案概念化。第四章〈結構化與教育〉、第六章〈行為方法I：增進活力、完成任務及解決問題〉及第八章〈改變基模〉中的影片，敘述對中年報社撰稿記者愛德的治療，他在與女朋友分手後變得憂鬱。我們建議讀者等到第四、六及八章時再看泰斯醫生對愛德進行的治療示範影片，因為影片是針對這些章節中描述的執行技巧特別製作的。不過，我們在此簡短地描述這個個案，示範另一個系統性闡述的例子。這個概念化（圖3-3）會幫助你更瞭解泰斯醫生在針對憂鬱症的CBT中選擇的方法。

案例

愛德是一位四十二歲男性，在第二次憂鬱症發作後開始接受CBT治療。他的第一次憂鬱症發作在五年前，當時他遭逢婚變。抗憂鬱劑與支持性治療幫助他減輕憂鬱症的症狀。雖然如此，愛德記得他在離婚後「失去信心」的情境，而且無法回復至有婚姻問題之前的健康狀態。他在治療九個月後停止使用抗憂鬱劑。

愛德與他的女朋友葛溫交往兩年了，而且覺得兩人關係進展得相當不錯。所以當她因為「已經到這個地步」而決定終止這段關係時，他很驚訝。與葛溫分手的這三個月中，愛德注意到自己的憂鬱症狀愈來愈嚴重。他變得很沒精力，對平常的活動（與朋友打網球、閱讀、烹飪）失去興趣，晚上睡不好，早晨起來還想賴床，無法專心於工作也缺乏效率，不想與人來往。他的自尊因為分手遭到徹底的破壞，現在愛德對於自己基本的能力與吸引力充滿許多負面的自動化思考。還好愛德並沒有自殺的想法。他看重自己與女兒的關係，而且對自己是一個報社撰稿人感到自豪。愛德對於能夠從治療中獲得好處，並且學習控制自己的憂鬱感到有希望。

愛德的孩提時代充滿與父親的關係衝突。他的父親現在退休居住於其他地方。雖然愛德說他愛他的父親，但他 59 的家庭生活並不好過。他的父親工作很不穩定，常被解雇，也有憂鬱症，時好時壞好幾年。愛德記得父親是一個非常負面的人，易怒，偶爾會說話苛刻、辱罵人。愛德長大之後喜歡待在朋友凱文家。凱文似乎「什麼都不缺」——有良好的家庭、財富、運動天賦等等。愛德覺得自己跟家人都是失敗者。

儘管家中的種種問題，愛德在學校的表現很好，而且在田徑隊中表現優異。他上大學後繼續參加田徑隊，但他 60 從不滿意自己的表現。在他大一那年，有一些學業上的問題。然而他對新聞工作很有興趣，開始寫校刊，學業成績也大幅進步。過去這十二年，愛德一直是某家報社撰稿記 58 者中的佼佼者。

病患姓名：愛德

診斷／症狀：重度憂鬱症。主要的症狀包括：失去精力及興趣、無法完成工作、注意力不集中、嗜睡、低自尊與社交隔離。

成長因素影響：父親常常失業，經常憂鬱而且有時會斥責愛德。家中經濟常有困難。愛德與朋友比較時，對自己的看法負面，覺得別人「什麼都不缺」，在大一有學業問題，參加體育活動，卻總是覺得自己能力比別人差。

情境問題：最近與女友分手，工作壓力，離婚，擔心與女兒的關係。

生物、基因與醫療因素：父親及奶奶有憂鬱症，沒有內科疾病史。

長處／有利的條件：大學教育；好的工作；過去在新聞工作上的成就；與女兒的關係；過去對運動有興趣。

治療目標：（一）恢復在工作與在家中的正常活動；（二）在工作中充分發揮效率；（三）建立健全的自尊；（四）和女兒能有效溝通。

事件一	事件二	事件三
想到與葛溫分手	面對工作上的截稿時間	到前妻家接女兒，看到前妻不高興的樣子
自動化思考	**自動化思考**	**自動化思考**
「我做錯什麼？」 「我什麼都不對。」 「我怎麼會弄得一團糟？」 「我會一輩子孤單。」	「進度嚴重落後。」 「我又搞砸了。」 「我希望我可以回去賴床。 」	「我是個失敗的丈夫。」 「我的親密關係真是糟糕。」 「我女兒是唯一喜歡我的人。」 「我真是個窩囊廢！」
情緒	**情緒**	**情緒**
沮喪	焦慮、緊張、沮喪	沮喪、生氣

行為	行為	行為
垂頭喪氣；早上想賴床而不想去面對世界。	易怒，擔心，想要離開工作，對於籌辦專案指派的工作沒有效率。	在一開始和女兒會面的時候，表現出緊張與不高興；避免與女兒談到她跟媽媽相處的情形。

基模：「我沒有價值」；「我有缺陷」；「如果別人瞭解我，會發現我是個騙子」；「我應該結束自己的生命」。

工作假設：愛德的離婚，以及最近與女友分手，加強了他本來對於自我價值、吸引力及能力的基模。他有許多由這些基本的基模所引發的負面自動化思考。他的行為模式包括畏縮、減少參與有趣活動，以及工作缺乏組織，都更加重他的憂鬱及低自尊。愛德適應不良的基模顯然受到早年與父親相處的負面經驗（謾罵、父親的憂鬱與失業）、家中的經濟問題，與大學時的課業問題的影響。

治療計畫：（一）行為處遇（活動安排及分級任務指派）是為了使他再恢復活力，增進安排生活的能力，減少社交隔離，以及改善工作表現；（二）以思考紀錄、檢視證據及建立合理的替代性想法，來修改負面的自動化思考；（三）修正適應不良的基模（辨識並列出基模，檢視證據，使用CBT預演修正後的基模）以建立自尊及自我效能；（四）以選擇性血清素再吸收抑制劑（selective serotonin reuptake inhibitor, SSRI）做為藥物治療。

圖3-3　愛德的系統性闡述工作表

60　在圖3-3中的個案概念化綜合了泰斯醫生對愛德的病史及認知行為病理的主要觀察，用以形成工作假設及實行CBT的計畫。你可能注意到，泰斯醫生決定在治療計畫中加入抗憂鬱劑。愛德有復發的憂鬱症、鮮明的家族病史、嚴重的症狀，這些都暗示合併治療可能有最好的機會能達到緩解。計畫中CBT的部分，除了幫助愛德建立自尊、修正長期負面的核心信念外，目標是改善他的低活動程度、喪失興趣及社交隔離。

此處的兩個案例示範了焦慮疾患及憂鬱症的典型CBT概念化。在這兩個例子中，治療者觀察病人現在的功能、成長史及生物醫療背景，將其綜合起來，闡述了一個與認知行為模式相符的假說。治療計畫是由工作假設所衍生，並且根源於治療焦慮疾患及憂鬱症的特定CBT架構。我們建議你藉由練習3-1來開始使用CBT個案概念化的工作表，並且在逐漸累積CBT經驗後，持續建立概念化成形的技巧。第十一章〈建立認知行為治療的能力〉包含了練習寫出完整的個案概念化，及針對你完成這項重要任務的技能，來進行自我評量。

練習3-1　CBT系統性闡述的工作表

1. 使用CBT系統性闡述的工作表（見附錄一〈工作表及清單〉），敘述一個你對於一位正在治療病人的概念化。
2. 盡量將表格填寫完整。不過如果你過去沒有做過個案概念化，或是對CBT不熟悉，不要擔心無法完整填寫工作表。可能的話，試著找出至少一個會引發自動化思考、情緒及行為反應的事件，並且嘗試發現一個根本的基模。如果病人並沒有敘述出任何基模，你可以假設可能存在的基模。
3. 根據你現在對病人的瞭解，以及學習到的CBT基本概念，描繪一個初步的工作假設。

61

4. 當你使用CBT治療更多病人時，持續練習CBT系統性闡述的工作表。

結論

CBT的評估包含所有平時所進行的初步評估，像是完整的病史、評估病人的長處以及進行精神狀態檢查。然而，需要特別注意的是找出典型的自動化思考、基模及因應行為，並且判斷病人是否適合接受CBT。因為CBT已經證明對於很多疾患包括重度憂鬱症、焦慮疾患及飲食性疾患都有效，而且對於嚴重精神疾病（如精神分裂症與雙極性情感疾患）的治療，也有加成藥物治療的效果，所以進行這種治療方法有很多參考指標。

個案系統性闡述與治療計畫，需要廣泛的認知－行為－社會－生物觀點。要建構一個精細且很有效的概念化，治療師必須（一）詳細地評估；（二）在病人目前生活中典型壓力情境的認知行為部分，作橫斷面的分析；（三）考慮長期演變（如發展史）對病人核心信念及慣性行為策略的影響；（四）系統性地闡述一個工作假設，以及（五）設計的治療計畫能針對病人的主要問題及長處，應用有效的CBT技巧。

參考書目

Beck AT, Freeman A: Cognitive Therapy of Personality Disorders. New York, Guilford, 1990

Beck AT, Wright FD, Newman CF, et al: Cognitive Therapy of Substance Abuse. New York, Guilford, 1993

Bryant MJ, Simons AD, Thase ME: Therapist skill and patient variables in homework compliance:

controlling an uncontrolled variable in cognitive therapy outcome research. Cognit Ther Res 23:381-399, 1999

Burns DD, Rude SS, Simons AD, et al: Does learned resourcefulness predict the response to cognitive behavioral therapy for depression? Cognit Ther Res 18:277-291, 1994

Butler AC, Beck JS: Cognitive therapy outcomes: a review of meta-analyses. Journal of the Norwegian Psychological Association 37:1-9, 2000

Davanloo H: Evaluation and criteria for selection of patients for short-term dynamic psychotherapy Psychother Psychosom 29:307-308, 1978

Dobson KS: A meta-analysis of the efficacy of cognitive therapy for depression. J Consult Clin Psychol 57:414-419, 1989

Fennell MJV, Teasdale JC: Cognitive therapy for depression: individual differences and the process of change. Cognit Ther Res 11:253-271, 1987

Frank JD: Persuasion and Healing. Baltimore, MD, Johns Hopkins University Press, 1973

Lam DH, Watkins ER, Hayward P, et al: A randomized controlled study of cognitive therapy for relapse prevention for bipolar affective disorder: outcome of the first year. Arch Gen Psychiatry 60:145-152, 2003

Linehan MM, Armstrong HE, Suarez A, et al: Cognitive-behavioral treatment of chronically parasuicidal borderline patients. Arch Gen Psychiatry 48-1060-1064, 1991

Malan DJ: The Frontiers of Brief Psychotherapy. New York, Plenum, 1973

Mercier MA, Stewart JW, Quitkin FM: A pilot sequential study of cognitive therapy and pharmacotherapy of atypical depression. J Clin Psychiatry 53:166-170, 1992

Prochaska JO, DiClemente CC: The transtheoretical approach, in Handbook of Psychotherapy Integration. Edited by Norcross JC, Goldfried MR. New York, Basic Books, 1992, pp 301-334

Rector NA, Beck AT: Cognitive behavioral therapy for schizophrenia: an empirical review. J Nerv Ment Dis 189:278-287, 2001

Rude SS: Relative benefits of assertion or cognitive self-control treatment for depression as a function of proficiency in each domain. J Consult Clin Psychol 54:390-394, 1986

Safran JD, Segal ZV: Interpersonal Process in Cognitive Therapy. New York, Basic Books, 1990

Sensky T, Turkington D, Kingdon D, et al: A randomized controlled trial of cognitive-behavioral therapy for persistent symptoms in schizophrenia resistant to medication. Arch Gen Psychiatry 57:165-172, 2000

Shaw BF, Elkin I, Yamaguchi J, et al: Therapist competence ratings in relation to clinical outcome in cognitive therapy of depression. J Consult Clin Psychol 67:837-846, 1999

Sifneos PE: Short-Term Psychotherapy and Emotional Crisis. Cambridge, MA, Harvard University Press, 1972

Thase ME: Cognitive-behavioral therapy for substance abuse disorders, in American Psychiatric Press Review of Psychiatry, Vol 16. Edited by Dickstein LJ, Riba MB, Oldham JM. Washington, DC, American Psychiatric Press, 1997, pp 45-71

Thase ME, Callan JA: The role of homework in cognitive behavior therapy of depression. Journal of Psychotherapy Integration (in press)

Whisman MA: Mediators and moderators of change in cognitive therapy of depression. Psychol Bull 114:248-265, 1993

Wright JH, Beck AT, Thase ME: Cognitive therapy, in The American Psychiatric Publishing Textbook of Clinical Psychiatry, 4th Edition. Edited by Hales RE, Yudofsky SC. Washington, DC, American Psychiatric Publishing, 2003, pp 1245-1284

【第四章】結構化與教育

想知道CBT中結構化的重要性，就讓自己處在剛開始接受治療病患的立場片刻。試著想像一個極度憂鬱的人，生活壓力讓他受不了、無法集中注意力、不太了解或根本不知道治療要怎麼進行，這種狀態會是什麼樣子。除了這一團混亂和症狀上的痛苦外，還有一種頹喪感——你認為自己就算耗盡所有力氣，也找不到方法來解決問題。你覺得很害怕，不知道到哪裡求助。如果你處在這種心境下，你想你會希望在治療中獲得什麼？

你當然會希望能有一個親切、具同理心、有智慧且熟練的治療師，就像我們在第二章〈治療關係：進行合作的經驗療法〉裡談到的，但你可能也希望能有一個清楚的方向——一條有希望又令人信服的道路，朝向症狀緩解邁進。結構性方法以目標的系統性闡述（goal formulation）和會談議題設定（agenda setting）為起點，這為改變提供方向時扮演了重要的角色（表4-1）。如果病患因他的問題感到挫敗，或者因為他無法克服症狀而覺得苦惱，結構性方法可以傳遞一種強而有力的訊息：**持續集中在關鍵問題上，解答就會隨之而來。**心理衛教則傳遞充滿希望的相關訊息：**這些方法對你有效。**

66

表4-1　認知行為治療的結構性方法
設定目標
設定議題
症狀檢核
連結每次治療
給予回饋
調整治療進度
指派回家作業
運用治療工具（復發）

在CBT中，結構化伴隨著教育一起進行，因為兩者在促進學習時可以互補。有效的結構化技巧可讓治療較有系統、有效率、針對目標，藉此提高學習效果，而良好的心理衛教介入則是CBT結構中的重要元素，例如回家作業的練習和治療筆記本的使用。結構化和教育的整體目標是要產生希望、促進學習過程、增進治療效率，以及幫助病患建立有效的應對技巧。

在治療初期時，治療師可能會花很多心力在結構化和教育的工作上，但當治療進行到尾聲時，病患會負起愈來愈多的責任去辨認和處理問題、持續進行改變的任務、將CBT的核心概念運用在日常生活中。

把CBT結構化

設定目標

產生治療目標的過程有很好的機會讓病患學習到，設定明確、可測量的改變指標有多重要。典型的狀況是在第一次治療的尾聲，當你已經評估好病患的主要問題、能力、資源，而且建立起經驗性的合作關係（collaborative empirical relationship）時，就開始作首次的目標設定處遇。如果你花一點時間指導病患何謂有效的目標設定，過程會進行得更順利、更有效率，結果也會更好。以下的例子可說明如何在首次治療時介紹目標設定。

案例

珍妮特是位三十六歲的女性，剛與男友結束一段長久的關係，她告訴治療師這段關係「毫無結果」，珍妮特決定要改變，因為她認為她「已經浪費夠多時間」了。雖然她相信自己做了正確的抉擇，珍妮特還是非常憂鬱，她責怪自己「笨到和他在一起這麼久」、「忍受和窩囊廢攪在一塊」。珍妮特的自尊跌到了谷底，她認為自己無法在生活中找到幸福，而且會「被任何她欲求的人拒絕」。自從六星期前分手後，珍妮特就不再運動，也不和朋友交際，不上班的大部分時間，她不是在睡覺就是試著入睡，幸好珍妮特還沒想到要自殺。在第一次治療的前半段，她告訴治療師，她知道要從分手中恢復過來，讓生活回歸正軌。

67

治療師：我們目前為止談得還不錯，我想我們已經知道妳的問題梗概，也了解妳的能力，我們是不是就試著來訂一些治療目標？

珍妮特：好，我不能再墮落下去了，在這整件事當中我真是個懦夫。

治療師：我覺得妳太貶低妳自己了，我們試著來討論一些可以給妳方向的目標，這會指引妳走出憂鬱。

珍妮特：我不知道……我想我只是想回到快樂的日子，我不喜歡這種感覺。

治療師：變得更好是治療的終極目標，但目前最有助益的是選一些特定的目標，讓我們知道在治療中要把焦點放在哪裡，妳可以試著選出一些很快就能達成的短期目標，以及另外一些長期目標，讓我們持續在一些對妳很重要的事情上努力。

珍妮特：嗯，我希望為我的生活做點事情，而不是就這樣睡掉，其中一個目標可以是恢復我的運動習慣，我需要去找點花時間的事情來做，這樣才不會讓我把心思都放在和藍迪的關係上。

治療師：這兩個是很好的短期目標，可以放到我們的清單上嗎？讓妳努力重新開始運動和發展正向的興趣、活動，幫助妳從這段關係中恢復過來。

珍妮特：好啊，這兩件事我都想做。

治療師：如果用可以判斷出我們是否有進展的方式來描述目標的話會更好，我們可以設下什麼標準好讓我們知道進展得如何呢？

珍妮特：一星期至少運動三次。

治療師：那興趣和活動要怎麼訂？

珍妮特：嗯，一星期至少跟朋友出去一次，不要花那麼多時間賴在床上。

治療師：這些目標會讓我們有好的開始，在下次治療前，妳可以試著寫下其他短期目標嗎？

珍妮特：好。

治療師：現在讓我們來設定一些要達成的長期目標，我們談過妳有低自尊的問題，妳想為此做些什麼嗎？　68

珍妮特：是啊，我希望重新感覺自己還不錯，我不希望後半輩子都覺得自己是個失敗者。

治療師：妳可以用更明確的方式來描述目標嗎？妳想要達到什麼目標？

珍妮特：不管生活中有沒有男人，我都會認為自己是個堅強的人。

這些治療性互動持續進行，若珍妮特明確地表達出清楚的目標，治療師會給予正向回饋，然後在結束治療之前，治療師協助珍妮特再明確地講出額外的目標，當成和完整治療標的有關的回家作業。〔這裡所用的技巧是行為活化（behavioral activation），在第六章〈行為療法I：增進活力、完成任務及解決問題〉中會詳細說明。〕

治療師：妳接下來這個星期要採取哪些步驟，稍稍向妳的目標邁進？妳可不可以挑一、兩件完成時會讓妳覺得比較好的事來做？

珍妮特：我會在下班後去健身房至少兩次，我也會打電話給我的朋友泰瑞，看她想不想去看電影。

在整個治療過程中，要於固定的時間間隔（至少每四次治療）回顧並修改目標，有時候當問題或關心的事解決了，或者你更了解病患時，在治療初期所訂的目標反而變得沒那麼重要了。隨著治療的進行，新的目標會浮現出來，而且需要調整治療方法才能跨越障礙，達成某些目標。許多認知行為治療師會設計提醒機制，讓他們在整個治療過程中，可以緊扣著目標的制訂和目標的達成。如果你用紙本病歷的話，你可以在記錄治療計畫時也列出目標和回顧目標的日期。我們當中有人（萊特醫生）用電子病歷，在每次治療時可讓治療目標顯示在頁首。你也可以請病患將治療目標記在治療筆記本中（參閱本章後面「心理衛教」一節）。在表4-2中列出了一些有效目標設定的基本原則。

表4-2　認知行為治療目標設定的訣竅

- 教育病患目標設定的技巧。
- 試著避免籠統、空泛而可能很難定義或達成的目標，如果訂出這種似乎讓人受不了或無法達成的目標，會讓病患覺得更糟，至少暫時會這麼感覺。
- 要明確。
- 引導病患選擇目標時，要符合他們最關心的事或最重要的問題。
- 選擇一些你相信可在近期達成的短期目標。
- 設計一些需要在CBT中費較多功夫去達成的長期目標。
- 試著運用一些讓目標可被測量的詞彙，會對你在評估進展時有所幫助。

設定會談議題

設定會談議題的過程和設定目標類似，都使用許多相同的原則和方法。目標設定是應用在整個治療過程中，而會談議題的設定則相反，是運用於建構個別療次的治療。就像我們在說明目標設定方法中所提的，通常需要教育病患設定有效會談議題的好處，以及想出有效議題的方法。在開始的幾次治療中，可能需要治療師來引導議題的形成，不過，大部分的病患都能很快地學習到議題的重要性，接下來的治療就能集中在重要的事情上。 69

會談議題若包含下列的特點會格外有效：

一、議題都和治療的整體目標直接相關。每次會談議題都應該要幫忙你達成治療目標，如果你發現某項議題和治療的整體目標無關，那你就要考慮修改此會談議題或是目標清單。可能此項議題對整個治療過程來說是多餘的，不然就是關係不大，也有可能是這項議題指出了一個新的或再形成的目標。

二、議題都很明確且可測量。明確定義的議題諸如：「（一）想出對付老闆易怒時的方法；（二）減少工作上的延宕；（三）檢查上星期的回家作業進展如何。」模糊或太籠統的議題會需要進一步定義或再整合，如：「（一）我的憂鬱；（二）一直都覺得很累；（三）我的母親。」

三、如果議題可以在單獨的療次中被訂出來，那麼理應會帶來好結果。試著幫助病患選擇議題或重新給議題下定義，這樣整個過程才有可能在單一療次中進行，如果議題似乎太大或太多時，只取一部分在當次治療中進行就好，或者用較易進行操作的措辭來重新敘述議題。舉例來說，珍妮特提出一個不易操作的議題（「我不想一直感到被拒絕」），但被重新整合後，變成一個在單一療次中切實可行的題目（「建立可以應付感到被拒絕的方法」）。 70

四、議題涵蓋了可達成的目標。不只是討論性質的議題（如：「孩子的問題、我的婚姻、壓力處理」），也包括一些帶來改變的可能方法，或者可讓治療師和病患為某特定行動計畫而努力

（如：「女兒在學校裡的問題該怎麼做、和我丈夫之間減少爭吵並多一些共同的活動、減少工作上的壓力」）。

雖然會談議題是結構化過程最重要的部分，但教條式地遵循議題卻可能會有不良的結果。太結構性會扼殺創意，讓治療過於機械化，或者阻礙你和病患採用有價值的線索。當會談議題以及其他結構性的工具發揮到它們的最大效用時，它們就會創造出增長自發性和創意學習的環境。

在結構和自由表現之間取得平衡，一直是在藝術、音樂、建築、心理治療和其他人類資產中重複出現的主題。例如，世界聞名的西辛赫斯特花園（Sissinghurst Castle Garden），因為樹籬、樹木、雕塑的精緻結構，和充滿在這些界限中自由擺動的鮮豔花朵，兩者動態的相互作用下，才造就了它的成功（Brown 1990）。會談議題和其他CBT中結構性的工具，被我們視為可以催化治療中較具創造性的部分，就如同交響曲、繪畫、花園的結構性，讓作品中引發情緒共鳴的部分起了更大的影響力一樣。

若要將此概念實際運用在CBT中，我們建議你例行性地設定及遵循會談議題；但要記得這些架構並非一成不變，它們的目的只是要幫助你和病患把全副精力集中在獲得洞見和學習新的思考方式和行為方法上。如果遵循某個議題沒有用，而且當天繼續探究這個主題不太可能有成果時，則應該接著換別的主題。如果在某次治療中有新的想法出現，而你認為它會顯著地改變會談議題的方向，那你就要和病患討論你的這項觀察，並和他一起決定是否轉換方向。無論如何，若會談議題有效，就專心依循並利用它來形塑你協助病患改變的方法。

因為會談議題的設定是CBT很重要的部分，我們提供了一段影片來示範整個程序。在這例子當中，司布真醫師（Dr. Spurgeon）在第二次會談中示範設定會談議題，治療的當下，病患蘿絲覺得有些問題讓她有點受不了，包括最近她的婚姻破裂。司布真醫師一開始簡短地解釋設定會談議題的重要性，然後請蘿絲試著選出本次治療要進行的目標，蘿絲回答治療師說，她想以她的憂鬱為目標，雖然蘿絲的確是憂鬱，也需要找出方法來緩解其症狀，但是她選的主題——憂鬱——太籠統，很難讓她們決定本次治療的方向。正如你所見，司布真醫師協助蘿絲將這個概括的問題解析成較特定的問題以利於當次治療，雖然這些主題（如探究她丈夫的離開導致她憂鬱加重的影響、針對由於小孩選擇和爸爸在一起造成她自尊低落的問題、處理找工作的焦慮）沒有可測量的項目，但已經很適合放在治療初期，提供病患和治療師很好的治療架構。司布真醫師打算在接下來的治療中指導蘿絲發展更精確、細密的主題，建立她的組織能力，進而達成改變。 71

▶示範影片三 設定會談議題：司布真醫師與蘿絲

症狀檢核

CBT的基本架構包括每次病患前來治療時會進行的一些標準步驟，除了會談議題設定外，多數的CBT治療師會在治療的開始做簡短的症狀檢核或評量（J. S. Beck 1995），通常會利用0-10分的評估表請病患評憂鬱、焦慮或其他情緒狀態的等級，10分代表最痛苦的等級，0分表示沒有痛苦，這樣的情緒評比在預估進展時很有用，也可為治療多加上符合結構性的項目。

進行治療中症狀檢核的部分時有一些選擇。你可以進行像上述建議的情緒評比，也可以針對目前的症狀以及上次治療後的改變，進行更仔細的回顧。我們通常比較建議詢問足夠的問題，才能對病患的行為有較正確的想像，才可以評估病程、了解新的發展。治療中這種症狀檢核和簡短的現況更新，只需花幾分鐘的時間。另一種症狀檢核的方法是，在每次和病患開始正式治療前，運用像貝克憂鬱量表（Beck Depression Inventory〔A. T. Beck et al. 1996〕）的評核量表，來回顧治療反應。有些認知行為治療師慣常在症狀檢核前先設定會談議題，這樣就能將症狀的評估列入既定的主題中。有些人則是在治療的最開始就進行症狀檢核，做為設定會談議題的序曲。本章後面會有會談結構的範例（參見「結構化認知行為治療療程」），我們運用簡要症狀檢核的策略，來做為會談的首要部分。

72

連結每次治療

雖然多數的結構化工作都是針對處理單一療次中的流程，但詢問一些有助於病患接續上次會面議題或主題的提問，通常會很有幫助。回家作業就是標準的結構性項目之一，它可以聯繫每次治療，讓治療集中在貫穿數次會面的重點問題或處遇，所以我們建議你要檢視回家作業，以確定早先所決定的重要方向，不會因為新的提議的擠壓，而被擱置或忘記。連結治療的一個好方法，就是在會面之初花幾分鐘回顧一下你的治療紀錄，也請病患回顧她的筆記本，搜尋當日會談議題的後續項目。

回饋

某些形式的心理治療很少強調要給病患回饋，但認知行為治療師會特地提供及要求回饋，這可以幫助維持治療的結構性、建立治療關係、給予適當的鼓勵、矯正訊息處理過程造成的曲解。通常會建議認知行為治療師在治療中的某些點停下來，給予回饋並確認是否達成共識。病患通常會被詢問下列的問題：「你覺得治療到目前為止進行得如何？」「在我們繼續之前，我想先停一下，看看我們是否在同一條軌道上……你能不能總結一下我們今天所做的重點有哪些？」「你希望治療怎麼做？」或「你有什麼建議，希望我改變什麼做法嗎？」

要不時地地給予具建設性的和支持性的回饋（表4-3），回饋常常只是一、兩句話就可以提供治療方向。例如，治療師可能會 73 說：「我們今天進行得還不錯，不過我想如果我們延到下禮拜再討論你的工作，先集中注意力在你和女兒的問題上，這樣應該會更好。」當然，更容易從病患那邊得到回饋的說法是：「這主意聽起來如何？」在給予回饋時，是恰到好處地帶給病患適當的勇氣，還是會讓病患感覺到過度正面或批判，兩者之間只有一線之隔。這些建議可以幫助你在給予回饋時，賦予病患良好感受並且推動治療。

對CBT回饋過程的重視，部分的動力是來自對憂鬱症的訊息處理的龐大研究（reviewed in Wright et al. 2003; see also Clark et al. 1999）。重要的研究證據顯示，憂鬱的人比起不憂鬱的對照組不易聽到正向回饋，這種訊息處理的偏差可能造成致鬱認知（depressogenic cognitions）的持續（Clark et al. 1999）。另外，針對焦慮症患者的研究發現，這種狀況與固執、適應不良的訊息處理方式 74

有關。例如，懼曠症病患已經被家人和朋友告知無數次，說他的害怕是沒有事實根據的，但這種訊息還是沒有被患者接收到。

我們建議你，在給予病患回饋時，要記得這些研究結果，你可以幫助他們了解憂鬱和焦慮會過濾他們的知覺，你或別人對他講的事情，他所接收到的可能與你預期的不同。你可能也要幫助病患學習給予和接受正確回饋的技巧，一個特別有用的方法是，在治療關係中逐步建立有效的回饋過程。

表4-3　在認知行為治療中給予回饋的訣竅

- 給予可幫助病患謹守會談流程的回饋。你可以下一些註解，諸如「我覺得我們開始偏離主題了」或「你開始在講一個新的問題；在我們往那個方向進行之前，我們先停下來想想要怎麼利用今天接下來的時間。」
- 給予可加強治療組織架構、效率、創造力的回饋。點出離題的地方，但若出現預期之外的突破性發展，或非計畫中的揭露具有前瞻性時，要予以記錄。
- 保持真誠的態度。給予鼓勵，但不要稱讚病患過了頭。
- 對病患的能力或進展給予建設性的意見，並建議其他改變的可能性。要小心地避免讓病患認為你的回饋是在否定他們，或不喜歡他們在治療中的表現。
- 你可以用總結治療重點的方法來給予回饋。但是如果一直在總結治療內容就會變得很乏味，通常在一次治療中做一到兩次總結概要就夠了。
- 利用回饋做為指導的工具。當一個好教練，讓病患知道他們什麼時候習得有用的洞見或技巧，你可以下一些註解，像是「現在我們有些進展了」，或者「你真是把回家作業做得很成功」，強調有進展的部分或你希望他們記得的教訓。

調整治療進度

你要如何充分運用治療的時間？什麼時候應該更換新的會談

主題？當你似乎遇到瓶頸或進展處遇困難時，你還要繼續這個話題多久？幫助病患專注於目前的議題上時，你要引導到什麼程度？你會不會進行得太快，讓病患難以體會並記得關鍵概念？回溯談過的主題來複習已經學到的，會不會有幫助？你必須回答這類問題，從而將治療調控在最高效率的狀態，同時維持絕佳的治療關係。

從我們督導認知行為治療培訓學員的經驗裡，發現調整治療進度的技巧很難光從閱讀中學習，最好的方法是不斷地練習、角色扮演、將治療錄影後接受督導、觀看老經驗的治療師的治療錄影，才能學習到調整治療介入的一些細微差異，以及有效形成治療結構的問句。

當你在調整CBT進度時，要記得主要策略是，有效地運用問題導向或目標導向的詢問方式。非指導取向或偏重支持取向的治療師，可能在治療對話中會完全跟著病患走。但是，如果你進行的是CBT，你必須積極地計畫並維持問題的走向。你要以個案的系統性闡述為基礎，指導病患對特定主題進行有效的討論，通常也要謹守主題，直到某種介入的成果出現，才著手計畫行動或安排後續的回家作業。

在調整治療進度時，產生問題的警訊可能如下：　75

一、無法有效率地運用治療時間。你注意到很多離題的現象，治療變得模糊不清或失去清楚的焦點，可能的解決方法包括：（一）多注意設定周全的會談議題；（二）要求並給予更多的回饋；（三）回顧整體治療目標，看看你是否仍在達成目標的方向上，以及（四）和督導一起回顧某一次治療的錄影，找出並修正沒效率的地方。

二、只涵蓋一個主題，另二、三個重要主題被忽視，或只被粗略地帶過。有時候會認為花整節治療的時間來進行某項主題是最好的做法，這種狀況下，其他主題就會被延後到下次會面，但是如果不涵蓋所有列出議題的狀況成為常態，就表示你對於如何運用治療時間沒有預先構想和決定策略。在治療開始時，試著和病患討論每項主題的治療時間分配，你不用把時間訂到分秒不差，但試著訂出優先順序，對於每項主題應該花的時間有個整體概念。

三、你們無法針對治療方向達成共識。治療進度和時間調配的決定只在你身上。你不要求病患給予回饋，或者病患被動接受你所有的決定，而且心甘情願地由你主導。或者，病患不停地說話，卻無法理解或接受你給的回饋，因此掌控了治療大部分的方向。這些狀況是治療關係的平衡出了問題。治療關係若能以下列問題為前提進行共同討論，治療的流暢度和步調便能以最有效的狀態進行，這些問題包括：（a）選擇主題；（b）在一個主題上要花多少時間和心力；（c）什麼時候要推進到下個主題。

四、單次治療結束時，感覺不到任何推動進展的行動或動作。進度調整良好的治療通常可以讓病患朝改變前進，可幫助緩解症狀、處理問題，或讓他足以應付未來的狀況。如果你發現某次治療結束時，沒有解決完成或向前推動的感覺，要回顧一下個案的系統性闡述、設計一些可構成改變的策略以及計畫下次的會面。你所給的回家作業是否可以幫助病患實行治療中所學？如果不行，要再仔細改進回家作業，內容要包括可構成改變的有效計畫。

五、你過早放棄一個有展望的主題。這個與調整進度有關的問題，常發生在受訓中的認知行為治療師所進行的治療中。一般而言，在單次治療中針對少量的主題進行深入的討論，與表淺地討論大範圍的主題相比，前者的效益比較高。

六、需要進一步發展問句的用字遣詞及處理治療銜接的技76**巧**。雖然有些治療者有優異的天分，會問對的問題讓治療更順利且有效地進行，但我們大多數在可以掌握CBT的會談技巧之前都需要練習、觀看自己的錄影帶以及接受良好的督導。想獲得調整進度和時間的技巧，觀看治療錄影帶是最重要的方法。在看治療錄影帶時，試著指出你本來應該強調的詢問重點。將影帶暫停，進行腦力激盪，對你所問的問題提出不同選擇。也要看經驗老道的認知行為治療師所做的治療，學習最有效的問句和好的治療銜接方法。

附贈的DVD內有一些錄影的範例，示範了調整CBT進度的技巧，我們建議你在觀看後面章節中的案例時，要記得與調整進度和時間的相關問題。其他的CBT資源，包括像亞隆・T・貝克和克莉絲汀・佩德斯基（Christine Padesky）等大師級治療師的治療，收錄於附錄2〈認知行為治療資源〉。

回家作業

回家作業在CBT裡有很多目的，最重要的功能就是建立CBT技巧，以處理真實生活中會面臨的問題，但回家作業也會在每次治療中提供例行的會談主題，並做為每次治療間的橋樑，藉此增強治療的結構性。例如，前一次治療安排的回家作業是記錄對預期的壓力事件（如：和老闆見面、嘗試面對讓人害怕的社交場合、試著解決和朋友的衝突）所產生的想法，作業的內容就會被排入這次的會談議題中，就算病患沒完成作業或是執行時有困難，通常只要討論就會有所助益。

若作業順利完成，可做重點回顧，藉此強化治療中的學習。與當次會談議題相關的項目或由回家作業引發的想法或議題，可能會啟發新的主題。在進行作業時所遇到的問題，通常有助於找出作業無法完成的理由，或為何無法按照計畫達成。是你沒有清楚地解釋作業，還是病患認為你給的作業太難、太簡單，或根本和病患遇到的困難無關？

77

探究病患在進行作業時所遇到的障礙，通常是不錯的策略。他是不是覺得作業讓他不知所措，所以不覺得自己可以慢慢地完成它？他是不是害怕同事、小孩或其他人會看到他的作業？他是不是覺得精疲力盡，所以無法將自己整頓起來開始練習？是不是有長期拖延的習慣？**回家作業**這字眼是不是引發了對學校經驗的負面聯想？有太多的理由會讓病患無法完成回家作業，如果你可以分辨出發生的原因，會比較容易讓接下來的回家作業有成功的體驗。

我們在本書中許多地方都談到回家作業，因為它是CBT中最有用的工具。第九章〈常見的問題與陷阱：從治療的挑戰中學習〉中，針對如何完成回家作業的疑難排解，有一節詳細的說明。另外，後面章節提到多種針對改變適應不良認知和行為的處遇（如：思考紀錄、檢視證據、活動排程、暴露／不反應法），都被廣泛地運用在回家作業中。雖然你在指定回家作業時，主要是強調實踐CBT或幫助病患因應困難情境，但治療者要牢記在心的是，結構在CBT中的重要性，以及回家作業在結構中所佔的核心地位。

將CBT的會談療程結構化

有些治療結構的要素會留存在CBT的所有階段中，不過一般而言，初期的療程會比後期的療程更具結構性。治療剛開始時，病患通常較關注自己的症狀，難以集中注意力和記住事情，比較容易覺得無望，而且還未習得CBT的技巧來組織能力去處理問題。到了治療後期，就不需要太結構化，因為病患在症狀緩解上已迭有進展，已習得運用CBT自助法的專門技巧，對自己的治療也負起較大的責任。就像我們之前曾提到的，CBT的目的之一便是幫助病患在治療的最後成為自己的治療師。 78

表4-4　治療架構要點：治療初期

一、問候病患。
二、進行症狀檢核。
三、設定會談議題。[a]
四、回顧前次指派的回家作業。[b]
五、針對會談流程中的議題進行CBT。
六、適應認知模式，教導CBT的基本概念和方法。
七、指派新的回家作業。
八、回顧重點、給予並引導回饋，以及結束當次治療。

註：在治療早期進行的CBT工作實例，包括辨認情緒的變動、指出自動化思考、作兩欄或三欄的思考紀錄、辨識認知謬誤、活動排程和引導行為活化。CBT初期很強調說明及指導基本認知模式，在當次治療進行中及結束時通常會給予並要求好幾次的回饋。
[a]有些治療師習慣在症狀檢核之前就設定會談議題。
[b]可以在當次治療中的幾處重點回顧及／或指定回家作業。

在表4-4、4-5、4-6中，我們列出CBT初期、中期、後期治療架構的範本，每一次治療都包含了設定會談議題的概況、症狀檢核、回家作業的檢閱、針對問題或事件進行CBT、指定新的回家作業以及回饋。治療的結構性和內容會隨著治療進展到結尾而變化。這些範本只是一般性的指導，並非所有結構化治療的系統都通用，但我們發現這些基礎的要點可符合多數病患的需求和特性，提供有助於達成治療目標的架構。

練習4-1　將CBT結構化

1. 請一起受訓的治療師、同事或督導協助你練習CBT的結構化方法，運用角色扮演來練習在治療的不同階段中設定目標和會談議題。
2. 請協助者扮演在設定會談議題方面有困難的病患，討論有哪些選擇可以幫助你為病患訂出有效主題，然後試著執行這些策略。

79

3. 利用角色扮演練習給予和接受回饋，請協助者給你建設性的批評。對方是否能感覺到你給予支持性的、有幫助的、清楚的回饋？
4. 指派回家作業的預演。同樣請協助者針對你的技巧給予誠實的評價。對方有沒有什麼建議可讓你改善回家作業的指派？
5. 和你的病患一起執行本章所描述的結構化方法，和督導或同事討論你的經驗。

表4-5　治療架構要點：治療中期

一、問候病患。

二、進行症狀檢核。

三、設定會談議題。

四、回顧前次指定的回家作業。

五、針對會談流程中的議題進行CBT。

六、指派新的回家作業。

七、回顧重點、給予並引導回饋，以及結束當次治療。

註：在治療中期進行的CBT工作實例，包括辨認自動化思考和基模、作五欄的思考紀錄、對害怕的刺激物進行漸進式暴露、進行改變基模的初級或中級作業。在治療中期要定期回顧治療目標，但不須排在每次治療的會談議題中。如果病患在組織能力去解決問題上的技巧增強了，CBT的結構性在中期時可能就要開始慢慢減低。

表4-6　治療架構要點：治療後期

一、問候病患。

二、進行症狀檢核。

三、設定會談議題。

四、回顧前次指定的回家作業。

五、針對會談流程中的議題進行CBT。

六、預防復發；準備結束治療。

七、指派新的回家作業。

八、回顧重點、給予並引導回饋，以及結束當次治療。

註：在治療後期進行的CBT工作實例，包括辨認並修改基模、作五欄的思考紀錄、計畫活動來處理問題並／或練習修改後的基模、完成漸進式暴露法的草案。在治療後期要定期回顧治療目標，也要制訂治療以外的目標。有一個重點是要找出可能促使復發的因素，並利用諸如認知行為預演的方法，幫助病患在治療結束後也能過得很好。隨著病患日益擔負更多在日常生活中執行CBT方法的責任，CBT後期的結構性也就減低。

80 心理衛教

為何磨練你的指導技巧，可以幫助身為認知行為治療師的你充分發揮效能？有三個主要原因：第一，CBT的基礎概念，是指病患可以學習修正認知、控制情緒，以及有效改變他們的行為。你身為治療師的成敗，部分就取決於你是否能好好指導這些技巧。第二，在整個治療過程中，有效的心理衛教應該要提供病患降低復發危險性的知識。最後，CBT應該要能幫助病患成為他們自己的治療師，在治療結束後，你會需要指導病患如何持續運用認知及行為的自助方法。指導方法列於表4-7，也描述於下面的小節中。

表4-7　心理衛教方法
上迷你課程
在治療中將練習寫出來
利用治療筆記本
推薦讀物
利用電腦輔助認知行為治療

迷你課程

有時在治療中對CBT的理論或處遇給予簡短解說或舉例，可能有助於病患了解一些概念。在這些迷你課程中，避免用講課的方式，最好以親切的、吸引人的、互動性的教育方式，可用蘇格拉底式問句來促使病患投入學習過程。圖示或其他學習輔助方法可以增強學習經驗。我們在第一次介紹基本認知模式時，通常會用一個環型圖來解釋事件、想法、情緒與行為之間的關聯，如果你能從病患的生活舉一圖例，這個技巧就會發揮其最大效用。

有兩段示範影片可舉例說明在CBT中進行心理衛教的介入方法。第一個例子是，司布真醫師教蘿絲認識基本認知行為模式。在本章前面，你看到蘿絲在第二次治療中如何形成會談議題（見示範影片三），會談主題之一是開始談蘿絲的婚姻問題和憂鬱之間的關係。稍後，司布真醫師藉由圖示法，畫出蘿絲在沒有丈夫陪伴的早晨醒來時的反應（圖4-1），可利用從心理衛教所習得的知識來設定幫助蘿絲的階序，修正其自責的認知，以及能更妥善處理失落。因為司布真醫師和蘿絲的影片只呈現本章所說的結構化和教育過程，你看不到此案例更進一步的錄影示範，但你會有機會看到很多案例呈現改變的歷程。 81

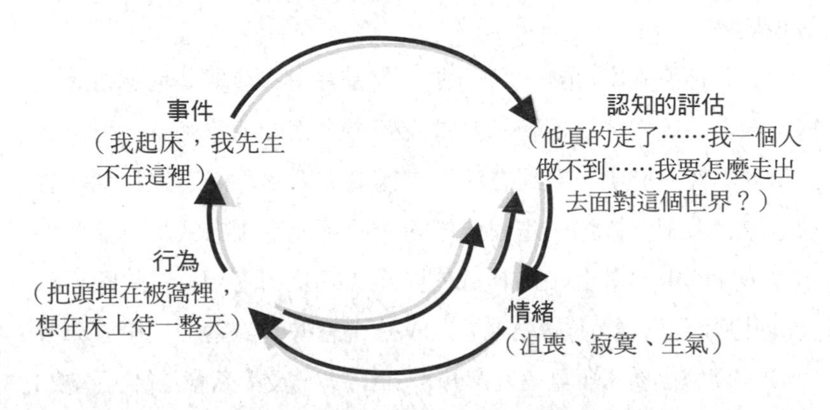

圖 4-1　蘿絲的認知行為治療圖示

▶示範影片四　CBT的心理衛教：司布真醫師與蘿絲 82

第二段影片是泰斯醫師在愛德的CBT中進行心理衛教，愛德是報社撰稿記者，也跟蘿絲一樣身處關係破裂後的困境中，治療愛德的CBT方法描述於第六章〈行為方法I：增進活力、完成任務及解決問題〉和第八章〈修正基模〉中，愛德的系統性闡述也在第三章〈評估與系統性闡述〉中說明過。在這個心理衛教的案例中，泰斯醫師首先引導出愛德與女友關係結束時，相關的一些自動化思考（「我做錯了什麼？……我不知道我做了什麼……我做錯了……我怎麼把事情弄得那麼糟？」），然後他接著解釋自動化思考的本質，以及認知與憂鬱間的連結關係，這個例子在指派回家作業後告一段落，作業是開始以三欄式表格記錄自動化思考。

▶ 示範影片五　自動化思考的心理衛教：泰斯醫師與愛德

練習範本

一個指導病患CBT的好方法，就是在解釋步驟如何進行時，寫出練習的範例，這個範例就當成病患未來的治療範本，可以放一份副本在病歷中。看到方法用書寫的方式呈現，可以幫助病患快速學習並記住概念。這個技巧的一些可能應用方式，包括：如示範影片四中，畫出CBT模式的圖示；寫出思考紀錄（見第五章〈處理自動化思考〉圖5-2）；完成檢視證據的練習（見第五章圖5-3）；填寫因應卡（見第五章圖5-6和5-7，及第八章〈修正基模〉表8-5）。

治療筆記本

可以將在治療中寫出來的練習、回家作業、資料、評分表、重要洞見的筆記，以及其他寫或印出來的材料整理在一本治療筆記本上。我們強烈建議要使用治療筆記本，因為可以促進學習、加強回家作業的貫徹執行，並且在治療結束後，還可以繼續幫助病患記得並使用CBT的概念許多年。例如，有一位過去曾被我們 83 其中一人治療過的男士，打電話來預約安排離婚後的治療，過去十年來他不曾被診視過，不過他說他經常參考治療筆記本，協助自己使用CBT去處理生活中的壓力，雖然離婚讓他很痛苦，但他成功地使用CBT技巧避免重陷憂鬱。經過一次強化療程（booster session）後，他決定自己可以使用自助CBT技巧，而不需要持續接受治療。

我們通常會在第一或第二次治療中提出治療筆記本的構想，而且在接下來的整個治療中都會強調這個方法的重要性。治療筆記本還有一個額外的好處，就是如果每次治療都把它當成固定會查閱或強調的部分，就會有助於建構CBT。治療筆記本也對住院病患應用CBT貢獻良多，無論是個別治療、團體治療、回家作業的回顧以及其他活動，都可以用這種記錄方法來組織並加強（Wright et al. 1993）。

讀物

自助手冊、講義、其他可取得的出版品或網路資料，通常會運用在CBT中，可以教育病患並讓他們在治療之外的時間也能投入學習。通常我們至少會建議病患使用一本自助手冊，並指導他們哪些章節在治療的不同時機可能有幫助，例如《重新生活：戰勝憂鬱完全手冊》（*Getting Your Life Back: The Complete Guide to Recovery From Depression*〔Wright and Basco 2001〕）就有兩篇簡介的章節，有助於評估症狀和設定有用的目標。這些章節讓在治療初期的病患有一個好的開始。有關自動化思考、核心信念、行為練習的章節，會隨著治療探討到這些主題時介紹給病患。若患者接受藥物治療，或者對憂鬱症的生物療法有興趣，可以建議他們閱讀書中關於藥物的部分。

你在指定讀物時，要試著選擇適合目前治療階段、病患的教育程度、認知能力、心理成熟度以及病患所經驗到的症狀類型的教材。另外，也要選擇符合病患特殊需求的材料，如果病患有視力問題就要選擇大的印刷字體，不識字的病患可能會需要錄音帶或錄影帶。我們要記得擴大範圍去選用閱讀材料來加強CBT。

84

推薦讀物和網站的清單列在附錄二〈認知行為治療資源〉，熱門的CBT自助手冊有《好心情》（*Feeling Good*〔Burns 1980〕）、《重新生活》（*Getting Your Life Back*〔Wright and Basco 2001〕）、《心智戰勝心情》（*Mind Over Mood*〔Greenberger and Padesky 1996〕）。《搞定憂鬱症》（*Coping With Depression*〔A. T. Beck et al. 1995〕），一本簡短又易讀的小手冊，是對嚴重憂鬱症患者有用的教育工具。有些CBT自助手冊是特別針對某些疾病或問題，例如《永遠不夠好》（*Never Good Enough,*〔Basco 2000〕）就有一些針對追求完美主義者有益的練習；對焦慮疾患有幫助的書籍則包括《克服焦慮和恐慌》（*Mastery of Your Anxiety and Panic*〔Craske and Barlow 2000〕）和《別再強迫思考！》（*Stop Obsessing!*〔Foa and Wilson 1991〕）。

我們建議你讀一些自助手冊，並回顧一些列在附錄二〈認知行為治療資源〉中的資料，才能在和病患討論特定衛教題材時有所準備。附錄二中提到的網站也可提供與CBT相關的有用資訊，認知治療學會（The Academy of Cognitve Therapy）有很棒的網站（http://www.academyofct.org）提供治療師和消費者一些教育資料；貝克學會網站（Beck Institute, http://www.beckinstitute.org）推薦了一些讀物，並設置了一個CBT網路書店；心智街網站（Mindstreet, http://www.mindstreet.com）提供電腦輔助CBT的教材，也有CBT基本概念的資訊。

要成為一個提供心理衛教的專家需要知識和練習，下面的練習會幫助你獲得有益的體驗，學習成為病患的好老師和好教練。

練習4-2　CBT心理衛教

1. 列出至少五項CBT的主要要素，是你認為應該例行給予的心理衛教（例如基本認知行為模式、自動化思考的本質），你要教授什麼基礎課程讓病患了解？
2. 在上述清單加入：
   （a）在你列出的每個部分加入教育病患的具體構想。
   （b）針對每項主題提出推薦讀物及其他教學資源。

85

3. 請同事、一起受訓的治療師或督導幫助你利用角色扮演的方式進行心理衛教，要特別注意是否維持經驗性的合作關係，避免過於教學性質的教育方式。

電腦輔助CBT

你有想過電腦程式或許可以幫助你進行CBT嗎？傳統的心理治療完全靠治療師訓練病患遵守治療原則、提供洞見、評估進度、給予回饋和提供建立CBT技巧的建議，但目前愈來愈多人有興趣將電腦輔助治療和治療過程結合（Marks et al. 1998; Wright 2004）。最近有研究針對未服用藥物的病患，在憂鬱症狀的治療上，比較利用多媒體進行電腦輔助CBT（「好日子就在前方：認知治療的多媒體程式」〔*Good Days Ahead: The Multimedia Program for Cognitive Therapy;* Wright et al. 2004〕）和運用一般CBT的效果，結果前者儘管整體治療時間降低至四小時或更少，兩者效果仍然一樣；在幫助病患獲得CBT的知識和減少認知扭曲的方法上，電腦輔助法比一般CBT有效。

電腦科技在CBT上的應用已經超越心理衛教所應提供的，給予的是更廣泛的治療經驗（Wright 2004）。「好日子就在前方」運用影片、錄音、多樣化的互動經驗，來幫助病患使用CBT的原則去對抗憂鬱和焦慮，此程式也會追蹤使用者的反應（包括情緒曲線圖、自動化思考與基模的列表、處理問題的行動計畫和其他資料），進而協助治療者掌握進度和指引病患使用電腦軟體。另兩種運用於CBT的多媒體程式，也有對照試驗研究：由英國發展出的「恐懼鬥士」（*FearFighter*〔Kenwright et al. 2001〕）主要是應用行為治療法於焦慮症上；另一個也是由英國發展的程式「戰勝憂鬱」（*Beating the Blues*〔Proudfoot et al. 2003〕），對由基層醫療院所照護的憂鬱症患者的藥物治療，有加成效果。

其中電腦科技用於CBT最有趣的應用之一，就是運用虛擬實境輔助畏懼症和焦慮症的暴露療法。程式已發展出來且經過測試，尤其是針對懼高症、飛行恐懼症、懼曠症及創傷後壓力症候群（Rothbaum et al. 1995, 2000, 2001; Wiederhold and Wiederhold 2000）。虛擬實境用來模擬害怕的情境，治療師因此可在辦公室進行現場實境暴露療法（in vivo exposure therapy），像是搭玻璃電梯或搭飛機。有一個特別巧妙的程式叫做「虛擬越南」（*Virtual Vietnam*），由羅瑟波和相關人員（Rothbaum and associates 2001）創造出戰時經驗的模擬狀態，可用來幫助受困於創傷後壓力症候

86

群的退伍軍人。

運用電腦科技來協助治療師教育及治療病患，是CBT的新發展之一，雖然有些治療師懷疑電腦軟體會妨礙治療關係，或病患會有負面感受，但電腦輔助CBT的研究顯示病患的接受度良好（Colby et al. 1989; Wright 2004; Wright et al. 2002）。就像其他治療工具一樣，如果你下功夫去熟悉電腦程式，然後在臨床工作中使用而獲取經驗，你就可以充分運用這些工具了。提供CBT電腦程式的網站列於附錄二〈認知行為治療資源〉。我們認為，社會上對電腦的應用愈來愈多，加上缺乏接觸經驗性心理治療的管道，而電腦輔助CBT的效率和效果皆有證據佐證，因此這個方法的運用在未來必定會日益增加。

結論

結構化和教育是CBT中互補的步驟。結構化可以產生希望、組織治療的方向、讓每次治療都朝著目標前進，促進CBT技巧的學習。心理衛教主要的目的是教育CBT核心概念，但治療中不斷使用的教育方法，像是每次治療使用治療筆記本，也因此增加治療的結構性。

認知行為治療師設定目標和會談議題、進行症狀檢核、給予並接受回饋、有效地調整治療進度，藉此增加治療的結構性。治療師另一個要扮演的角色是好老師或好教練，在蘇格拉底式方法的架構中，治療者會給予迷你課程、推薦讀物，也可能應用創新的教育方式，例如電腦輔助CBT。當結構化和教育可以很順利地融入每次治療中，並可用來維持和促進治療中更具有情感、能激發情緒的部分時，兩者便發揮了其最大效用。

參考書目

Basco MR: Never Good Enough: How to Use Perfectionism to Your Advantage Without Letting It Ruin Your Life. New York, Free Press, 2000

Beck AT, Greenberg RL, Beck J: Coping With Depression. Bala Cynwyd, PA, Beck Institute for Cognitive Therapy and Research, 1995

Beck AT, Steer RA, Brown GK; BDI-II, Beck Depression Inventory: Manual. San Antonio, TX, Psychological Corporation, 1996

Beck JS: Cognitive Therapy: Basics and Beyond. New York, Guilford, 1995

Brown J: Sissinghurst: Portrait of a Garden. New York, HN Abrams, 1990

Burns DD: Feeling Good: The New Mood Therapy. New York, William Morrow, 1980

Clark DA, Beck AT, Alford BA: Scientific Foundations of Cognitive Theory and Therapy of Depression. New York, Wiley, 1999

Colby KM, Gould RL, Aronson G: Some pros and cons of computer-assisted psychotherapy. J Nerv Ment Dis 177:105-108, 1989

Craske MG, Barlow DH: Mastery of Your Anxiety and Panic, 3rd Edition. San Antonio, TX, Psychological Corporation, 2000

Foa EB, Wilson R: Stop Obsessing! How to Overcome Your Obsessions and Compulsions. New York, Bantam Books, 1991

Greenberger D, Padesky CA: Mind Over Mood: Change How You Feel by Changing the Way You Think. New York, Guilford, 1996

Kenwright M, Liness S, Marks I: Reducing demands on clinicians' time by offering computer-aided self help for phobia/panic: feasibility study. Br J Psychiatry 179:456-459,2001

Marks I, Shaw S, Parkin R: Computer-aided treatments of mental health problems. Clinical Psychology: Science and Practice 5:151-170, 1998

Proudfoot J, Goldberg D, Mann A, et al: Computerized, interactive, multimedia cognitive-behavioural therapy reduces anxiety and depression in general practice. Psychol Med 33:217-227, 2003

Rothbaum BO, Hodges LF, Kooper R, et al: Effectiveness of computer-generated (virtual reality) graded exposure in the treatment of acrophobia. Am J Psychiatry 152:626-628, 1995

Rothbaum BO, Hodges L, Smith S, et al: A controlled study of virtual reality exposure therapy for the fear of flying. J Consult Clin Psychol 60:1020-1026, 2000

Rothbaum BO, Hodges LF, Ready D, et al: Virtual reality exposure therapy for Vietnam veterans with posttraumatic stress disorder. J Clin Psychiatry 62:617-622, 2001

Wiederhold BK, Wiederhold MD: Lessons learned from 600 virtual reality sessions. Cyberpsychol Behav 3:393-400, 2000

Wright JH: Computer-assisted cognitive-behavior therapy, in Cognitive-Behavior Therapy. Edited by Wright JH. (Review of Psychiatry Series, Vol 23; Oldham JM and Riba MB, series eds). Washington, DC, American Psychiatric Publishing, 2004, pp 55-82

Wright JH, Basco MR: Getting Your Life Back: The Complete Guide to Recovery From Depression. New York, Free Press, 2001

Wright JH, Thase ME, Beck AT, et al (eds): Cognitive Therapy With Inpatients: Developing a Cognitive Milieu. New York, Guilford, 1993

Wright JH, Wright AS, Salmon P, et al: Development and initial testing of a multimedia program for computer-assisted cognitive therapy. Am J Psychother 56:76-86, 2002

Wright JH, Beck AT, Thase ME: Cognitive therapy, in The American Psychiatric Publishing Textbook of Clinical Psychiatry, 4th Edition. Edited by Hales RE, Yudofsky SC. Washington, DC, American Psychiatric Publishing, 2003, pp 1245-1284

Wright JH, Wright AS, Beck AT: Good Days Ahead: The Multimedia Program for Cognitive Therapy. Louisville, KY, Mindstreet, 2004

Wright JH, Wright AS, Albano AM, et al: Computer-assisted cognitive therapy for depression: maintaining efficacy while reducing therapist time. Am J Psychiatry 162:1158-1164, 2005

【第五章】處理自動化思考[1]

89 設計方法來發現和改變適應不良的自動化思考，是認知行為取向心理治療的核心。認知行為治療最重要的一個基本觀念，就是認為精神疾患有其獨特的自動化思考模式，努力去修正這些思考模式能顯著減輕症狀。因此，認知行為治療師常常投注大量的治療時間在處理自動化思考。

CBT處理自動化思考有二個重疊的階段。首先，治療師幫助病人辨識（identify）自動化思考，隨後，把焦點放在學習修正（modify）負面自動化思考的技巧，將病人的思考導向較合宜的方向。臨床上鮮少能將這二階段截然劃分。逐漸形成合理思考模式的過程中，自動化思考的辨識及改變會同時發生。表5-1和5-2列出辨識和改變自動化思考常用的方法。

辨識自動化思考

認出情緒改變

在CBT初期，治療師須協助病人了解自動化思考的概念並且認出它們。通常，在第一次或是初期的治療中，當病人突然爆發出情緒劇烈反應的自動化思考，我們便會帶入這個主題。把任何情緒表露都視為剛出現了重要自動化思考的徵兆，是個很好的經

1 本章所提之項目，請參見附錄一〈工作表及清單〉，同時可由美國精神醫學會出版社（American Psychiatric Publishing）網站免費下載。網址：http://www.appi.org/pdf/wright

驗法則。敏銳的治療師會利用這些情緒改變，來幫助病人發現主要的自動化思考，並且教導病人基本的認知行為模式。

90

表5-1　辨識自動化思考的方法
認出情緒改變
心理衛教
引導式發現
思考記錄
心像練習
角色扮演練習
使用清單

表5-2　修正自動化思考的方法
蘇格拉底式探問
使用思考改變記錄
產生合理的替代思考
辨識認知謬誤
檢視證據
去災難化
重新歸因
認知預演
使用因應卡

費茲傑羅醫師（Dr. Fitzgerald）治療克里斯（Kris）的這段示範影片，解說如何運用這種技巧。克里斯是工廠生產線領班，他在工作上出了問題。他的生產線員工減少，而上司仍施壓要求達到產量，這些工作壓力讓他變得憂鬱和易怒。同時，他和妻子也有爭執，妻子批評他工作太晚、不參加家庭活動。

91　從治療初期摘錄的這個片段中，費茲傑羅醫師觀察到克里斯在開始談論工作情形時，情緒會起變化。費茲傑羅醫師注意到他的悲傷和苦惱，於是她要求克里斯試著去辨識，當他情緒開始改變時，心中掠過的自動化思考。接著克里斯回憶起下面這些想法：「我搞砸了……我無法做對任何事……不管我怎麼做都不夠好……這是個沒有出路的蠢工作。」稍後，你將會在本章中看到，費茲傑羅醫師如何幫助克里斯修正他的負向思考模式。

▶ 示範影片六　情緒改變：費茲傑羅醫師與克里斯

情緒改變是發掘自動化思考特別實用的方法，因為它所產生的認知，通常是充滿感情、直接並且和個人有關的。貝克（Beck 1989）注意到「情緒是通往認知的康莊大道」，因為與顯著情緒表露連結的思考模式，提供了豐富的機會，讓病人說出某些最重要的自動化思考和核心信念。把焦點放在情緒改變的另一個理由，是情緒對記憶的影響。因為強烈的情感往往會增強一個人對事件的記憶（Wright and Salmon 1990），激發情緒的治療介入可能會增強回憶，使得病人更能領悟和運用自動化思考的概念。

心理衛教

第四章中所提到的教育方法，是幫助病人學習辨識自動化思考的重要部分。治療師通常在一開始就花時間解釋說明自動化思考的本質，以及它們如何影響情緒和行為。如果自動化思考是伴隨著辨識出某一情緒改變而來，或是和某個在療程中發掘出來的特定思考相關，這些解釋說明可能會達到最佳效果。第四章中的示範影片四和五，解說自動化思考的心理衛教。如果你尚未看過這些影片，我們建議現在就觀賞。

引導式發現

引導式發現是療程中辨識自動化思考最常用的技巧。以下的治療片段說明如何用簡單的引導式發現技巧詢問問題。

案例

92

六十歲的安娜有憂鬱症，她說自己和丈夫、女兒很疏離。她感到悲傷、寂寞、挫折。從教師崗位退休以後，她原本希望好好和家人相處，但現在她想著，「不再有人需要我了……我的餘生不知道要做什麼。」

治療師：妳一直說女兒的問題如何困擾妳，妳能不能記起一個最近的例子？

安　娜：好的。昨天我試著打電話給她三次，她直到晚上十點才回電，而且她似乎很生氣我整天一直打電話給她。

治療師：她說了什麼？

安　娜：像是：「妳不知道我整天要忙工作和小孩嗎？我不可能丟下所有事情立刻回電給妳！」

治療師：當妳聽她這麼說的時候，心中閃過什麼念頭？

安　娜：「她不需要我了……她不在乎……我只不過是個窩囊廢。」

治療師：妳還有沒有其他想法——那時閃過心中的念頭？

安　娜：我猜我真的對自己很失望。我想我真的很沒用——沒有人需要我。我不知道我活著要做什麼。

在第二章〈治療關係：進行合作的經驗療法〉中，詳述了使用引導式發現模式來問問題的一般技巧。這裡提供另外一些處理自動化思考的策略。這些指導原則並非鐵律，而是供讀者運用引導式發現的方法來偵測自動化思考的幾個訣竅。

自動化思考的引導式發現：高報酬策略

一、緊隨引發情緒的詢問。記著，悲傷、焦慮、憤怒等情緒是個徵兆，表示這個主題對病人來說是重要的。滿載情緒的認知就像是機場的燈標，表示治療師位於正確跑道上。

二、要明確。如果把目標定在一個清楚定義且可記憶的情境，詢問自動化思考幾乎總會較順利。討論的主題籠統，往往會導致報告中的認知粗略鬆散，而無法提供有效處遇需要的細節。一些能引導出重要自動化思考的特定情境例子：（a）「上星期一我有一個求職面試」；（b）「我試著參加附近的一場派對，但是太緊張到沒辦法這麼做」；（c）「我被女朋友甩了，我真是悲慘」。

93

三、著重在最近的事件而非遙遠的過去。有時候把問題導向久遠的事件有其重要性，特別是如果病人有和長期因素相關的創傷後壓力症候群、人格疾患或慢性病。然而，詢問最近的事件，通常有利於取得情境中真正發生的自動化思考，而且更能接受改變。

四、堅守詢問的方向和同一個主題。試著避免在不同的主題間跳躍。從單一情境中徹底引導出一系列的自動化思考比較重要，不要在多個情境中探索一大串認知。如果病人能學著從一個問題完整地辨識他們的自動化思考，他們更可能在人生中的其他重要議題上這麼做。

五、挖深一點。病人普遍只報告幾個自動化思考，或似乎只有觸到表淺的認知。這時候治療師可以多問一些問題，來幫助病人說出完整的故事。應該以一種善解人意的方式進一步詢問，讓病人不感到被逼迫。可以使用如下的問句：「在這個情境中，你還有什麼其他的想法？」「讓我們試著在這一點上停留久一些，好嗎？」「你能記起任何其他曾閃過心中的念頭嗎？」

如果這些簡單問題沒有得出結果，治療師可以用蘇格拉底式問句來刺激探索，讓過程進行下去：

病　患：當我聽說喬琪要搬去芝加哥時，我簡直崩潰了。她是我唯一真正的朋友。

治療師：關於她搬家的事，妳還有沒有其他想法？

病　患：應該沒有——我只知道我將會很想念她。

治療師注意到這個病患非常傷心，懷疑在表面之下有更強烈的自動化思考。

治療師：我直覺妳可能有一些其他的想法。當妳聽到她要離開時，妳心中閃過什麼關於自己的想法？就在妳聽到壞消息之後，妳怎麼看妳自己？

病　患（停頓一下）：我一點都不擅長交朋友……我將不會

94

再有像她這樣的朋友……我的人生沒有出路了。

治療師：如果那些想法是真的，妳覺得妳最後會怎麼樣？

病　患：孤單……我覺得我沒希望了，事情不會改變。

六、使用同理心技巧。試著想像病人的處境。進入病人的內心，用他們的想法來思考。藉著臨床經驗，你就可以建立自己的技巧，來了解在許多情況之下的認知，並且更敏於察覺病人主要的自動化思考。

七、藉系統性闡述指引方向。即使還在初期發展階段，案例的系統性闡述對於詢問方向的決定，就能提供無價協助。知道誘發因素和壓力源，將會提示討論的重點。評估病人的症狀、優點、弱點，以及背景資料，讓治療師能夠為病人打量專屬的問題。案例系統性闡述最有用的一面就是鑑別診斷。如果懷疑病人患有恐慌症，問題就會被引導去發現關於身體受傷或失去控制的災難式預言。如果病人顯得憂鬱，問題普遍會導向低自尊、對環境抱持負面看法，以及無望的主題。當病人呈現躁症或是輕躁的狀態時，治療師便需要調整詢問的技巧，來說明病人推諉卸責和自大想法的傾向。筆者強烈建議正在學習CBT的治療師，好好學習各種主要精神疾病的認知行為模式（請參見第三章和第十章）。這些資訊是使用引導式發現來辨識自動化思考時，非常好的準則。

在另外一段克里斯的治療摘錄中，費茲傑羅醫師問了一連串問題，來探討克里斯早上開車去工作時所發生的想法。早在克里斯開始工作前，他已經有了一連串的負面自動化思考（例如：「我做不到……我能力不夠……其他的小組長能處理這些，但我不能」）。在這個引導式發現的例子中，費茲傑羅醫師能幫助克里斯了解，他的負面自動化思考，促成他的憂鬱和在工作時易怒。他們同意，這些負面認知應該是治療介入的首要目標。

▶示範影片七　引導式發現：費茲傑羅醫師與克里斯　95

思考記錄

在紙上（或在電腦上）寫下自動化思考，是最有用也最常用的CBT技巧之一。記錄的過程，讓病人把注意力擺在重要的認知上，提供一個系統化的方法來練習辨識自動化思考，往往可以刺激病人質疑思考模式的正確性。單單看到想法寫在紙上，往往就能引發自發性的努力，去修正適應不良的認知。此外，思考紀錄可以是治療師修正自動化思考時的有力跳板（參見本章稍後提到的「思考改變紀錄」）。

一般會在治療初期向病人簡單介紹思考記錄，在病人頭腦還未塞滿太多細節時，幫助他們學習自動化思考。更複雜的思考記錄，例如標示認知謬誤和產生合理的替代思考（參見本章稍後提到的「思考改變紀錄」），通常會延到病人有經驗和信心辨識自動化思考。治療之初常使用的方法是要求病人使用二欄或三欄格式記錄他們的想法，先在治療中記錄，然後再當作家庭作業。二欄式的思考紀錄包括事件和自動化思考（或是自動化思考和情緒）。三欄式的紀錄可能包括事件、自動化思考和情緒。圖5-1是前文提到的六十歲憂鬱症婦女安娜的思考紀錄練習。

心像練習

當病人對詳盡闡述自動化思考感到困難時，心像練習往往能產生很好的效果。這個技巧是幫助病人從他們的想像中把重要的事件釋放出來，以便觸及事情發生當下的想法和感覺。有時候只需要請病人回到當時，並且想像他們自己正處在那個情境之中。不過，提示或是詢問，通常能幫助患者重新喚起對事件的記憶。

96

事件	自動化思考	情緒
星期五晚上，我先生決定要玩撲克牌，而不是和我一起去看電影。	「我很無趣。難怪他想花這麼多時間和他的朋友在一起。他還沒離開我，真是奇蹟。」	悲傷，寂寞。
現在是星期一早晨，而我沒事可做，沒地方可去。	「我要尖叫了，我無法忍受我的人生，退休真是愚蠢。」	悲傷，緊繃，憤怒。
教堂裡有位女士說，我很幸運已經退休，而且不需要每天應付學生。	「但願她知道我有多悲慘。我沒有任何朋友，我的家人不在乎我的感受，我真的一團糟。」	憤怒，悲傷。

圖5-1　安娜的三欄式思考紀錄

費茲傑羅醫師在對克里斯的治療中，示範了使用心像的技巧來辨識自動化思考。在這個片段中，克里斯下班回家，妻子指摘他沒有出席兒子的摔角比賽，之後他注意到自己非常苦惱。一開始，克里斯無法記起他當時的自動化思考。不過，當費茲傑羅醫師藉由一系列能激發生動想像的問題，來幫助克里斯重建場景後，他便記起了當時的想法，像是「我是個壞父親……她說得對……我連為人父母都做不好。」

▶示範影片八　心像練習：費茲傑羅醫師與克里斯

治療師在解釋和引導心像上的技巧，對於病人能多沉浸在自身經驗，有很大的差異。舉例來說，鮮少心像準備的介入，再加上諸如「回想你在工作中犯錯的時刻，並且描述當時你心中閃過什麼念頭」這樣相當機械式的描述，與影片中費茲傑羅醫師的循循善誘相較，差異懸殊。表5-3列出讓心像更有效的策略。

角色扮演

角色扮演包含：治療師扮演病患生命中的一個人物，例如上司、配偶、父母或是子女，然後試著模擬互換，激發自動化思考。也可以反過來由病患扮演其他人，由治療師扮演病患。

表5-3　如何幫助病人使用心像

一、解釋這個技巧。

二、使用支持而鼓勵的聲調。治療師的聲音和問話的方式應該要傳達出一種訊息，那就是這個經驗是安全而有效的。

三、建議病人嘗試回想自己在事件發生前正在想什麼。「是什麼導致這個事件？」「當你快接近這個情境時，心中正在想什麼？」「在這個互動開始前，你感覺如何？」

四、以下問題可以促進事件的回憶，例如「有誰在場？」「其他人看起來如何？」「當時的環境是什麼樣子？」「你能不能記起任何聲音或氣味？」「你穿著什麼服裝？」「在說任何話之前，你還能如何描繪該場景？」

五、當病人描述場景時，用激發式的問句來加強心像，幫助病人更深入地回憶起自動化思考。

相較於引導式發現和心像等其他技巧，角色扮演較少用到，因為它需要專門的架構和工具。再者，決定使用這種方法時，對患者和治療師之間的治療關係與界限的牽連，也必須考慮進去。

在展開角色扮演練習之前，治療師可能要問自己下列幾個問題：

一、化身為病人生命當中的這位重要人物來演出這個特定場景，將會對治療關係有何影響？舉例而言，治療師扮演病患會亂罵人的父親所帶來的好處，是否能夠超過被病人以負面觀點來看待或可能被視作等同於患者父親等壞處？角色扮演可能會對治療關係有利嗎？病人會從中感覺到，治療師是支持而有助益的嗎？

二、病人的現實感是否夠強，能將這個經驗當作是一場角色扮演，並且在結束之後，回到有效的治療關係之中？如果病人有明顯的性格問題，例如：邊緣性人格疾患、曾經歷嚴重虐待或有精神病，就要小心謹慎。不過，有經驗的認知治療師已學會，在這些狀況下如何有效運用角色扮演的技巧。我們建議初學者將角色扮演主要用在急性憂鬱或焦慮的病人；因為對這些病人來說，角色扮演的經驗通常被視為是幫助他們了解自己想法的直接嘗試。

98

三、角色扮演是利用長期關係的議題，還是著重在某個侷限的事件？一般而言，最好是在治療初期，精心安排角色扮演來處理此時此刻關心的事。在病人和治療師有了在當下情境的角色扮演經驗後，他們就能運用這個方法，來探討負載情緒主題的自動化思考，例如感到被父母拒絕或不被疼愛。

這些注意事項除外，角色扮演仍是發現自動化思考特別有用的方法，而且通常被看作是治療師感興趣且關心病人的正面示範。本章稍後，我們會討論如何運用角色扮演，來修正自動化思考（參見本章稍後的「產生合理的替代思考」）。你也有機會運用角色扮演做為學習CBT的方法。角色扮演是培訓學員練習CBT技術非常好的方法。有多種的治療互動技巧可供模擬、停止以及開始，可以嘗試不同的方式、討論以及預演。另外，在這種方法的訓練應用中扮演病人角色，能幫助治療師體驗病人在治療中的滋味。要建立角色扮演和其他辨識自動化思考的技巧，筆者建議下列的練習：

練習5-1　辨識自動化思考

1. 請另一位CBT的受訓者、督導或同事協助你練習辨識自動化思考。在一系列的角色扮演中，你有機會扮演治療師，並請你的協助者扮演病人。然後互換角色，以增加使用這項技術的經驗。
2. 運用情緒改變，引導病人說出自動化思考。
3. 貫徹本章稍早提到的引導式發現原則。[2]舉例來說，著重於一個特定的場景，形成系統性闡述來引導問題的方向，並且試著挖深一點，來帶出額外的自動化思考。
4. 練習在「病人」對認出自動化思考有困難時運用心像。問一系列的問題來建立場景，以助喚起對事件的記憶。
5. 在這個角色扮演中進行角色扮演。關於這部分的練習，請協助者建構一個情節，當中你將會教育「病人」角色扮演的技巧，並且運用這個方法來引出自動化思考。
6. 和協助者練習過這些方法之後，運用在真正的病患身上。

99

2　參見「引導式發現」一節，以及第二章〈治療關係：進行合作的經驗療法〉。

自動化思考清單

受到最廣泛研究的自動化思考清單，是哈蘭和坎德爾（Hollon and Kendall 1980）的自動化思考問卷（Automatic Thoughts Questionnaire, ATQ）。雖然這份問卷主要用在實證研究，來測量治療當中自動化思考的改變，它也可以被用在病人對認知察覺有困難的臨床情境中。ATQ問卷有三十個項目（例如：「我不好」；「我無法再忍受這些了」；「我無法完成任何事情」），以出現的頻率用0（「一點也不」）到4（「總是」）評分。

電腦程式「好日子就在前方：認知治療的多媒體程式」（Wright et al. 2004）內含一個自動化思考的龐大單元，教導病人如何辨認以及改變認知。「好日子就在前方」程式有一個單元是發展量身訂做的負面自動化思考清單，以及平衡它們的正面思考。使用者可以在內建的常見自動化思考清單中勾選，也可以鍵入任何其他被辨認出的想法。表5-4列出「好日子就在前方」中的自動化思考清單，亦可上網查詢，網址http://www.appi.org/pdf/wright。

修正自動化思考

蘇格拉底式探問

在成為認知行為治療師的學習過程中，很容易掉進圈套裡：跳過蘇格拉底式探問，而較喜歡使用思考記錄、檢視證據、因應卡，或其他特定形式的CBT技巧。然而，我們將蘇格拉底式探問列在改變自動化思考技巧的第一項，因為這種詢問過程，是改變不良功能想法的認知介入方法的骨幹。雖然蘇格拉底式探問與較結構化的介入方法相較，比較難學習和實行，但在修正病人的自動化思考時，可以得到很大的回報。蘇格拉底式探問有一些好處，像是增進治療關係、激發疑問、促進瞭解重要的認知和行為，以及提升病人在治療當中的主動參與。

100

表5-4　自動化思考清單

說明：過去二個星期中，你曾經出現下列哪些負面自動化思考？請在旁邊打勾。

___我的人生應該過得更好。
___他／她不了解我。
___我讓他／她失望。
___我再也無法享受事情的樂趣。
___為何我這麼軟弱？
___我總是把事情搞得一團糟。
___我的人生沒有出路。
___我無法處理它。
___我快要失敗了。
___我吃不消了。
___我沒什麼未來可言。
___情況失控了。
___我想要放棄。
___一定會有壞事發生。
___我一定是有什麼問題。

出處：改編自萊特等（Wright JH, Wright AS, Beck AT.）「好日子就在前方：認知治療的多媒體程式」（Louisville, KY, Mindstreet, 2004），經同意使用。亦見於http://www.appi.org/pdf/wright。

在第一章〈認知行為治療的基本原則〉和第二章〈治療關係：進行合作的經驗療法〉中，解釋了蘇格拉底式探問的方法。下面列出一些你在使用這種技巧修正自動化思考時，須謹記的要領：

101

一、問可以顯示改變契機的問題。好的蘇格拉底式探問往往幫病人打開機會。以基本的CBT模式做為導引（思考影響情緒和行為），試著問一些問題，讓病人看到，改變他們的想法如何能減輕痛苦的情緒或增進因應的能力。

二、問有效果的問題。當蘇格拉底式探問突破一個僵硬且適應不良的思考模式，向病人展示合理且富有成效的替代思考時，它的功效最佳。新的洞見形成了，而且伴隨一個正面的情緒改變（例如：焦慮或憂鬱的情緒改進了）。如果治療師發現自己的蘇格拉底式探問似乎無法造成任何情緒或行為上的效果，那麼退一步，回顧個案的系統性闡述，並且修正策略。

三、問可使病人參與學習過程的問題。蘇格拉底式探問的目標之一，是幫助病人熟稔於「去思考如何思考」。治療師的詢問應該要激發病人的好奇心，並且鼓勵他們用新的角度看事情。蘇格拉底式探問應該要提供病人一個問問題的模式，讓他們開始自己問問題。

四、丟出的問題勁道要足使病人獲益。考量病人的認知功能水準、症狀困擾度、專注的能力，問的問題要給予病人足夠的挑戰來讓他們思考，但不至於壓倒或嚇倒他們。有效的蘇格拉底式探問應該讓病人覺得他們的認知能力更好，而非感到笨拙或愚昧。問病人你覺得他很可能能夠回答的蘇格拉底式問題。

五、避免問引導式問句。蘇格拉底式探問這種方法，不應該用來將治療師塑造成專家（意即，治療師知道所有的答案，並且引導病人到相同的結論），而應該用以促進病人彈性以及創意思考的能力。當然，治療師對於蘇格拉底式探問會導向何方及希望達成的結果，會有些想法，但是問問題的方式要尊重病人自己思考的能力。盡可能讓病人自己回答問題。

六、**有節制地使用選擇題**。通常好的蘇格拉底式探問是開放式的。多種答案或是排列組合都有可能。雖然是非題或選擇題在某些場合有用，但多數蘇格拉底式探問應該要為不同的反應留下一些空間。

思考改變紀錄

102

自我監測是CBT的關鍵要素，這點能透過五欄式思考紀錄和類似的記錄方法來完全了解。貝克及其同僚（Beck and colleagues 1979）在他們的經典著作《憂鬱的認知治療》（*Cognitive Therapy of Depression*）裡，推薦五欄式思考改變紀錄（Thought Change Record, TCR）為具高度影響力的步驟，而且持續被大量使用在CBT中。思考改變紀錄鼓勵病人（一）認出他們的自動化思考；（二）應用許多其他本章中提到的方法（例如：辨識認知謬誤、檢視證據、產生合理的替代思考）；（三）觀察他們努力修正想法的正面結果。我們建議病人規律地在回家作業中完成思考改變紀錄，並且把它們帶到療程中。有時候，病人能靠自己用思考改變紀錄在想法上做出實質性的改變。其他時候，他們可能會卡住而無法產生合理的替代思考。不管在療程之外使用這個工具的成果如何，思考改變紀錄提供治療中豐富的討論資料，並且做為進一步修正自動化思考的跳板。

思考改變紀錄就是，在一般用於辨識自動化思考的三欄式紀錄後，加上另外二欄：「合理的思考」和「結果」。病人在第一欄寫下引發自動化思考的事件或是回憶，第二欄記錄自動化思考本身以及當時相信的程度，情緒則記錄在第三欄。

讓病人相信自動化思考為真的程度及伴隨而來的情緒評分（從0到100分），是思考改變的重要過程。在治療早期，病人往往將自動化思考評為百分之百或接近百分之百地可信。在完成思考改變紀錄的其餘部分及探索改變思考的方法後，他們通常能戲劇性地降低相信自動化思考的程度，並且在伴隨而來的情緒困擾上產生實質的改善。觀察思考改變紀錄上的這些變化，會是練習CBT技巧且將它們用在日常生活中的有力增強物。

為自動化思考的相信程度評分，也能提供治療師重要的線索，了解在改變這些認知時是順從或是抵抗。面對相牴觸的證據，仍相當程度相信的一連串自動化思考，可能代表一個深信不疑的基模，或是根深柢固的行為模式，需要被指出來，或是需要更努力地運用重新歸因、角色扮演、認知預演等技巧。另外，持續產生不悅情緒或生理緊張的想法，也可以是須進行深度CBT的指標。

103

第四欄「合理的反應」是思考改變紀錄的核心。這一欄用於記錄合理的替代思考，以及為修正後的思考的可信程度評分。運用本章接下來討論到的方法，能形成合理的替代思考。不過，思考改變紀錄本身常常會激發病人考慮替代性想法，並且發展出更合理的思考模式。一些認知行為治療師建議第四欄要記錄自動化思考當中的認知謬誤，如此能促進邏輯謬誤分析，以建立合理思考。然而，如果認為這個過程超過病人現在的負荷或沒有益處，治療師可以建議病人避免或是延遲在思考改變紀錄上標記認知謬誤。

思考改變紀錄的第五欄，亦即最後一欄，是用來記下病人努力改變自動化思考的結果。我們一般要求病人在第三欄記下情緒，並且再度使用0到100分來為感覺的強度評分。最後一欄亦可用來觀察行為的任何改變，或是記錄因應情境的計畫。大部分的情況下，在結果這一欄會注意到正面的改變。而有些情境下，這一欄記錄到的改變很少，或是沒有改善，此時治療師可以用這些資料來辨識障礙物，並且設計出越過這些障礙的方法（參見第九章〈常見的問題與陷阱：從治療的挑戰中學習〉）。

圖5-2是理查（Richard）在治療中完成的思考改變紀錄，他是第一章中所述患有社交畏懼症的男人。在這個例子中，理查在準備參加街坊派對時，出現一大堆負面自動化思考。雖然理查通常會避免參加社交活動，不管是一口回絕邀請，或是到最後一分鐘才找藉口不去，現在他決定要應用CBT的原則來征服他的恐懼。請注意理查能夠產生一些合理的替代想法，並且開始建立一些因應焦慮的技巧（參見第七章〈行為方法II：降低焦慮及打破規避的模式〉）。附錄一〈工作表及清單〉中有空白的思考改變紀錄表，你可以影印下來在臨床上使用。

情境描述	自動化思考	情緒	合理的反應	結果
a. 導致不悅情緒的真實事件，或 b. 導致不悅情緒的思考，或 c. 不愉快的身體感覺。	a. 寫下情緒之前的自動化思考。 b. 為自動化思考的相信程度評分，從0%到100%。	a. 標明悲傷、焦慮、憤怒等。 b. 為情緒的程度評分，從1%到100%。	a. 辨識認知謬誤。 b. 寫下自動化思考的合理反應。 c. 為合理反應的相信程度評分，從0%到100%。	a. 標示和評量接下來的情緒，從0%到100%。 b. 描述行為改變。
準備參加街坊派對	一、我會不知道該說什麼。（90%） 二、我會看起來格格不入。（75%）	焦慮（80%） 緊繃（70%）	一、漠視證據、誇大。 我讀了很多東西，並且收聽公共廣播的新聞。我一直在練習簡短的談話。我確實有些事情可說，我需要的只是去說出來而已。（90%） 二、誇大、過度類化、個人化。 這一點我真的誇大了。我可能看來有點緊張，但大家對自己的生活更感興趣，而不是判斷我看來如何。我是能夠勝任的。（90%）	焦慮（40%） 緊繃（40%） 我參加了派對並且在那待了一小時以上。我是很緊張，但表現還算可以。

	三、我會想要馬上離開。		三、遽下論斷、災難化。 我會緊張，但我需要拚到底並且面對我的恐懼。我已經排演過在這個派對中要如何應對，所以我不需要立刻離開或找藉口不參加。	

圖5-2　理查的思考改變紀錄

出處：改編自貝克等人（Beck AT, Rush AJ, Shaw BF）合著之《憂鬱的認知治療》（*Cogmtive Therapy of Depression,* New York, Guilford, 1979, pp. 164-165）。經同意使用。

106

練習5-2　使用思考改變紀錄

1. 影印附錄一〈工作表及清單〉中的空白思考改變紀錄表。
2. 從治療師自己的生活中找出一個引發焦慮、悲傷、憤怒或其他不悅情緒的事件或情境。
3. 完成思考改變紀錄，用它來辨識自動化思考、情緒、合理的思考，以及結果。
4. 向至少一位病人在療程中介紹思考改變紀錄的技巧。要求這位病人完成一次思考改變紀錄的回家作業，並在後續療程中回顧它。
5. 如果病人實行思考改變紀錄有困難，或是進展不如預期，解決這些困難。

產生替代思考

在教導病人如何形成邏輯思考時，很重要的是要向病人強調CBT並非「正面思考的力量」。企圖用不切實際的正面思考來取代負面思考，通常注定會失敗，尤其是如果病人正承受著真正的損失、創傷，或是面對極可能有不利後果的問題。病人可能因為表現不佳而丟了工作、正經歷重要關係的破裂，或是正努力要適應某個重大身體疾病。在這些情況下，嘗試掩飾這些問題、忽略個人的瑕疵或是低估真正的風險，會顯得不切實際。治療師反而應該設法幫助病人用最合理的方式去看待情況，並且想出適合的因應之道。

在《重新生活：戰勝憂鬱完全手冊》（Wright and Basco 2001）一書中，我們建議幾個產生合理替代思考的方法。[3]當你在訓練病人形成邏輯思考時，可以考慮下面這些選項：

107

一、對各種可能性敞開心胸。鼓勵病人開放寬廣的選擇，建議他們像科學家或偵探那樣思考——尋找所有證據，避免遽下論斷。他們也可能會想像，有一個偉大的教練幫助他們看到正向而精確的替代選擇，正在建造他們個人的力量。或者他們可以想像一位值得信賴的親友可能會怎麼說。這些相關策略都鼓勵病人站在目前的思考框架之外，考慮其他可能更合理、更能適應且更有建設性的觀點。

二、用原有的自己來思考。試圖讓病人探討他們在變得憂鬱或焦慮前看待自己的方式。善用高度情緒事件會比一般日常事件記得清楚的傾向。如果病人能想起他們獲得相當成功或是正面感覺源源不斷的場景（例如：從學校畢業、結婚、生小孩、得獎、獲得錄用），他們也許能記起因處在目前的打擊之中而被遺忘的適應性想法。問一些問題像是：「原來的你會看到哪些被憂鬱的你所忽略的替代思考？」「原來的你會給自己什麼建議？」

三、腦力激盪。解釋腦力激盪的技巧。請注意藝術家、作家、成功的實業家，以及其他有創造力的人，常常試著讓他們的想像力自由奔馳，提供多樣不同的可能性。第一步是不管是否可行或是否合於目標，盡可能列出多種可能性，然後病人可以將這些可能性加以分類，看出哪些是合邏輯的選擇。腦力激盪能幫助病人突破以管窺天的觀點，看到原來無法認出的選擇。

四、向他人學習。憂鬱、焦慮等疾病的病患往往變得內向，不從其他人那邊獲得回饋或建議，就自行決定。問別人的意見當

3　以下改編已獲得自由通訊社（The Free Press）的授權。取材自《重新生活：戰勝憂鬱完全手冊》（Wright JH, Basco MR: Getting Your Life Back: The *Complete Guicle to Recovery From Depression.* New York, Free Press, 2001），版權所有。

然會有一些風險。一個人正在想他會被開除，或相信他是不討人喜歡的，別人也許會說這些感覺是正確的。然而，病患可以被訓練和他人一起檢查自己的想法，這會降低風險並且增加成功的機會。問這樣的問題：「你有多相信這個人將會告訴你實話，而仍然是支持你的？」「向這個人討教有什麼風險？」治療師可以預先和病人角色扮演可能的劇本，來幫助病人準備問有效的問題。教導病人如何表達既能保護自己的利益、又能聽到實話的問題。

108 下一段影片示範費茲傑羅醫師幫助克里斯建立產生合理替代思考的技巧。在這個例子中，克里斯記起他工作晚歸的一個場景（示範影片八心像練習）。在克里斯被妻子指摘他錯過兒子的摔角比賽後，他有很多負面自動化思考（「我是個壞父親……我連這個都做不好……他一定會恨我的……我會搞砸他的人生。」）費茲傑羅醫師啟動產生合理替代思考的過程，她要克里斯告訴她「事實」。不過克里斯回答更負面的認知（例如「他需要時我不在場」）。費茲傑羅醫師接著使用時光倒流的策略，請克里斯用原來的自己思考。這個手法奏效了，克里斯開始談起他和兒子一同經歷露營、運動和其他活動的美好回憶。然後費茲傑羅醫師請克里斯用另外一個非常了解他的人的觀點，來看這個情況。當克里斯開始談起他的朋友喬會怎麼想時，他對於自己的想法變得比較有適應性了。治療的最後，克里斯對他的負面自動化思考能產生一個合理的替代思考。與其讓自己更失望，變得更憂鬱而易怒，他告訴自己他是一個「壓力大的爸爸，但不是一個壞爸爸。」這個替代思考促使他想設法要改善他與兒子的關係。

▶示範影片九　產生合理的替代思考：費茲傑羅醫師與克里斯

練習5-3　蘇格拉底式探問和產生合理的替代思考

1. 和同事用角色扮演，練習蘇格拉底式探問和產生合理的替代思考。嘗試用有創意的方式來打開「病人」的心門。
2. 接下來，在治療中讓病人產生合理的替代思考。把焦點放在進行好的蘇格拉底式探問。鼓勵病人像科學家或偵探一樣思考，在這個情況中找尋不一樣的方式。教導病人腦力激盪的技巧。治療師的目標是要幫助病人學習突破以管窺天的方法。

109

3. 可能的話，將這些會談治療錄音或錄影，和督導一起回顧。要成為運用CBT產生合理替代思考的專家，最佳途徑之一就是觀看自己的行動，從自己的會談風格得到回饋，聆聽如何詢問有效蘇格拉底式問句的建議。

辨識認知謬誤

第一章中提到常遇到的認知謬誤的定義和例子。為了要幫病人認出他們的認知謬誤，首先治療師要教育他們這些推理問題的本質和種類。筆者發現，讓病人去閱讀大眾讀物，像是《重新生活》、《好心情》、《心智戰勝心情》，或是使用認知治療電腦程式例如「好日子就在前方」，是讓他們理解認知謬誤最有效的方法。治療師可以嘗試在療程中解釋認知謬誤，但是在病人能完全掌握這些想法之前，他們通常需要其他諸如上述的學習經驗。還有，在療程中解釋這些認知謬誤相當耗時間，而且可能使治療師從其他重要的主題上分心。因此，我們通常在碰到明顯邏輯扭曲的例子時，才在療程中作簡短說明。你可以把第一章〈認知行為治療的基本原則〉中認知謬誤的定義影印下來，當成給病人的講義。下面是教導病人發現認知謬誤的例子：

案例

麥克斯是三十歲的男性雙極性情感疾患患者，他談到與女友在爭吵中爆發的煩躁和怒氣。他的女友麗塔打電話說她被工作耽擱了，晚餐約會將會遲到一個小時。他們預約七點，但麗塔直到將近九點鐘才抵達他的住處。那時麥克斯處在狂怒之中，他說他「對著她大吼大叫了三十分鐘，然後自己一個人去酒吧。」

在療程中，治療師注意到麥克斯有很多帶有認知謬誤而適應不良的自動化思考。

110

治療師：你能不能回想當時的情境，告訴我當時閃過你心中的自動化思考？現在試著大聲說出這些想法，好讓我們能了解你為何變得如此沮喪。

麥克斯：她只在乎她自己以及那份了不起的工作。她一點都沒有想到我。這段感情不會有結果。她讓我像個笨蛋！

治療師：你告訴我今天早晨你感到愧疚，而且覺得自己對她的遲到反應過度。你也說你愛她，並且希望這段關係繼續下去。我認為，了解你在那個情境之下在想什麼是有用的。聽起來是你對她的行為採取極端的看法。

麥克斯：是的，我猜我是太緊張了。有時候我會變成那樣，而且做得很過火。

治療師：你當時想法很極端，有時候我們稱之為「全有全無」或是「絕對性」思考。舉例來說，你的自動化思考「她一點都不在乎我」是非常絕對的，而且沒有空間讓你考量她是如何對待你的。像這樣的思考讓你有什麼感覺和行動？

麥克斯：我變得狂怒，而且說了一些傷害她的話。如果我繼續這樣子，我會毀了這段關係。

接著治療師解釋認知謬誤的概念，以及辨認出這些扭曲的想法如何能幫助麥克斯把他的情緒和行為處理得更好。

治療師：那麼，我已經告訴過你所謂的認知謬誤。你願意在下一次治療之前讀讀它們嗎？你也可以嘗試在你自己的思考紀錄上辨識這些認知謬誤。

麥克斯：當然好，我想這是個好主意。

有很多機會能幫助病人學習如何辨識出認知謬誤，並且降低這些扭曲邏輯的頻率和強度。在前文提到的思考改變一節中，思考改變紀錄能用來辨識特定自動化思考中的認知謬誤（圖5-2）。也可以用其他方法識別出認知謬誤，像是檢視證據和去災難化。對許多病人來說，辨認並標記出認知謬誤，是建立認知治療技巧中最具挑戰性的部分。這些思考的謬誤已經行之有年，而且早就成為資訊處理過程中自動自發的部分。因此，治療師可能必須一再地要求病人注意這個現象，並且建議各種方法，讓病人練習用更平衡且合邏輯的方式思考。

111 有時候病人在努力辨識認知謬誤時會感到困惑。各種謬誤的定義可能難以瞭解，而且不同種類的推論謬誤可能有相當程度的重疊性。能夠預先解釋識別出認知謬誤需要花時間是很好的。我們會告訴病人，每一次都把謬誤正確地標記出來（例如將漠視證據和過度類推區分開來），或是認出自動化思考裡所有的認知謬誤（許多自動化思考包含一種以上的認知謬誤），並不是那麼重要。我們試圖傳達的訊息是，他們不應該擔心這部分是否正確無誤。辨識出**任何**認知謬誤都能幫助他們更有邏輯地思考，並且更能因應他們的問題。

檢視證據

檢視證據的策略是幫助病人修正自動化思考有力的方法。這個技巧包含了列出支持和反對這個自動化思考的證據，評估證據，然後致力於改變想法使其和新發現的證據一致。有兩段示範影片說明使用檢視證據的技巧，來改變自動化思考。

在第一個例子中，公司上級長官們即將視察克里斯的工廠，費茲傑羅醫師向克里斯說明，如何檢查他對於這件事的想法的有效性。克里斯在回家作業中對這個事件完成了部分思考改變紀錄。雖然他已能夠辨識許多自動化思考（例如：「他們會對我破口大罵……我會丟掉工作……我無法做對任何事……我是個輸家」），他一直無法在「合理的反應」這一欄產生想法。為了幫助克里斯，費茲傑羅醫師要求他選出其中兩個負面自動化思考，來使用檢視證據的技巧。圖5-3是克里斯第一次填寫的工作表。

▶示範影片十　檢視證據：費茲傑羅醫師與克里斯

第二段示範影片是萊特醫師和吉娜一起檢視她的自動化思考的有效性，是關於在餐廳裡面讓自己受窘的可能。這段影片在第二章〈治療關係：進行合作的經驗療法〉中曾經提及，用來舉例說明合作的經驗治療關係。我們建議再看一次這段影片，這一次把焦點放在學習執行檢視證據的技巧。萊特醫師示範了不使用手寫工作表，就進行檢視證據的技巧。檢視證據，可以像是在這個例子中，當成是治療的一部分快快走過一遍，也可以像是費茲傑羅醫師治療克里斯那樣，詳細地運用工作表。一般而言，我們建議在治療初期，至少實行一次全套檢視證據的技巧，以教導病人如何運用這個重要的方法。檢視證據的練習也可以是很好的回家作業。附錄一〈工作表及清單〉提供空白的工作表。 112

▶示範影片二　修正自動化思考：萊特醫師與吉娜

自動化思考：我會丟掉工作。	
支持的證據	**反對的證據**
1. 我的生產線進度落後。 2. 我受到申誡。 3. 我們尚未達成目標。	1. 工廠人手不足，他們不會急著要人離開。 2. 我在那裡待了十年，而且一直紀錄良好。 3. 我們離生產目標不遠。 4. 這家公司過去不曾突然解雇員工。 5. 沒有人曾說過任何話暗示我會被開除。
認知謬誤：漠視證據——我在過去十年來只有一個不良紀錄。 **替代思考：**我不太可能會被解雇。他們不是來開除我的。他們只是來設法看看如何改善生產力。	

出處：改編自萊特等人（2004）

圖 5-3　檢視證據工作表

去災難化

憂鬱和焦慮的人常有災難式預言。這些預言常常是被這些疾
113 患中的認知扭曲影響，但有時候這些恐懼並非無的放矢。因此去災難化的步驟並非總是試圖要否定災難化想法造成的恐懼。治療師反而會選擇性地幫病人尋求因應之道，以便萬一所恐懼之事成真時，該如何應對。

案例

泰瑞是一個五十二歲的男性憂鬱症患者，目前再婚，對於妻子可能會離開他，感到很焦慮。因為這段關係確實顯得不穩，治療師決定使用**最壞打算的劇本**（worst-case scenario）技巧來幫助他去災難化，且更能處理這個情境。

泰　瑞：我想她對我的耐性已經到了極限。我無法忍受再一次被拒絕。

治療師：我可以看得出來你非常擔心且煩惱。你覺得你們繼續在一起的機會有多大？

泰　瑞：大概一半一半。

治療師：因為你預估決裂的機率很高，所以先想想如果她真的提出離婚會怎麼樣，對你會有幫助的。你能想像最壞的結果是什麼？

泰　瑞：我就毀了……一個失敗兩次、沒有未來的輸家。她是我的一切。

治療師：我知道如果你們的婚姻最後以離婚收場，你會非常難過，不過我們來看看你可以如何因應。我們

可以先開始檢查你的預設。你說你就毀了。我們可以看看證據，這是真的嗎？

泰　瑞：我想我不會被完全摧毀。

治療師：你或生活的哪一部分不會被摧毀？

泰　瑞：我的孩子仍然愛我；我的兄弟姊妹不會放棄我。事實上，他們有些人認為我結束這段婚姻會比較好。

治療師：你生活中還有其他哪些部分仍然過得去？

泰　瑞：我的工作，只要我不會因太憂鬱導致無法工作。我可以繼續打網球。你知道網球對我來說是個重要的出口。

治療師繼續問問題，幫助泰瑞修正他的絕對性、災難化思考。在這些對話之後，泰瑞對他可能離婚的反應形成一個不同的觀點。

治療師：在我們繼續之前，能不能請你先總結一下我們剛瞭解的——如果面臨離婚，你可能如何應對？

泰　瑞：那會是個重大打擊，而且我不希望它發生。但是我試著看我所擁有的一切，而非只看我會失去的。我仍然擁有健康以及其他家人。我有一份好工作，以及一些好朋友。她是我生命中重要的部分，但她不是一切。生活會繼續。也許就長遠來看我會比較好，就像我哥告訴我的。

114

治療師接著建議，他們一同構想萬一真的離婚的因應計畫。（參見本章稍後「因應卡」一節。）

去災難化也是幫助焦慮疾患病人的一個有用技巧。舉例而言，社交畏懼症的病人常常害怕他們的焦慮或缺乏社交能力會被暴露出來，而這被揭露出來的真相是那麼痛苦，以致無法承受。治療師可以嘗試以下類型的問句，來減低社交畏懼症病人的災難式預言：「如果你去參加這個派對，最糟會發生什麼事？」「關於沒什麼話題好談這點，有什麼是非常糟糕的？」「你能不能忍受這些至少十五分鐘？」「把在派對中感到焦慮和其他可怕的事，像是得重病或丟了工作兩相比較，會是怎麼樣？」這些問題的要點在於幫助病人看清他們預言悲慘結果或無法因應，都是不正確的。

去災難化技巧也幫助病人建立自信，相信他們能處理所恐懼的情境。萊特醫師幫助吉娜克服對在餐廳吃飯的恐懼的示範影片（參見示範影片二），顯示了合併檢視證據和去災難化的方法，幫助吉娜學到正面處理情境的技巧。

重新歸因

第一章〈認知行為治療的基本原則〉中，我們描述了憂鬱症歸因誤差的研究結果。歸因是人賦予生活事件的意義。為了加深讀者的印象，筆者簡述歸因扭曲的三個面向：

一、「內在」對「外在」。憂鬱的人傾向把負面結果的責任或是責備內在化，不憂鬱的人則會採取平衡的或外在化的歸因。

二、「全體」對「特殊」。在憂鬱的人身上，歸因比較可能是全面而廣泛的，而非單獨針對某個特定的瑕疵、侮辱或問題。全體歸因的例子像是：「那次小擦撞是最後致命一擊。我生命中的每件事都是每下愈況。」

三、「固定」對「可變」。憂鬱病人的歸因是不變的，而且預期沒有機會改變，例如：「我將不會再找到愛了。」相反地，不憂鬱的人可能會想：「這也會過去的。」

很多不同的方法能幫助病人對他們生活中的重要事件，作比較健康的歸因。本章中提到的其他技巧也可以拿來運用，像是蘇格拉底式探問、思考改變紀錄或是檢視證據。不過，當開始重新歸因時，我們通常會簡短解釋這個概念，然後在紙上畫下一個圖來表示歸因的範圍（圖5-4）。接著問一些問題促使病人探索，並且試著改變他或她的歸因方式。

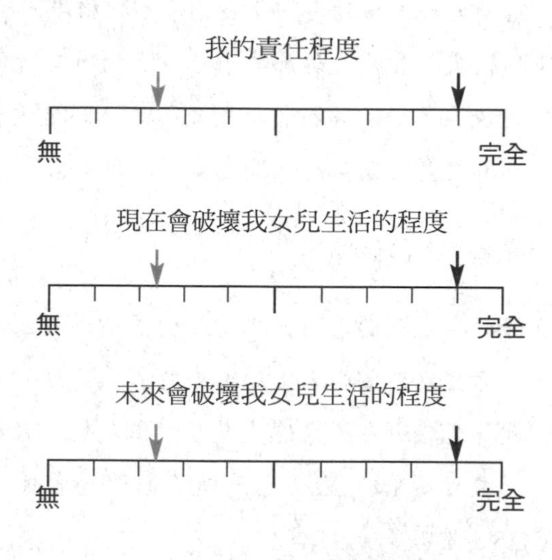

圖5-4　珊蒂的歸因尺

➜ 我今天怎麼想

➜ 對情境的健康看法

案例

珊蒂是一位五十四歲女性，她對已婚的女兒瑪莉茹絲有外遇的事實，很難接受。她過分責怪自己，相信她的女兒正毀掉自己的人生，並且認為瑪莉茹絲的未來無望。治療師以一些問題開始，來矯正珊蒂的內在化歸因。（圖5-4的表記錄了珊蒂的回答。）

治療師：為了妳女兒的問題，妳現在有多責怪你自己？

珊　蒂：很多——或許有80%。我不應該由著她去讀那所大學。她在那邊變野了，從那之後她就不是她自己了。我早知道嫁給吉姆不是個好主意，我早該告訴她我對他的看法。他們沒半點相同。

治療師：稍後我們會檢查妳加在自己身上的所有責備。不過現在，妳能夠在這個圖表上做一個記號，來表示妳認為妳該為這個問題負多少責任嗎？

珊蒂標記在大約90%處。

治療師：好的，讓我們想想一個健康的責備位置在哪裡。妳希望在這個圖表上的哪裡呢？

珊　蒂：我知道我對自己太過失望了。但我想，我仍然應該設法幫忙，並且也應該承擔部分責任。或許25%差不多。

珊蒂標記在25%處。治療師認為珊蒂仍然為這個情境承擔了太多責任，但當時她並未專注在這個議題。他們繼續為其他歸因範圍作標記（圖5-4），接著開始討論把歸因往想要的方向移動的方法。

修正歸因的技巧之一，就是要求病人腦力激盪，想出各種可能促成負面結果的因素。因為病人往往以管窺天地把焦點放在他們自己的錯誤上，問一些問題促使他們去考慮不同的觀點，可能會有幫助，例如：「其他人對這個局面可能有怎樣的影響：姻親呢？男方的好友呢？」「命運扮演了什麼角色呢？」「有沒有可能是基因在作怪？」把一系列的問題掃過一遍後，我們有時會運用圓餅圖，來幫助病人採取多面向的角度看待情境。圖5-5顯示珊蒂為女兒的問題歸咎原因的圓餅圖。

練習5-4　檢視證據、去災難化和重新歸因

1. 再次邀請同事透過角色扮演，來協助你練習CBT的技巧。請對方模擬一個需要檢視證據、去災難化以及重新歸因，來改變自動化思考的情境。
2. 接著一項一項來試驗每一種技巧。
3. 在你檢視證據時，使用工作表（參見附錄一〈工作表及清單〉）並寫下支持或反對自動化思考的證據。然後試著在「支持的證據」欄中辨識認知謬誤（如果有的話）。現在幫「病人」改正並記錄一個修正過後的想法。

117

4. 練習去災難化的時候，著重在矯正扭曲的預測。但同時也著力於讓「病人」有因應可能的不良後果的心理準備。
5. 接著，挑選一個可能會對重新歸因有反應的自動化思考。解釋歸因的偏差，然後使用圖表（如同圖5-4）以及／或圓餅圖（如同圖5-5）來幫助「病人」作出更健康的歸因。
6. 練習的最後一步，就是在真正的病人身上實行這三個

步驟，並且和督導討論。

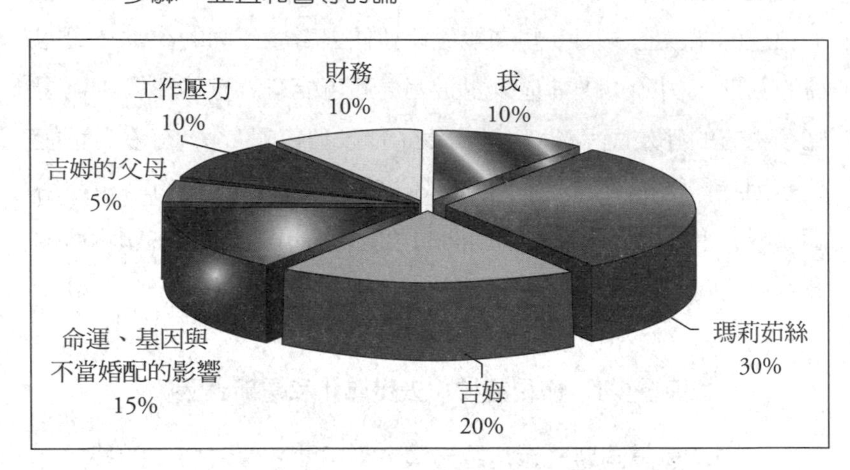

圖5-5　珊蒂的圓餅圖：重新歸因的正向效果

118 **認知預演**

當你面臨一場重要的會議或一份重要的工作時，是否會預先想一遍該說什麼？是否會預先演練想法和舉止，好讓你有更多成功的機會？無疑地，我們會在自己的生活中運用這些策略，而我們也發現，這能幫助病人將療程帶入真實世界的情境中。

我們通常以頂尖運動員為例，來向病人說明這項技巧，例如滑雪選手，他們能想像在賽場上的挑戰，並且事先做好心理準備。滑雪選手必須運用想像力，來思考她在各種情境下該如何反應。如果她撞上一塊冰，或是強風襲來，該如何彌補？滑雪選手也可能要訓練自己保持正向心態，好降低焦慮並專注於比賽。

通常在病人已經運用其他改變自動化思考的方法打好基礎後，才會在療程中引介認知預演。治療早期的經驗讓病人準備好「將一切統合起來」，協調出一個對潛在壓力情境的適當反應。認知預演的進行方式之一，是要求病人進行下列步驟：（一）預先把情境徹底設想一遍；（二）辨識可能的自動化思考和行為；（三）藉由寫出思考改變紀錄或進行其他CBT方式，來修正自動化思考；（四）在心中預演更有適應力的思考方式和舉止行為；（五）實行這個新策略。

當然，教導病人一些方法，幫助他們增加達成目標的機會，通常是有用的。蘇格拉底式問句能幫助他們看到不同的觀點，迷你教導式（mini-didactic）的方法可以用來教導他們技巧，而試驗可以用來充分檢驗可能的解決之道。不過，在現實生活裡嘗試新計畫前，先在治療裡進行預演，通常是最有用的方法。費茲傑羅醫師運用這個技巧，幫助克里斯為即將到來的公司高層主管的視察做準備。

▶ 示範影片十一　認知預演：費茲傑羅醫師與克里斯

因應卡

因應卡的使用，是幫助病人練習療程中所學的重要CBT處遇的有效方法。病人可以把想要用來幫助自己因應重要議題或情境的指導語，寫在索引卡（3×5吋）或更小的卡片（約名片大小）上。達到最佳功效的因應卡，是能辨認出某個特定的場景或問題，然後簡潔地用一些掌握基本原則的重點提示因應策略。表5-5列出幾個幫助病人寫出有用因應卡的祕訣。

119

示範影片十一中，費茲傑羅醫師幫助克里斯在因應卡上記錄他在練習認知預演時得到的想法。克里斯在因應卡上寫下這些合宜的認知，並且計畫把卡片放在皮夾裡，以便在上級來視察他的工廠前，可以常常複習（圖5-6）。

表5-5　製作因應卡的祕訣

一、選擇一個對病人而言重要的情境。
二、規畫治療處遇，目標是要製作因應卡。
三、評估病人實行因應卡策略的預備程度。不要一下子做太多。從可以處理的事情開始。延後處理具有極重大利害關係的議題，直到病人已經準備好接受這些挑戰。
四、定義出問題的情境和將會採取的步驟時，要明確具體。
五、濃縮出指導語的精華。容易記的指導語比較可能起作用。
六、要實際。建議成功度較高的策略。
七、倡導在真實生活中，常常使用因應卡。

另外一個因應卡的例子，取自麥克斯的治療，他是一位雙極性情感疾患患者，在與女友的關係中有強烈的憤怒（圖5-7）。本章中另外提到的行為方法，可以稍後加進來幫助他更有效地處理憤怒，不過麥克斯已經有了一個好的開始。

練習 5-5　認知預演和因應卡

1. 在自己的生活中，找出一個事先預演能幫助你更有成效或更為確信的情境。現在在心中把這個情境想一遍，辨識可能的自動化思考、情緒、合理思考，以及合適的行為。接著，練習用你所能想像最合宜的方式思考和行動。

120

2. 抽出認知預演中的精華，寫到因應卡上。照著表5-5所說的祕訣來寫。提綱挈領地寫出能帶領你處理情境的最佳方式。
3. 在至少一個病人身上練習認知預演。選擇一個你相信情境：公司高層即將來考察我們的生產線問題。
因應策略：
提醒我自己
- 我們非常接近生產目標。
- 工廠裡其他工作小組比我們的成績差。
- 他們並非真的來盯我。壓力會落在我的主管身上。
- 他們只是來問一、兩個問題。他們不是來審問我的。

圖5-6　克里斯的因應卡

情境：我女友遲到，或是做了些讓我覺得她不在乎我的事。
因應策略：
認出我的過激思考，特別是當我使用絕對的字眼，像是「絕不」或「總是」。
從情境中後退一步，在我開始咆哮或尖叫之前檢查我的思考。
想想我們關係中正面的部分——我想她是真的愛我。
我們在一起四年了，我希望可以走下去。
如果我開始狂怒，就要「暫停」。告訴她我需要冷靜一下。散個步，或是到另外一個房間去。

圖5-7　麥克斯的因應卡

病人假如有事先想過，就會處理得更好的情境。另外，試著挑選出可能減少症狀惡化或復發的預演機會，例如回到工作崗位、獲知親戚的健康惡耗，或是被重要的人批評等等。

4. 讓病人寫出至少三份因應卡。藉著指派回家作業促使病人使用因應卡。

121

結論

CBT著重辨識和改變自動化思考，因為這些認知對情緒和行為有強烈的影響。在處理自動化思考的初期，治療師教導病人這種個人的且通常未經檢查的認知，並且幫助他們進入內在的對話。引導式發現是發現自動化思考最重要的方法，不過也有許多其他方法可用。辨識出情緒改變是讓病人看到自動化思考影響感覺的有力方式。其他引出自動化思考的有用方法，包括思考記錄、心像練習、角色扮演和使用清單。

在病人學到辨識自動化思考之後，治療便可轉到運用方法來修正這些認知。有效的蘇格拉底式探問是改變過程的基石。思考改變紀錄在CBT中廣泛運用，來幫助病人形成更有邏輯和更合宜的思考方式。治療師可以運用其他各種實用的技巧，例如檢視證據、去災難化、重新歸因、認知預演和因應卡，來修正自動化思考。隨著CBT進展到後期，病人獲得修正自動化思考的技巧，他們可以自行運用來減輕症狀，更妥善地因應生活壓力，以及降低復發的機會。

參考書目

Beck AT: Cognitive therapy and research: a 25-year retrospective. Paper presented at the World Congress of Cognitive Therapy, Oxford, England, June 28-July 2, 1989

Beck AT, Rush AJ, Shaw BF, et al: Cognitive Therapy of Depression. New York, Guilford, 1979

Burns DD: Feeling Good: The New Mood Therapy. New York, William Morrow, 1980

Greenberger D, Padesky CA: Mind Over Mood: Change How You Feel by Changing the Way You Think. New York, Guilford, 1996

Hollon SD, Kendall PC: Cognitive self-statements in depression: development of an automatic thoughts questionnaire. Cognit Ther Res 4:383-395, 1980

Wright JH, Basco MR: Getting Your Life Back: The Complete Guide to Recovery From Depression. New York, Free Press, 2001

Wright JH, Salmon P: Learning and memory in depression, in Depression: New Directions in Research, Theory, and Practice. Edited by McCann D, Endler NS. Toronto, ON, Wall & Thompson, 1990, pp 211-236

Wright JH, Wright AS, Beck AT: Good Days Ahead: The Multimedia Program for Cognitive Therapy. Louisville, KY, Mindstreet, 2004

【第六章】行為方法I：增進活力、完成任務及解決問題

123 憂鬱症患者常會出現活力低下、享受活動的能力減低、難以完成工作，或是難以解決問題的抱怨。雖然對於身陷憂鬱的患者來說，降低活動標準看似合理或必要，然而經過這樣的調整後，往往卻使得憂鬱的症狀惡化。此外，不管是藉由減少活動或增加行動來處理問題，接踵而來的惡性循環，將導致更進一步的興趣缺乏、無助感增加，或是自尊低下。最後，患者將驟下結論，認為自己對於體驗快樂、完成工作或解決問題，是無能為力的。最嚴重的憂鬱症患者會陷入極端的絕望中，並且放棄任何可以帶來改變的嘗試。

針對憂鬱症和其他精神疾病的治療，認知行為的方法包含了特定的介入方式，用來反轉降低的活力、耗盡的精力、惡化的喜樂不能（anhedonia）、無法完成工作或解決問題的能力。在本章，我們會討論並提出一些特別有效的行為介入方式，來幫助有憂鬱症困擾的患者。雖然這些技巧常用來幫助憂鬱症患者，然而，用在焦慮症、飲食性疾患和人格疾患的認知行為治療上，也非常成功。（請見第十章〈治療慢性、嚴重或複雜疾患〉）

124 在開始實行行為治療程序時，有一個很重要的原則要記住：正面的行為改變，往往與改善的自尊或更加適應的態度有關。同樣地，負面自動化思考或基模的調整，可以用來促進更良好的適應行為。因此，行為方法與認知技巧的共同合作，是為了達成治

療目標的全面策略。本章所提到的諸多例子，將說明結合行為處遇與認知介入的方法，同時也會談到，治療者如何將這些技巧運用在臨床實踐中。

行為活化

我們採用了行為活化（behavioral activation）這個名詞，來描述一個簡單的方法，不僅促進病人產生一連串的改變，也刺激他們產生正向動力和有希望的感覺。治療者幫助病人選擇一、兩個可以讓病人感受全然不同的活動，並協助擬定一個可以完成這個活動的計畫。行為活化的使用時機，可以在治療的早期階段，或是其他更詳細的行為分析或介入方式（譬如：活動排程、分級任務指派）尚未執行前。然而我們也發現，在治療的其他階段，單純且目標導向的行為活化同樣有效。下面這個例子將指出，行為活化在治療的早期，可以快速促進病人從事更多生產性的活動。

案例

傑瑞米，三十七歲的單身男性，在第一次晤談時提到約六個月前，當勢必得結束他的小生意時，憂鬱的症狀開始出現。他的自尊心因此事嚴重受創，使得他羞於見他的家人和朋友。他每天大多數時間都待在公寓裡看電視或閱讀書籍。沒有自己煮飯，也沒有外出和朋友共進晚餐，取而代之的是坐在家裡吃冷凍食品和垃圾食物。自從不再去當地的體育館運動後，傑瑞米的體重增加了十公斤。他不僅把自己視作「失敗者」或「廢物」，在行為上，表現也與這些看法一致。在第一次治療的尾聲，治療師運用行為活化的方法，來幫忙傑瑞米減低憂鬱的症狀。

125 傑瑞米：我覺得我正在浪費我的生命。沒有工作，整天無所事事，也沒有任何有趣或好玩的事可以做。做起事來慢吞吞。

治療師：你有沒有想到做什麼事來改變目前的情況？

傑瑞米：我不知道。（停頓）嗯，我猜我必須要擺脫這個舊習慣。但是我不知道該從哪裡開始。在生意失敗後，我有點放棄了。

治療師：我在想是否有哪件事你現在就可以嘗試，並且做了之後可以讓你覺得好過一些。也許這樣的改變雖然無法解決整個問題，但至少可以讓你重新出發。接下來這幾天，有沒有什麼行動可以嘗試，讓情況開始有所改變呢？

傑瑞米（沉思後）：我可以找我的老朋友文斯，問他要不要一起去打撞球或看電影。過去我們總是一起共度快樂時光。我有兩個月沒有跟任何朋友出去了。

治療師：這是個好主意。根據你所說的，似乎一直孤單讓你覺得很糟。在下一週，除了這個計畫之外，有沒有其他的事情可以做，來幫忙你開始打破這個舊習呢？

傑瑞米：有。剛剛提到最近總是在吃垃圾食物時，我想到自己可以像以前一樣煮東西。雖然是煮給自己吃，但我喜歡煮東西。我知道怎樣煮好吃的東西，同時卡路里不會太高。

治療師：這也是一個好主意。為了讓你的計畫更具體，在下一次的會談中，我們會討論實際的計畫表。在我們下次碰面前，你想做些什麼呢？

傑瑞米：我會連絡文斯，並且在這個週末做些安排。如果文斯不行，我會找其他朋友。

治療師：好極了。何不開始煮東西呢？你最喜歡煮什麼？你會如何計畫？

傑瑞米：我還沒有準備好招待別人，但我會依照我自己的食譜，出門買一些食材，為自己做幾道好吃的菜。

因為傑瑞米重度憂鬱中，無法從事那些讓他快樂的活動，因此治療師要小心，這時應該避免建議太困難或難以完成的計畫。在這個案例裡，病人選擇了一些他自己可以達到的活動，不僅增加他快樂的感覺，同時也不致造成失敗的經驗。萬一，病人在這個時候選擇的是難以執行或容易有負面結果的計畫，治療師必須幫助病人選擇其他比較容易成功的活動。

病人在第一次會談，常常對於做出改變感到興趣。他們想要朝正確的方向前進，並尋求一些可以採用的準則來實行。因此，當治療師提議一個立即的行動時（儘管在治療的早期），病人往往會接受這樣的建議，並且認為他們可以和治療師共同合作，來完成更大的目標和處理更大的難題。行為活化不是高難度或複雜的方法，它可以幫助病人開始突破退縮或不活動的模式，讓病人了解進步是可以達成的，同時也激發他們恢復健康的希望。這樣的介入方法，不管是在治療的後期或慢性疾患治療的維持期，都同

126

樣有良好的效果。

案例

喬琴是一個雙極性情感疾患的女性患者，在一個精通CBT的精神科醫師的幫助下，接受每個月一次、每次20分鐘的治療。雖然最近她的醫師在原本的鋰鹽（lithium）和理斯必妥（risperidone）外，還加上了樂命達（lamitctal），但過去的兩個月來，喬琴仍持續有中等程度的憂鬱症狀。

某次治療中，喬琴提到她暫停了教堂的唱詩班、退出成人進修班，白天睡覺的時間大幅增加。她的治療師擔心，活動減少會使憂鬱的症狀更加嚴重。因此，治療師選擇了一個簡單的行為活化方式來幫助她，而非採用更多如下文會提到的活動排程、分級任務指派之類精細的技巧。

治療師：我擔心當妳減少一些平常喜歡的活動後，比方說教堂的唱詩班或成人進修班，會使妳的情況更糟。妳認為呢？

喬　琴：我想你是對的。但是當我感到沮喪時，我沒有力氣去做那些事。我只想窩在家裡，不想面對這個世界。

治療師：如果妳整天睡在床上或窩在沙發上，那將會如何？

喬　琴：一開始會覺得不錯。但後來我會開始認為自己一點都不重要，或者沒有人在乎我。

治療師：接下來這週，妳可以想件妳可以做的事情來做，以減少窩在沙發的時間嗎？如果妳不想參加唱詩班，我想一定有其他更值得做的事情可以考慮。

喬　琴：我了解你要說的了。退出每一件事並不是個好主意。我只是缺了兩堂課而已。我會在這個禮拜四開始去上課。

治療師不僅和喬琴有良好的治療關係，同時也非常了解她的情況，因此可以很快地採用行為活化的方法，來防止喬琴陷入更嚴重的憂鬱症狀中。表6-1所列出的建議可以幫助治療師有效地實施行為活化。

活動排程

當疲勞和喜樂不能持續惡化，病人覺得精疲力盡，並且認為自己無法經驗快樂的時候，活動排程也許可以帶來幫助。這個系統化的行為治療方法經常在CBT中被採用，能使病人重新恢復活動，並且幫助他們找到方法來重拾生活樂趣。中重度的憂鬱症患者最常運用活動排程。然而，在治療難以規畫生活或從事生產性活動的病人時，活動排程也有幫助。活動排程著重在活動的評估，以及增加掌控感和愉悅感。這些方法將在下文茱麗安娜的案例中介紹，案例之後會有更進一步的描述。 128

127

表6-1 行為活化的小技巧

一、**行為活化實施前，發展共同合作的治療關係**。不要本末倒置。如果病人和治療師未能建立共同合作的治療關係，行為活化的方法將會失敗。病人願意實行這些計畫的部分原因是因為，他想要與你一起努力，並且可以了解做這些改變的理由。

二、**讓病人做決定**。雖然治療師可以指導病人哪些行動對他的幫助較大，但是如果可以的話，還是盡量讓病人自己做決定。

三、**判斷病人是否已準備好面對改變**。行為活化實行前，先評估病人對於這個計畫的動機強度以及開放度。如果病人尚未做好準備，也不想立刻做些事情來改變現狀，那麼就暫停這個計畫；相反地，如果病人已經做好準備，要開始往正面的方向前進，就要打鐵趁熱。

四、**幫病人暖身以進入行為活化**。利用蘇格拉底式問句或其他CBT的介入方法來為病人的改變鋪路。藉著一連串的問句，來告訴病人關於採取行動或做些改變的好處，像：「這樣的改變讓你感覺如何？」是個不錯的問句。如果回答是正面的，表示這個行動還滿有機會奏效，病人比較會堅持到底。

五、**設計可達成的任務**。行為活化方法的選擇，需要考量病人的體力及面對改變的能力。仔細評估行為活化的每個細節，讓這個計畫帶給病人足夠的挑戰，卻不至於造成過重的負擔。如果病人有需要，也可以做簡短的特別指導，讓整個治療計畫得以順利進行。

案例

茱麗安娜是一位重度憂鬱症患者，非常適合活動排程的治療計畫。她是二十二歲的波多黎各女性。接受CBT的一年前，她的哥哥因為車禍過世。哥哥過世後，茱麗安娜暫停了大學的課業，回到家裡安慰並照顧父母親。一個學期過去了，因為她的哀傷強烈、無處宣洩，使她沒有辦法回到學校上課。因為父母了解她的難過，所以沒有勉強她復學或是找份工作。哥哥過世的這幾個月以來，儘管朋友們試著以支持的態度來鼓勵她度過難關，但她持續拒絕外出聚餐的邀約，也不理會朋友們的電話問候。最後，她的朋友們漸漸離她而去。

茱麗安娜的家人悉心照料她，對她沒有任何要求，她也不需要外出工作。大約一年後，她的父母親認為她已漸漸克服了哥哥過世的傷痛，但她在行為上卻有了明顯的改變。她的舉止變得比較嚴肅，顯得更孤僻、更趨於內省。因為茱麗安娜的情況看似好轉，她的父母去工作或外出旅遊時，便很放心地讓她獨自留在家中。然而，有一天她母親提早下班回家時，發現茱麗安娜正準備要在她的衣物間裡上吊自殺。

經過短期住院及藥物治療後，茱麗安娜的情況逐漸改善，並且被轉介到門診部門進行CBT。根據茱麗安娜病情的嚴重度，開始治療的策略集中在增加茱麗安娜的日常活動，使她不僅有機會得到朋友的支持，對於自己的容貌較有信心，也可以練習社交技巧，讓她大致覺得像回到過去那未生病時的自己。在介入時，一開始要評估她現階段活動的程度和可以帶給她愉悅的經驗，以及她對這世界感受到的掌控程度。

活動評估

因為憂鬱症病人不容易報告他們的正向經驗，較強調負面的感受，且習慣看到失敗而忽略成功的經驗，所以病人的自我報告不如療程間所做的一週活動紀錄準確。因此，表6-1的每週活動排程表可以當作病人的回家作業，但在使用這個表格之前，病人必須充分了解這個表格在使用上的一些觀念。更多這個格式的內容可以參考http://www.appi.org/pdf/wright。從治療當天開始，要求病人在每次療程前，填完所有的空格，不管內容多麼瑣碎，都鼓
129
勵病人把實際發生的事記錄下來。譬如說，活動可能包括洗澡、打扮、吃飯、旅行、講電話、和人交談、看電視和睡覺。如果病人抱怨沒有力氣或無法專心，可以請病人專注完成當中的一天，或是一天的某個時段。應用在住院時的活動紀錄表格，往往是一天裡面的活動，而非一整個星期的活動（Wright et al. 1993）。

為了了解排程表裡的活動對病人生活實際的影響情況，可以請病人針對每個活動所帶來的愉悅感、掌控感或成就感評分。每一項可以是0-5分或是0-10分（Beck et al. 1979, 1995; Wright et al. 2003）。在掌控感的部分，以0-10分來看，0分表示這個活動並未提供有成就感的經驗；反之，10分表示這個活動帶給病人很大的成就感。有些病人認為洗碗或為自己沖杯咖啡等小事不重要，而給予很低的分數。一旦出現這樣的情況，我們要幫助病人了解愉悅感和掌控感的整體概念。鼓勵病人給予這些低成就的事情正面評價，告訴他們每個進步都是由這些小小的成就累積而成。譬如說，對很久不動的憂鬱症病人來說，可以自己動手做早餐是邁向復原過程的一大進步，因此值得給予8或9分。以茱麗安娜在圖6-2的活動紀錄為例，因為她已經連續幾個月都逃避回覆電話，所以如果可以回覆電話，其實是一項很大的成就。因此當她能打電話時，在0-10分的成就評分項目中，她給自己8分的高分。若是以前，茱麗安娜只會將回覆電話評為4分，因為那根本毫不費力。

對中重度的憂鬱症患者來說，往往愉悅感這個項目的分數會

每週活動排程

指導語：寫下每個小時的活動，用0-10分對這活動的掌控度（m, mastery）或完成度，以及樂趣（p, pleasure）或是從中得到的愉悅程度評分。0分表示完全沒有掌控感或是不覺得愉快，10分則代表完全掌控或是高度愉快。

	星期日	星期一	星期二	星期三	星期四	星期五	星期六
8:00 A.M.							
9:00 A.M.							
10:00 A.M.							
11:00 A.M.							
12:00 P.M.							
1:00 P.M.							
2:00 P.M.							
3:00 P.M.							
4:00 P.M.							
5:00 P.M.							
6:00 P.M.							
7:00 P.M.							
8:00 P.M.							
9:00 P.M.							

圖6-1　每週活動排程表

很低，常見的理由有兩個。第一個原因，一般人覺得很快樂的活動，病人很少參與；第二個原因，病人對於歡樂或是快樂的感覺仍然麻木。如果一件本來應該會使病人大笑或微笑的事情，被認為只不過是理智上有趣，會使這類事情的快樂分數偏低。在病人憂鬱的症狀改善前，盡量減少病人對於愉悅感覺的錯誤期待。當病人認為一個活動過於無趣，而給予0分的評價時，要鼓勵病人，只要稍微體驗到一點樂趣，就至少給予這個活動1-3分的評價。

131

表 6-2　活動監測

- 病人是不是會在某個固定的時段感覺到快樂？
- 什麼樣的活動帶給病人快樂？
- 隔幾天重複做這些活動時，依然會感到快樂嗎？
- 什麼樣的活動會帶給病人更多的成就感？
- 這些型態的活動可以被安排在其他日子裡嗎？
- 一天當中有哪些固定的時段，病人愉悅感和成就感的分數同時都很低？
- 在那樣的時段中，能做些什麼調整來改善活動的型態？
- 是否出現因為和他人互動而分數提高的情況？如果有，是否能增加社交接觸？
- 病人過去常做的活動，目前是否被暫停或減量？有沒有機會讓病人對於這些活動重拾興趣呢？
- 有沒有哪些活動病人可能感興趣（例如運動、聽音樂、宗教活動、美術、手工藝、閱讀、義工、烹飪），但卻被他／她忽略了呢？病人是否願意考慮在排程表中增加一些新的或不同的活動？

對於和父母親共進晚餐的愉悅分數，茱麗安娜只給1分。當問到晚餐時感受到快樂的細節時，她舉出了和媽媽在一起的舒適感、混著奶油的馬鈴薯泥，以及小時候最愛的飯後甜點香蕉布丁。在問到有三項快樂的事卻只得到1分的原因時，她把分數改為4分。在與家人共進晚餐時，她很容易想到哥哥的過世，因而使她的心情快樂不起來。儘管如此，當她重新思考與家人共進晚餐的正面因素後，整體而言，共進晚餐這件事仍是愉快的。因為這樣的討論與調整，茱麗安娜重新評估了其他項目，提高了部分活動中愉悅感的分數。

表6-2的問題有助於你評估和改變病人的活動概況。

茱麗安娜的活動評估表顯示，當她參與室外活動，或嘗試與朋友聯繫（打電話）時，愉悅感的分數明顯較高。一個最讓她快樂的活動是出門蹓狗。一個人在家什麼事都沒做的時候顯得最不快樂。普遍來說，因為她對生產性活動的參與程度大舉滑落，使得掌控感的分數通常偏低。此外，她對於未來沒有計畫，也間接影響了掌控感的分數。茱麗安娜抱怨生活毫無意義。她不太需要做家事、不用上學、不需工作、和之前的朋友失去聯絡，同時也對生活缺少積極的投入與期待。所以，茱麗安娜需要找到一些可以給予她目標感和成就感的活動。

在活動評估的技巧應用上，也可以請病人在參與每個活動 134
時，針對當時的心情給予0-10的評分，在示範影片十二裡，泰斯醫師檢視愛德針對每項活動的心情評分，幫助病人了解活動內容與心情變化之間的關係。他們共同設計出最可能改善心情的活

每週活動排程

指導語：寫下每個小時的活動，用0-10分對這活動的掌控度（m, mastery）或完成度，以及樂趣（p, pleasure）或是從中得到的愉快程度評分。0分表示完全沒有掌控度或是感到愉快，10分則代表完全掌控或是高度愉快。

	星期日	星期一	星期二	星期三	星期四	星期五	星期六
8:00A.M.	醒來 m-2 穿衣服 p-0				醒來 m-3 穿衣服 p-1		
9:00A.M.	和父母去教堂 m-3 p-4				蹓狗 m-5 p-7		
10:00A.M.		醒來 m-3 穿衣服 p-1	醒來 m-3 穿衣服 p-1	醒來 m-3 穿衣服 p-1	治療 m-7 p-6		醒來 m-2 穿衣服 p-1
11:00A.M.		蹓狗 m-4 吃早餐 p-6	蹓狗 m-4 p-5	蹓狗 m-4 p-5		醒來 m-3 穿衣服 p-1	蹓狗 m-4 吃早餐 p-5
12:00P.M.	和父母吃中餐 m-4 p-2					蹓狗 m-5 p-6	整理房間 m-6 p-3
1:00P.M.			吃中餐 m-2 p-2	吃中餐 m-2 p-2			手洗衣物 m-7 p-4
2:00P.M.	看報紙 m-4 p-2	收信 m-3 p-1	收信 m-3 p-1	收信 m-3 p-1	收信 m-4 p-2	收信 m-4 p-3	

	星期日	星期一	星期二	星期三	星期四	星期五	星期六
3:00P.M.	讀雜誌 m-4 p-4						
4:00P.M.		看歐普拉脫口秀 m-1 p-3	看歐普拉脫口秀 m-1 p-3	看歐普拉脫口秀 m-1 p-3	看歐普拉脫口秀 m-1 p-3	買晚餐食物 m-6 p-2	
5:00P.M.						蹓狗 m-5 p-7	蹓狗 m-5 p-7
6:00P.M.	蹓狗 m-4 p-5	和父母吃晚餐 m-2 p-4	和父母吃晚餐 m-3 p-4	和父母吃晚餐 m-3 p-4	和父母吃晚餐 m-3 p-4	獨自用晚餐 m-5 p-3	自己烹飪和用晚餐 m-5 p-4
7:00P.M.	和父母吃晚餐 m-2 p-4	蹓狗 m-4 p-6	蹓狗 m-4 p-6	蹓狗 m-4 p-5	蹓狗 m-5 p-7		
8:00P.M.	和母親看電視 m-2 p-4	打電話 m-8 p-5		和母親看電視 m-2 p-5		自己看電視 m-2 p-2	自己看電視 m-2 p-3
9:00P.M.							

圖6-2　茱麗安娜的活動排程

動。在愛德的案例中，其中一項活動是恢復他洗澡時唱歌的習慣。雖然對不曾經歷過喜樂不能的人來說，這些活動顯得平凡或不太重要，但對於患有憂鬱症的人而言，這樣的活動可以幫助他們打破負向的行為模式，並開始走出憂鬱。

▶示範影片十二　活動排程：泰斯醫師與愛德

增加掌控感與愉悅

如果治療師發現病人在日常生活中無法感受到掌控力或愉悅，我們可以幫助他們擬定療程之間覺得自己很好的活動，來改善現況。一開始請病人列出所有好玩的活動，在監測練習中有較高愉悅感的項目也包含進來，還可以和病人一起腦力激盪，列出一些可能值得嘗試的新想法。（參考表6-2的問題）。接著，共同決定在每天的日常生活中加入哪些活動。選擇特定的時間來執行，並將結果寫在活動排程上，做為下週的治療計畫。

接下來，可以利用活動監測練習的方式，來選擇最能增加掌控感的活動。舉例來說，茱麗安娜對於有能力自己做晚餐或是完成日常瑣事，給自己較高的掌控感分數。我們可以鼓勵病人持續高掌控感的活動，或是調整部分的活動內容來增加掌控感的分數。如果病人完成了目標清單，就可以在活動排程中加入完成任一所列目標所需的努力。

完成排程後，評估病人對於自己改變活動程度能否成功有何看法。注意病人所報告的負向自動化思考。在繼續進行下一個議題前，詢問是否有阻礙病人遵循排程活動的因素。設計一套策略來排除困難。此外，還要提出備案，以防病人受到不可預測的因素影響，而無法進行任何預定的活動。完成上述的準備後，接下來的幾週，重新擬定新的活動排程，並請病人針對每個活動的掌控感和愉悅感評分。在下次療程中檢視計畫，若有需要就再修改。通常當病人可以主動進行一些令人愉快的或有成就感的活動時，治療早期所訂定的活動排程就可以暫告一個段落。然而，當病人持續出現喜樂不能、無法規畫有效的行為計畫表，或是有拖延的問題時，我們也會在稍後的治療中，再次使用活動排程。

135

練習6-1　活動排程

1. 完成自己一天的生活排程表。並針對每個活動的掌控感和愉悅感評分。
2. 利用角色扮演的方式向同事介紹活動排程。
3. 在平常的治療中使用活動排程。

分級任務指派

分級任務指派的方法（Graded Task Assignments, GTA），是把複雜的事情拆解成更小單位或更容易操作的項目。GTA可以和活動排程併用，用來增加病人的掌控感。當病人拖延家事（例如整理家務或庭院）、無法及時完成有時效性的複雜工作（例如付帳單或填寫稅單），GTA尤其有幫助。此外，對於需要長時間持續的努力才能達成的目標（例如減重、拿到高中文憑或是大學學位、離婚訴訟），GTA同樣有用。如果病人認為某個任務過於困難而無法完成時，那麼GTA就是問題的解答。

藉著聆聽病人對那些需要專注力的任務的看法，以開始GTA。在開始GTA前，評估他們的負向自動化思考及其有效度。災難性思考以及全有全無思考，會阻礙治療計畫的進行。若病人出現上述的負向自動化思考，請他們寫下修正後的想法，並加以分析討論，之後再開始行為練習。萬一負向思考在治療過程中出現時，建議他們用先前寫下來的修正想法來提醒自己。下面，我們將以羅伯特為例，說明辨識出自動化思考對於治療計畫的幫助。

136 **案例**

治療師：當你想到要繳稅時，心裡出現哪些想法？

羅伯特：腦袋一片空白，不知道要從哪裡開始。

治療師：利用一點時間，想像自己在家裡，電視正在播放關於繳稅的廣告。你會想到什麼？

羅伯特：我覺得喉嚨很緊，想要轉台。

治療師：想轉台是因為你想到什麼呢？

羅伯特：我必須繳稅。去年我沒有完成繳稅的動作，如果我今年再不完成這件事，國稅局會盯上我。我不知道要從哪裡開始，也沒有申報的表格。我沒有辦法請別人幫忙，如果他們知道我去年沒有繳稅，那就糗大了。現在這件事真是壓垮我了。

治療師：當你想到填寫稅單時，會覺得很不安？

羅伯特：你說對了。

治療師：當你覺得不安時，去繳稅的幹勁會受到影響嗎？

羅伯特：我一點都不想處理它。拖一下，改天再說。

治療師：如果你覺得有能力來面對繳稅相關的壓力，你會想要怎麼做來解決這個難題呢？

羅伯特：我想應該要做些什麼。

治療師：如果有個方法可以讓這個事情變得簡單，你覺得會如何？

羅伯特：如果事情比較簡單，我會比較能夠處理。但這件事一點都不容易。

治療師：我想到一個可以幫你的方法。

羅伯特對於繳稅顯得不知所措，部分原因是他不確定要從何處著手。此外，如果請別人幫忙，對於別人的反應，他已經做了一些武斷的認定。治療開始前，治療師先著手改變羅伯特不能請別人幫忙的想法。當這樣的想法改變後，接著兩人把繳稅這件事拆解成幾個小部分，並且擬定完成的排程表。

關於GTA的行為治療部分，要列出整體任務的每個小部分，並且以合理的順序重新排序。由於難以完成的任務總有許多方法可以嘗試，因此在擬定行動治療計畫前，先討論一些可行的辦法，往往很有幫助。

羅伯特認為最好的方法是，找一個人來幫忙他完成繳稅的工作。他的姐姐莎莉絲認為在請別人幫忙之前，最好他可以先整理手邊的資料並且收集一些相關的表格。他的媽媽布蘭達則建議他最好先跟國稅局聯絡，以確定應該先完成去年還是今年的稅單。與治療師討論這些可行的辦法

137

後，羅伯特選擇他原來的決定，就是尋求協助。只是，對於繳稅這件事，他顯得不知所措，不知道到底該怎樣開始。所以他決定請莎莉絲幫忙，做為完成繳稅任務的第一步。

接下來的步驟包括找出並整理手邊現有的資料，從國稅局的網站下載合適的表格，與莎莉絲約定填寫表格的時間，並且打電話給國稅局，了解去年的稅單要如何完成。因為羅伯特不確定這些事情該如何排序，並且認為可能還有其他的步驟要執行才能完成繳稅，因此，他請教莎莉絲關於這些事情的執行排序，並且問她是否有其他步驟需要加進任務清單中。

當病人在後續的治療中有進步時，治療師應該要讚美他們的努力，並且詢問進步帶給他們怎樣的感覺。強化認知行為的模式，再次說明正向的行為改變能改善心情、增加自信，而能樂觀看待未來的努力。詢問他們進行下一個步驟的動機，必要的話，討論並調整他們的負向自動化思考。完成GTA的前面幾個項目後，有些病人會覺得他們有足夠的能力來完成剩下的部分，而不需要治療師的協助。其他病人仍需要治療師持續的指導來維持進展。當活力和動機回到了往常的水準，也許就不再需要GTA來引發活動了。

有時候，GTA也不一定會成功。一個常見的原因是步驟過於複雜，病人沒有辦法順利完成，或者所費精力超過病人的負荷。在上述情況中，複雜的步驟需要被拆解成更小的細項。治療師必須考量病人的狀態是否能配合這些小細項所需的精力及時間。另一個常見的原因，是病人被負面自動化思考淹沒，以致阻礙了計畫的執行。當任務很困難時，一開始的嘗試可能不如預期成功。當患者有非黑即白的信念時，即使有些許進步，他們也不會給予自己肯定；換言之，部分的成功也會被視為失敗。設計GTA時要注意，每一個步驟都要在病人的能力範圍內。當無法確定時，寧可使任務過於簡單也不要過於困難。

在示範影片十三中，泰斯醫師使用了GTA以及活動排程的組合，來幫助愛德擬定計畫，以完成指派的重大任務。愛德是一個新聞撰稿記者，常常需要面對企畫案的截止日期。雖然因為憂鬱而變慢，但他仍有足夠的能力在GTA計畫中發揮。在把每個活動拆解成分離的細項，並且定出執行時間後，愛德成功完成這個企畫案的機會將大幅提高。

138

▶示範影片十三　分級任務指派：泰斯醫師與愛德

行為預演

任何你希望病人在治療之外執行的行為計畫，最好都能在療程中事先預演，才能（一）確定病人完成這些活動的能力；（二）練習行為技巧；（三）給予病人回饋；（四）辨識可能的阻礙；（五）指導病人，並針對治療計畫所帶來的正面結果給予保證。下面這一個例子，將說明行為預演如何幫助病人在人際互動上更為果決。

柏妮絲是單親媽媽，她五歲大的兒子班有時很難管教。因為班在很小的時候，父親就離他而去，所以柏妮絲和她的父母對於班感到虧欠，對他十分溺愛，藉此彌補父親的缺席。班很聰明，當他想要的東西母親不給他時，他知道外公會盡可能滿足他。舉例來說，柏妮絲告訴他：「你不可以在床上跳來跳去。」他會說：「拜託，拜託，拜託」，然後開始哭。柏妮絲試著嚴格規範這件事，但沒多久她發現，她的父親即使知道她不允許這樣的行為，還是允許班在床上跳來跳去。以前，柏妮絲最後會如班所願，但她現在努力對班設定更一致的規範。她希望父親也這麼做，但她不知道該怎麼說，才能避免讓她的父親受傷或抗拒。最後是她什麼都沒說，讓她的兒子繼續操弄這樣的情況，學習到行為可以有雙重標準。

面質不是一件容易做到的事。對病人來說，不僅可能做不好，甚至還有可能嚴重傷害對方的感受。柏妮絲在與父親互動時就面臨這樣的問題。她希望在教養班的問題上顯得果決，但同時擔心這樣做會使她和父親的關係更緊張。充分討論後，一個有用的方法是，鼓勵病人練習他們所要說的話，並且由治療師給予回饋。這是一個行為預演的常用方法，這些步驟有助於病人系統化地說明一個難以表達的意見。

139

一個行為預演的例子：與他人溝通時更為果決

一、以概括的想法開始。請病人敘述，若情況許可，他與別人最理想的溝通情況會是如何。

二、幫助病人，讓他的想法能夠明確陳述出來。避免拐彎抹角或任何模糊或曖昧的說法。鼓勵病人明確表達他們的意見，然後對於你所聽到的內容給予回饋。接著要調整病人說話的內容，使之更貼近病人心中真實的想法，同時也提高達成所想要結果的可能性。

柏妮絲開始的陳述是這樣：「爸，我想要跟你談談關於班請求事情的習慣。你知道，我們不應該讓他予取予求。」雖然這樣的陳述只表達了部分問題，但避免了直接告訴父親，他就是必須改變行為的人。過去，當她向父親這樣說的時候，她的父親會回答：「好，親愛的，我同意。」之後，隨著她溝通技巧的進步，她換了另一種說法：「爸，班做些我們不喜歡他做的事情，常常得逞，我想跟你討論一個新的策略來處理。比方說，在床上跳來跳去這件事，就算他請求或發牢騷，我都會說『不行』，並且嚴格執行這樣的規範。他需要在小時候學會守規矩，養成聽我們建議的習慣。我需要你幫忙完成這樣的工作。當你聽到我規範班時，儘管你可能不同意我的做法，或是認為我對他太過嚴格，我仍需要你的支持，並且用相同的標準規範他，你願意試試看嗎？」

三、使用「好消息，壞消息，好消息」的溝通方法。鼓勵病人用正面的陳述或讚美來開始交談。在談到關於決斷或是有面質成分的內容後，立刻再引出一個正面的陳述。舉例來說，一開始的正面陳述可以是：「我很感激你願意花時間跟我見面」、「你跟某某人共事時的表現很好」、「我很感謝你對我所做的一切」。結束的正面陳述可以是：「謝謝你聽我說話；我很感激你願意聽我說」，或是「我就知道可以指望你聽我說；我覺得和你講完話後感覺好多了。」

140 **四、進行角色扮演的練習**。在系統化的陳述完成後，請病人預測對方會如何回應。引導出最好結果的劇本（best-case scenario）、最壞打算的劇本（worst-case scenario），以及最可能情況的劇本（the most likely scenario）。讓病人練習最好結果的劇本，並且提供回饋。練習最壞打算的劇本，向病人挑戰，讓病人即使面對對方可能的負面反應，仍要堅持己見。此時，幫助病人練習如何回應。最後，練習最可能情況的劇本。

五、引導出病人對於事情結果的預測。針對任何可能的負面結果，試著腦力激盪，以避免事情變糟。此外，需要審慎地選擇說話的時間與地點。當對話的反應不佳時，要有因應的策略。

柏妮絲知道，最好不要在她父親肚子餓或是忙碌時，提出這個棘手的議題。她計畫在星期六的中餐後討論，此時班會睡午覺，這個時段同時也是她父親最放鬆的時候。如果討論不順利，她可以盡快道歉，感謝他是一個這麼好的祖父，並建議他們以後再談這個問題。

在CBT裡，行為預演有很多方式。例如，可以練習呼吸訓練來減低焦慮、利用暴露法來克服恐慌或規避、練習一些讓自己停止強迫行為的策略。（請參考第七章〈行為方法II：降低焦慮及打破規避的模式〉）此外，也可以進行行為預演來增加遵從醫囑的行為（如：以更有效率的方式和開藥的內科醫師溝通、將複雜的藥物療法規劃好、執行一套提醒服藥的辦法等)。另外，練習問題解決的角色扮演（見以下的練習6-2），或者運用技巧處理社交焦慮（像是如何簡短談話）時，也可以應用行為預演。

練習6-2　完成任務

1. 針對一個有挑戰性或是困難的任務，和同事做角色扮演的練習。
2. 首先使用GTA的方法，提出一個完成任務的計畫。
3. 針對所擬定的計畫，使用行為預演的模式，建立實行技巧，並且找出可能的潛在困難。
4. 利用角色扮演來練習另一個行為預演計畫。

問題解決

當病人無法解決問題時，可能是由於**表現**不佳或是**技巧**不足。表現不佳的人是雖然有足夠的技巧解決問題，但由於憂鬱、焦慮、壓力過大或是無助的感覺，使得他們無法有效地發揮。相對地，技巧不足的人則是無法去分析問題的本質，也無法想到合理的解決方法。技巧不足的人常常很難解決生活中各方面的問題，或者，選擇一些之前已經失敗，或是只會讓事情更糟的方法。對於那些表現不佳的人來說，藉著討論及修正那些讓他們無法完全發揮的因素，就可以獲得幫助。然而，對於技巧不足的人來說，也許他們需要更基本的問題解決訓練。

治療在問題解決上表現不佳的人

表6-3舉出一些會影響問題解決效能的常見因素，包括一些與身體或心理疾病相關的症狀。例如，憂鬱症會損害專注力，也會干擾解決問題所需的認知功能。其他的阻礙包括缺乏足夠的資源來面對問題（比方經濟、智能或生理上的限制），或病人希望找到一個理想的或完美的方法來解決問題，但這樣的標準往往難以達成。

表6-3　有效問題解決的阻礙

認知功能缺損	無法專注，思考變慢，下決定的能力受損
情緒負擔過重	覺得不知所措，煩躁，焦慮
認知扭曲	負向自動化思考，認知謬誤（災難式思考、全有全無式思考、誇大），無望感，自我批評
規避	拖延，遺忘
社會因素	他人對立的意見，批評，缺乏支持
實際問題	時間不足，資源有限，問題超過可控制範圍
策略因素	試圖找出完美的方法，用單一策略解決數個相關的問題

認知功能缺損

當注意力的涵蓋幅度減弱、難以集中精神，以致無法專注於問題時，刺激控制（stimulus control）的方法也許可以派上用場，做法包括調整物理環境以限制或避免干擾源，以利任務的完成。142 此外，還要辨識出環境中可促進目標達成的因素，加以應用。如果病人難以持續專注，那麼混亂與吵雜的環境會更讓他分心，無法完成任務；反之，安靜、秩序井然的環境則會幫助他專心，利於完成任務。

案例

強納森因為擔心無法付清帳單而失眠，工作時因為擔心經濟情況而分心，此外，他有經常性頭痛的困擾。為了解決帳單問題，他得先弄清楚哪些帳單需要馬上繳清、哪些可以拖一下、帳單什麼時候到期、總共欠了多少錢。晚餐後，他一直坐在餐桌上處理這些帳單，但他發現自己無法專心完成這個工作。治療師問他，在處理帳單時，四周有哪些事正在進行？強納森回答說，他的太太正在廚房裡洗碗，洗碗的聲音很吵；他的小孩正開心地看著電視上的喜劇，笑得很高興。雖然他希望他們可以安靜片刻，但他知道他們只是孩子，而且小孩的笑聲讓他覺得不錯。此外，他的大女兒通常會在廚房裡講電話，雖然他從不仔細去聽說話的內容，但他的確很擔心女兒可能正在和那個偶爾會載她回家的年長男孩講電話。治療師認為，強納森在這樣的環境下，的確難以專心及解決問題。

藉由刺激控制的方法，可以減少分心，創造有利於完成目標的環境，進而幫助個案專心以及解決問題。

強納森需要一個沒有外來的視覺與聽覺刺激的工作環境。他需要足夠的空間將帳單分類；他需要一些工具，包括紙、鉛筆、計算機。他需要足夠的時間及體力來完成工作。週間難以滿足上述條件，因為房子太小，缺乏安靜的空間，而且在工作一整天後，他總是很疲倦。沒有得到憂鬱症的時候，他可以藉著自我調整把事情處理好。現在的

143

他不僅無法集中精神，而且無法了解環境因素是他難以處理帳單的原因。在治療師說明刺激控制的基本原則後，強納森認為他需要在星期六早上排出一段完整的時間來處理帳單。他選擇了小孩還沒起床，他的太太也還沒開始做早餐的那段時間。

影響專注的刺激干擾包括了視覺與聽覺。在製造安靜的環境以助專心的同時，也可以安排一個鮮少視覺刺激的環境。對桌上堆滿雜物的的人來說，這樣的方法特別有用。為了減少視覺上的干擾，可以請病人清出一個完整的空間，把雜亂的資料分類，並且一次只做一件事情。

情緒負擔過重

減低情緒的過度負擔有助於問題解決。接下來在認知扭曲中提到的認知重建方法，可以用來減低煩躁不安或是痛苦的情緒。放鬆練習、禱告、聽音樂、運動、按摩、瑜伽，或是能誘發片刻幸福感的自我照顧行為等，都可以考慮嘗試。此外，散步、洗熱水澡、享用豐盛的大餐或坐在花園裡也都不錯。這些活動的目標是為了減少壓力，而非鼓勵個案逃避工作。當個案覺得比較平靜放鬆後，就會開始處理問題。稍後，如果又出現情緒負擔過重的情況，可以再次休息片刻以減少壓力。

認知扭曲

認知重建方法的關鍵（見第五章〈處理自動化思考〉），在於教導個案如何把治療時學到的技巧運用在實際的日常生活中。在治療中，個案學會辨識負向自動化思考及認知扭曲的改正技巧，之後就可在平時運用這些技巧去理解並處理所遇到的環境問題。辨識以及修正認知謬誤的方法，是認知重建技巧的一個好例子。憂鬱症的個案往往過於高估問題的真實嚴重性、低估他們面對困難的能力或資源、過度自責、過度放大問題的意義。如果個案可以辨識這些認知的謬誤，加以校正，將可以更清晰地看出事情的全貌和解決問題的機會。

144

規避

本章其他部分所提到的技巧，可以用來幫助病人克服規避的問題。（請參考之前提到的「活動排程」以及「分級任務指派」二節）。在第七章〈行為方法II：降低焦慮及打破規避的模式〉中，我們將會提到其他的方法，來幫助焦慮症的個案克服規避的問題。上述的這些行為方法都與組織一個系統化的計畫有關，如此方能克服無助或麻痺的恐懼，按部就班地採取行動。

社會因素

當個案尋求重要他人的建議時，可能會得到許多寶貴的意見。然而，這些意見本身可能是相衝突、沒有效率或是有傷害性的。因此，為了幫助個案整理這些建議，治療師可以請他們分析並權衡每一個建議的優缺點，同時也評估自己所想到的方法。接著，謹慎地決定一個兼具最大利益與最小缺點的解決方案。

如果個案擔心重要他人會因為建議未被採納而生氣，鼓勵個案檢視發生這種情形的可能性。的確，有些人對於他們所給的建議較為關注，也希望提問的人採納他們的建議。對於低自尊且猶豫不決的個案來說，不採納這些人的意見很可能會造成新的問題，因此治療師必須教導病人，如何與這樣的人有效地溝通。

問題解決最困難的障礙包括：（一）缺乏社會支持；（二）家庭成員、朋友或其他人的批評與輕蔑；（三）其他人主動阻擾解決問題，譬如，仳離的伴侶不希望個案服用藥物，希望帶給個案最大的痛苦；儘管個案努力地幫助自己的孩子尋求治療，但孩子卻持續使用非法毒品；老闆非常愛批評，卻又不願意給予病人 145 達到他期望的明確指示。的確，上面的這些問題都不容易解決。因此，在訂定行為策略時，應該如實評估許多因素，包括發生改變的任何可能性、個案因應這些挑戰所擁有的資源、以前未曾嘗試過的方法。此外，聽聽專家的建議也有其必要性。其他一些不錯的方法包括看書、看錄影帶、參加支持性團體、尋求員工輔助計畫的諮商等。

實際問題

因為持續憂鬱而功能退化的個案，特別是嚴重到連工作都難以維持的個案，往往有嚴重的現實問題。財務困難會快速累積；醫療問題因沒有健康保險而被忽略；無法持續負擔租金或償還貸款，以致住處不保。個案提到這些令人絕望的情況時，治療師往往變得氣餒。若治療師在認知上持續地與病人的絕望共鳴，將失去判斷問題的客觀性及解決問題的創造力。所以，在面對那些資源有限而無法解決問題的個案時，治療師要檢視自己對於絕望處境的負向自動化思考。

如果治療師可以保持某種合理程度的樂觀，相信可以找到一些解決方案，你就較可能幫助個案堅持下去。如果個案腦力激盪後還是無解，可以問問病人，如果時光回到先前不憂鬱的時候，他會如何處理這個問題。或者，請他揣測一個深思熟慮且支持他的人，會如何給他建議。當個案想到某種方法時，不要讓他們太快地對想到的方法打折。繼續這樣的腦力激盪，直到評估完所有可能性。

個案憂鬱纏身的時候，往往覺得孤獨，忘記了在現實世界中願意給予他們協助的人。大多數的個案都會同意，如果他的朋友或家人得到憂鬱症，他會樂意伸出援手幫助他們。在先前的討論中，如果個案所想到的方法漏掉了他的家人、朋友、宗教社群或社福機構，這時可以鼓勵他們思考向這些人或團體求助的可能性。尷尬或自尊都會使病人對於尋求他人幫助裹足不前。但是，在絕望的情況下，個案也許需要先暫時放下身段來解決問題。

146

策略因素

當個案感到憂鬱或焦慮時，容易忽略某些顯而易見的解答，只因為它們看來過於簡單。有時，他們會試著尋找一些經過完整推敲，或是保證成功的方法，甚至汲汲營營於會尋覓一個可以同時解決許多問題的魔法。

案例

奧麗維前陣子失業，目前正在找工作。她和兩個念小學的小孩與年邁的祖母同住。她的祖母最近健康狀況不佳。奧麗維需要找一份工作，需要有足夠的薪水來照顧小孩，工作地點也需要靠近學校，方便她就近處理小孩在學校的緊急情況。她還需要一個富有同情心的老闆，允許她有多一點午休時間返家照顧祖母。奧麗維不想僱請看護來協助她的祖母；同時，她希望她的小孩參加學校的課後輔導，而非私人的安親班。靠近學校的工作地點有助於她帶小孩上下學。雖然孩子的父親比較早下班，但奧麗維不認為他能夠準時接小孩下課。

奧麗維擁有良好的行銷技巧，其實可以在一個離她家有一點距離的大城市裡找到工作。她也可以請她的姐姐幫忙照顧祖母，而非自己負起全部的責任。只是，她認為過去祖母對她極力照顧，現在她必須全心回報。

思考要如何把這些事情組織在一起時，奧麗維想得精疲力盡。最後，她放棄閱讀求職廣告，埋首於無窮盡的家務瑣事中。

在面對奧麗維這種兩難的困境時，需要幫助她改變問題解決的策略。這並不是要找出完美的解決方案，而是與她一同努力將問題分類，盡可能找到一個可以涵蓋最多層面的解決方案。指出她潛藏的問題解決技巧、辨識出關鍵的資源與援助、引導她簡化執行計畫、鼓勵她一次只做一件事情。

治療在問題解決上技巧不足的人

問題解決的技巧通常是在小時候養成，在成年早期面對生活的變動或心理社會的壓力時，這些技巧得以精煉。如果個案有好的榜樣，他可以觀察他們解決問題的系統性策略。此外，如果個147 案從早期的經驗裡面發展出有效解決問題的方法，他會有足夠的自信及能力去面對將來的困難。不幸地，有些個案沒有發展出有效的問題解決技巧，也許是因為缺乏好的模範；被父母保護得太好，問題都由父母親解決；或是他們在發展這些技巧的成長過程中過度憂鬱。當個案在將問題概念化及在處理上缺乏足夠的經驗時，CBT可以教導他們解決問題的基本技巧。

幫助個案獲取技巧常應用的方法是在療程中模塑問題解決的策略。譬如，表6-4所列的步驟，可以幫助個案組織一個完善的計畫，來處理他們所面對的難題。這個架構幫助病人組織想法，採用客觀的方式面對問題，並且持續這樣的過程直到治療結束。

表6-4　問題解決的步驟

一、放慢腳步並釐清當下的問題。
二、選定一個目標。
三、精確地定義問題。
四、產生解決方案。
五、選定最合理的策略。
六、執行計畫。
七、評估執行成果，若需要則重複上述步驟。

一、放慢腳步並釐清當下的問題。當個案在治療中陳述面臨的社會心理難題時，他們可能會不斷地換主題。當他們描述一個問題時，心裡又想到另一個問題。在這些支離破碎的問題清單中，似乎每一個問題都帶給他們同樣的壓力。個案可能覺得問題互相牽扯，而在問題複雜的脈絡中，可以發現個案融合了問題本身、相關聯的人、問題背後的意義，以及對未來長遠的影響。當問題以這樣的複雜方式呈現時，想要解決問題就顯得遙遙無期。

因此，問題解決的第一個步驟，就是要想辦法放慢腳步，清楚定義問題的數目、強度及緊急程度。可以請個案在治療筆記裡列出所有問題的清單。完成紀錄後，請個案唸出問題清單並且試著作總結，接著同理個案要一次面對這麼多挑戰，是多麼令人痛苦的事。然後繼續進行問題解決過程的後續步驟。

二、選定一個目標。擬定問題的優先次序，藉此教導個案組織問題清單。譬如說，請他們劃掉已經解決的或暫時不需要處理的任務。接著，請個案刪除非他們所能控制的問題，以及屬於別人的問題，因為那無法由他們解決。幫助個案標示其餘問題的困難度及緊急程度。接著，請病人考慮最緊迫的問題，根據重要性或急迫性，排出優先次序。這個階段的最後一個步驟是，在清單裡的前三名中選定一個項目，做為治療的起點目標。

三、精確地定義問題。愈能清楚陳述問題，愈有可能找到明確的解決方法。藉著教導在第四章〈結構化與教育〉中描述的目標及設定議題的原則，幫助個案精確地定義問題。此外，也可以藉著詢問，來幫助個案更加精準地陳述問題。這類型態的問句如以下範例：「如何定義這個問題，你才會知道事情的確有進展？」「如何只用幾個字來描述你現在的問題，就可以讓別人完全知道問題所在？」「這個問題似乎牽涉到許多不同的層面……你該如何定義問題才能專注在核心議題上？」

四、產生解決方案。通常一個問題可以有許多不同的解決方案。個案往往緊抓住他們所想到的第一個方案，並且深信那是唯一的方法。然而，他們所選擇的方案不全然有效、實際或可行。當他們遇到阻礙，想要改變策略卻又難以執行時，他們會掙扎或是乾脆放棄。試著幫助個案學習運用創造力來尋求解答。譬如使用腦力激盪技巧，或是應用蘇格拉底式問句來刺激創造力。此外，個案也可以考慮下面的方法：（一）運用其他人的協助；（二）閱讀、上網、尋找社區資源；（三）延後計畫完成的時間；（四）考慮與問題共存，而非完全解決問題。治療師也可以給個案建議，但比較恰當的時機是，個案已經自己試著想了許多解決方案之後。

五、選定最合理的策略。幫助個案刪除清單上個案認為不實際、不太可能有用、沒辦法立刻執行，或是可能帶來更多問題的策略。請個案選擇一個她認為最有可能成功，而她也最有意願去執行的策略。有時候個案會選擇一個治療師認為會失敗的策略。先不要告訴個案治療師的意見，這樣會使他們感到挫折。此時，可以幫助個案額外多選擇一到兩種可行的策略，請她評估每一種策略的優缺點。當個案比較這些方法時，最恰當的選擇通常就顯而易見了。此外，可以建議個案保留原始解決方案的清單，之後也許可以派上用場。

149

六、執行計畫。一旦選擇策略，治療師可以請個案擬定日期和時間來執行計畫，以增加成功的機會。角色扮演或預演的方法也可以用來教導病人解決問題的技巧。詢問可能阻礙成功的情況，以便解決問題，還要擬定計畫來處裡，以防這些問題發生。

七、評估執行成果，若有需要則重複上述步驟。就算是認真地做計畫，也難免會有失敗的時候。過程中常常會出現我們先前難以詳細考慮到的意外狀況。當個案完成計畫有困難時，治療師需要評估個案關於問題解決的自動化思考，並且協助他們修正認知上的扭曲。此外，重新檢視計畫的執行方法，並決定個案是否需要額外的技巧。如果有必要，重新擬定計畫，再做嘗試。

結論

當個案出現活動程度下降、活力降低、缺乏興趣、任務完成度不佳等問題時，行為治療方法可以幫助他們恢復健康功能。最簡單的做法是行為活化——一個簡單的練習，即治療師與個案選擇一、兩個具體的、可以立刻執行的行動，改善個案的心情或是增加成就感。活動排程是一種系統化的方法，採用記錄與修正行為的策略，對於中度或是重度活力與興趣降低的個案往往非常有用。另一種方法是分級任務指派，幫助個案組織有步驟的計畫，一步步地執行，藉此來處理困難或有挑戰性的任務，或者解決拖延、規避的問題。

行為預演是常用的CBT方法，幫助個案發展行動計畫、建立適當技巧、辨識出可能的障礙。這項技巧是在療程中實際練習行為方法，然後以執行這個計畫做為回家作業。問題解決是另一個幫助個案處理壓力的行為方法。雖然有些個案擁有良好的問題解決技巧，此時只需要移除他們發揮能力的障礙，但其他個案可能缺乏良好的問題解決技巧，需要教導他們解決問題的基本原則。本章所談到的行為方法，對於在幫助個案改善活動程度、情緒、處理問題的能力以及對未來的希望上，可以產生正向的影響。

150

參考書目

Beck AT, Rush AJ, Shaw BF, et al: Cognitive Therapy of Depression. New York, Guilford, 1979

Beck AT, Greenberg RL, Beck J: Coping With Depression. Bala Cynwyd, PA, Beck Institute for Cognitive Therapy and Research, 1995

Wright JH, Thase ME, Beck AT, et al (eds): Cognitive Therapy With Inpatients: Developing a Cognitive Milieu. New York, Guilford, 1993

Wright JH, Beck AT, Thase M: Cognitive therapy, in The American Psychiatric Publishing Textbook of Clinical Psychiatry, 4th Edition. Edited by Hales RE, Yudofsky SC. Washington, DC, American Psychiatric Publishing, 2003, pp 1245-1284

【第七章】行為方法II：降低焦慮及打破規避的模式

焦慮疾患的認知與行為特徵──不切實際地畏懼物體或情境、高估風險或危險、低估處理或因應所畏懼刺激的能力，以及反覆的規避模式──已在第一章〈認知行為治療的基本原則〉裡描述過。我們現在回過來，解釋對焦慮疾患使用行為技巧的理論背景，以及討論克服如畏懼症、恐慌及創傷後壓力疾患（PTSD）等問題的特定方法。重點放在可以用於許多不同形式的焦慮疾患之通則與技巧。 151

焦慮疾患的行為分析

常用在焦慮疾患CBT的行為方法，源自於形塑了行為治療早期發展的學習理論模式（詳見第一章〈認知行為治療的基本原則〉）。在行為治療與認知治療發展成熟後，這兩種方法被融合為本書中描述的綜合性認知行為方法。為了解釋針對焦慮的行為方法其基本原理，我們簡單扼要地描述學習理論的觀念，它構成了當代這類介入方式的基礎。 152

焦慮疾患的患者通常會報告，當暴露在威脅性的刺激下，會有強烈主觀的恐懼經驗，伴隨著對身體症狀的警覺。舉例來說，如果一個有懼高症的人面臨攀爬高梯的情況，他也許會有引發焦慮的自動化思考（例如：「我會昏倒……我會掉下去……我不能忍受了……我必須要馬上下來」)，以及強烈的情緒與生理活動（例如：焦慮、冒汗、心搏變快、呼吸加速，以及不安）。在學習理論中，令人畏懼的物體或者情境稱為**刺激**（S），因為刺激而引發的焦慮效應稱為**反應**（R），如下所示：

S ⟶ R

令人受驚嚇的原始刺激稱為**非制約刺激**（unconditioned stimulus, UCS）。非制約刺激的範例包括：第一次讓某個人產生恐慌發作的地點；創傷性事件，像是施暴或者嚴重的意外；或是使個人受到傷害或痛苦的人。相對於UCS的原始畏懼反應，就叫做**非制約反應**（unconditioned response, UCR）。讓患者想起這些刺激的物品也會引發畏懼的反應，所謂的**刺激類化**（stimulus generalization），就是用以形容這些相關提醒物對焦慮的觸發。在學習理論的語言裡，這些相關提醒物稱之為**制約刺激**（conditioned stimuli），至於它們所引發的焦慮則稱之為**制約反應**（conditioned response, CR）。每次制約刺激（CS）呈現，就會發生制約反應（CR），如下示：

CS ⟶ CR

在具有焦慮疾患的人身上，因畏懼性刺激而產生的情緒和生理反應通常令患者嫌惡至極，他們會盡其所能地避免再次經歷此類情境。所以，患有社交畏懼症的人，將會遠離使他們會覺得暴露在社交壓力下的事件或地點；具有單純畏懼症的人，將會迴避高處、密閉空間、電梯或其他會觸發焦慮的因素；創傷後壓力疾患的患者，將會試著使自己與讓他們回想起創傷經驗的情況隔絕開來（例如：他們會不開車、不返回職場、逃避約會或擁有親密的人際關係）；患有伴隨懼曠症的恐慌症的人，將會特別留意不去經歷那些觸發他們畏懼的情境。

因為規避可以得到情緒舒緩的報償，所以規避行為更有可能在面對相同或相似情境時，再次發生。舉例來說，當一個具有社交畏懼症的人決定不要參與派對時，也同時感受到焦慮立即舒緩，他的規避行為因此被增強。下一次再受邀到社交場合時，這個人很可能持續規避的模式，以控制自覺在社交場合被細細打量的預期性焦慮。每一次他規避社交情境，他的畏懼行為以及和社交表現相關的功能不良認知，將會更進一步地被強化，而他的症狀也變得更根深柢固。

153

在本書前面看過的影片示範一和二（詳見第二章〈治療關係：進行合作的經驗療法〉；第三章〈評估與系統性闡述〉和第五章〈處理自動化思考〉），顯示在吉娜——一位有恐慌症狀、畏懼症以及害怕乘坐電梯的女性——的治療中，使用症狀評估與認知重建的介入方式。其他從吉娜療程擷取的影片，將在此章稍後呈現。吉娜的恐慌發作與任何密閉空間或難以逃離的地方有關。電梯因此成為針對她的恐慌發作的制約刺激之一。吉娜為了規避對電梯的恐懼而爬樓梯，而且盡可能地避免搭乘電梯。由於她的治療師發現，規避使她的恐懼繼續存在，因此鼓勵她使用行為方法，使自己暴露於所畏懼的情境。

另一個可以觀察到規避的增強力量的例子，是強迫症（OCD）。當強迫症患者產生強迫性思考時，常會用強迫性儀式來中斷此思考。當強迫思考被強迫行為所抵消（而且因此被迴避了），焦慮因此減低。所以，這種強迫行為就被增強做為因應策略，因為它抑制或者關掉令人反感的強迫思考。因為這樣的增強，等下一次強迫思考發生，強迫儀式就可能重現。

總之，構成焦慮疾患CBT模式的學習理論其主要特徵為：（一）一項起始（非制約式）刺激引起令人懼怕的（非制約式）反應，且被類化為制約式刺激，接著產生制約式反應；（二）一種畏懼刺激的規避模式，強化了患者不能面對某物體或因應情境的信念；以及（三）必須打破規避的模式，以使患者克服焦慮。

在焦慮疾患所做的認知處理過程的研究（詳見第一章〈認知行為治療的基本原則〉），以及針對焦慮的認知方法的發展，在幾個方面豐富了這個基本的行為模式。首先，有些研究顯示，焦慮人士的自動化思考特徵為非邏輯性推理（例如：放大情境的風險、低估個人因應的能力，以及在情境中對有害效應的災難性預期）。其次，從發展的觀點來看，畏懼認知也許被許多生活經驗所形塑，包括父母親與其他有影響力人士的教訓，這會形塑有關風險、危機以及一個人應付這些緊急事件之能力的核心信念。最後，許多焦慮疾患（特別是廣泛性焦慮症、恐慌症和強迫症）並無法追溯出造成一套制約刺激和規避模式的單一畏懼性刺激。因此，以CBT治療焦慮疾患時，建議使用更為複雜的系統性闡述，包括成長期或發展期的學習經驗效應、自動化思考與核心信念的衝擊，以及其他潛在的影響等（例如在第三章〈評估與系統性闡述〉中討論過的，生物心理社會因素的全部範疇）。我們在這裡將重點放在描述整體CBT模式的行為元素，而對於焦慮的認知介入，在第一章〈認知行為治療的基本原則〉、第五章〈處理自動化

154

思考〉以及第八章〈改變基模〉中，有更詳盡的說明。

概觀行為治療方法

針對焦慮的行為方法，主要針對阻斷在制約刺激（CS）或非制約刺激（UCS）以及畏懼反應（CR或者UCR）之間的聯結：

UCS/CS ↛ UCR/CR

在學習理論中，這過程叫做拆散刺激和反應的配對（unpairing）。規避在短期內減低了CS引發的畏懼，但不會拆散UCS/CS和UCR/CR的聯結，為了中斷這種聯結，規避必須以更具適應性的行為取代。

打斷刺激—反應的聯結

最常用以拆散UCS/CS和UCR/CR的一般性作法是**交互抑制**（reciprocal inhibition）與**暴露**（exposure）。交互抑制被定義為，是一個藉由幫助患者經歷抵銷不悅反應的正向、健康情緒，以減少情緒激動的過程。常用來施行交互抑制的方法是去引發一種隨意肌深度放鬆的狀態，因而產生某種與極度焦慮或激動大相逕庭的平靜狀態。當一個人在畏懼性刺激出現的時候變得深度放鬆，刺激和反應就能被拆散。規律練習這方法，引起畏懼與規避的刺激力量就能被減弱或消除。

155

暴露則是藉由不同的方式打斷刺激—反應的聯結。做為一種因應策略，暴露具有和規避相反的效果。如果一個人蓄意暴露在壓力性刺激下，他就有可能體會到恐懼。然而，恐懼通常有時效性，因為生理上的刺激不會被無限期地維持在高張的狀態。當疲勞發生，而且沒有新的激動因子，人便會開始適應這類處境。舉例來說，如果某人懼高，而且被帶到一棟高聳建築物的頂樓，被要求往窗外看時，他將會受到驚嚇，甚至恐慌起來。但是，最後這種懼怕反應將會減退，而且將回歸一種正常的恆定狀態。重複暴露之後，當這個人最後可以面對、因應這類刺激的時候，針對恐懼情境而生的生理反應，應該就會減退。

認知重建技術藉著促進放鬆反應和以暴露為基礎的介入方法，可以協助拆散壓力性刺激產生畏懼反應的過程。減少或者關掉負面思考的方法，可以降低緊張的程度，然後協助這個人享受身體與情緒的放鬆感。思考中斷（thought stopping）是常用來達成這項目標的方法。這項技術不需要像第五章〈處理自動化思考〉所提到的，去分析負面自動化思考，而是蓄意地、自覺地努力用更愉悅或平靜的想法，例如放鬆的心靈意象，來取代畏懼認知。

另一個可用來協助拆散刺激與焦慮反應的認知重建方法，就是去災難化。去災難化幫助患者：（一）系統性地評估當暴露在某些刺激下，發生某種想像中災難性後果的可能性；（二）發展一種減低此類後果發生可能性的計畫；以及（三）發展一旦此類災難發生的因應策略。思考中斷及去災難化的程序，會在稍後更完整地陳述（見「步驟三：基礎技巧的訓練」一節）。

焦慮症狀行為介入之順序

在各種焦慮疾患的治療上，行為介入的順序是相似的。首先治療師評估症狀、焦慮引發因素，以及現有的因應策略，接著定義介入的特定目標來引導治療過程；接下來教導患者因應焦慮疾 156 患特有的思考、感受以及行為的基本技巧，最後，用這些技巧來協助患者，有系統地暴露在引發焦慮的情境下。

步驟一：評估症狀、誘發因素以及因應策略

在評估焦慮疾患的時候，重要的是清楚描述（一）觸發焦慮反應的事件（或事件的記憶，或認知的流程）；（二）與對畏懼刺激過度反應相關的自動化思考、認知謬誤，或者潛在的基模；（三）情緒與生理的反應；以及（四）習慣行為，像是恐慌或規避症狀。如此一來，在建立系統性闡述與治療計畫時，所有基本認知行為模式的要素都經過評估與考慮。CBT常用的評估方法，如第三章〈評估與系統性闡述〉所描述。審慎的會談是主要的評估形式，目的在揭露主要症狀、焦慮的觸發因子，以及醒目的認知與行為。（見示範影片一）

治療焦慮疾患患者時，特定的診斷與評量方法也許在評估階段會有幫助。結構性晤談診斷量表（Structured Clinical Interview for DSM-IV-TR, SCID）（First et al. 2002）可以協助治療師建立精確的診斷。除此之外，自陳量表（如貝氏焦慮量表〔Beck Anxiety Inventory, BAI〕〔Beck et al. 1988〕、懼怕負向評價量表〔Fear of Negative Evaluation Scale, FNE〕〔Watson and Friend 1969〕、情境—特質焦慮量表〔State-Trait Anxiety Inventory, STAI〕〔Spielberger et al. 1983〕），以及其他臨床量表（例如耶魯—布朗強迫症量表〔Yale-Brown Obsessive Compulsive Scale, Y-BOCS〕〔Goodman et al. 1989〕），也可以用來評量焦慮症狀的嚴重度。

第四章〈結構化與教育〉所述的思考紀錄，是評估引發焦慮情境的有用工具，因為它提供了記錄觸發事件以及相關自動化思考的架構。辨識引發焦慮的時、地與人，將有助暴露方法的準備。認知謬誤的記錄，可以提供治療師進行認知重建的線索。另一個有用的策略是，要求患者記錄會使他們產生焦慮的事物，並且以百分等級0到100——以100表示最極端的情緒，評量反應的程度。這些評量用來評估原初狀態，以及治療的進展。

157

評估焦慮反應的行為成分，不只是辨別規避反應，還必須詳盡分析患者用以因應焦慮的行動。例如，也許已被啟用的健康的因應策略（例如：問題解決、幽默感的使用或者冥想），可以再加強或是作特別強調。然而，焦慮疾患的患者經常致力於**安全行為**——可能獲得當場短暫的規避，但仍會使焦慮反應存在的行動。舉例來說，一個有社交畏懼症的人，也許可以強迫自己參加非例行性的派對，但他因應焦慮的方式是馬上跑去食物吧台並且狼吞虎嚥地吃下超過本來食量的食物；待在太太身邊，由她負責全部的交談；比實際需要更為頻繁地跑盥洗室，以逃避群眾。雖然他參加了派對，他仍汲汲於安全行為，這也是他的規避模式之一。為了成功克服這位患者在社交焦慮中所經歷的困難，治療師需要獲知他的因應策略的全貌，包括適應不良的以及適應性的，並且設計介入方式，以協助他辨識所有的規避行為，並且將他自己暴露在面對、處理這類畏懼情境的完整經驗中。

有一種特別重要的安全行為，會發生在當一個人尋求家人或朋友來協助自己因應的時候。有時候，家庭支持對克服焦慮很有用，但這有個風險，就是他人的嘗試協助會不慎地獎勵或強化規避行為，而使焦慮症狀繼續存在。例如，當吉娜的恐慌發作使她害怕到無法開車或面對群眾時，她的未婚夫會協助接送她上班，她的朋友也會陪她去餐廳或幫她買外帶餐點（見示範影片一，以及第三章〈評估與系統性闡述〉的系統性闡述）。當某種行為之後伴隨正向的結果，這種行為就更有可能再度發生，這種現象被稱為**正增強**（positive reinforcement）。雖然吉娜的未婚夫與朋友努力提供的協助並非有意做為獎勵，這樣的努力卻成為正增強物，並且可能促使她繼續出現恐慌症狀。

當你在規畫焦慮症狀的處遇時，必須考慮環境的誘因。如果沒有考慮到所有的焦慮增強物，協助患者達成從恐懼中獨立的努力，將會輕易地受到隱微而你沒能注意到的安全行為所阻撓，或容易被出於善意卻反而協助將規避當成因應策略的家屬幫倒忙。

步驟二：確認介入的目標 158

一個人擁有多種焦慮表現的狀況並不罕見，在示範影片中的女性吉娜畏懼開車、乘坐電梯、身處人群之中、受到社交審視，以及恐慌再度發作。如同示範影片一與二所示，通常最好的操作方式，是由針對一項症狀或者最容易達成的目標開始，這樣患者就可以及早得到成功而建立信心。從因應一項畏懼情境的經驗中所獲得的，常常可以被類化來提供對其他焦慮的有效因應策略。

當萊特醫師要求吉娜按照優先順序排列出克服焦慮的目標，她決定把她最害怕的單獨駕駛擺在後面，直到她前往工作場所的餐廳時，能夠在減少焦慮上有些進展後再說。吉娜畏懼在擁擠的餐廳中用餐，源於一項不合理的想法，覺得她將會因為掉了食物托盤、打破盤子，以使別人盯著她取笑，而讓自己丟臉。雖然與開車有關的焦慮相較，去餐廳的問題只能算是中度，但卻是學習基礎CBT方法的好機會，而且可以藉這些方法來獲得成就感。

有時候患者會選擇從他們感到最棘手的問題開始，因為那對他們而言最重要，或者因為環境壓力逼他們進展快一點（例如：當患者失業或錢已經花光時，和求職面試有關的焦慮）。如果你判斷患者需要更多體驗，才能有效地點出問題情境，可以把整個難題分成好幾部分。用第六章〈行為方法I：增進活力、完成任務及解決問題〉所描述的分級任務指派方法，只要把問題中某個部分做為目標，給予當下的注意就好。無論是否一開始就對抗最困難的情境，或是一步步使患者可以順利地進入暴露治療，下面描述的基礎技巧訓練，可以提供患者克服焦慮的工具。

步驟三：基礎技巧的訓練

幾種核心的CBT技巧，可以協助焦慮疾患患者成功地進行以暴露為基礎的治療方式。以下我們詳述此類方法中的五種：放鬆訓練、思考中斷、分心、去災難化以及呼吸再訓練。

159 **放鬆訓練**

放鬆訓練的目標，在協助患者學習達到放鬆反應——一種心理與生理平靜的狀態。肌肉放鬆是用以達成放鬆反應的重要機制之一，教導患者系統化地抒解全身肌肉群的緊張，一旦肌肉緊張減少，主觀的焦慮感受常常會降低。下列表7-1所揭示的步驟，是常用來教導患者深度肌肉放鬆的方法。有些治療師發現，在患者面前朗讀引導放鬆的指導語，或者請他們聆聽這些指導語的錄音帶，會很有用處。巴斯可博士（Basco, in press）提供了一份向患者朗讀指導語的文件範例。

練習7-1　放鬆訓練

1. 由你自行演練表7-1的放鬆指導語，努力達到深度肌肉放鬆的狀態。
2. 接著，和一位或多位有焦慮症狀的患者，一起練習這種引導步驟。

思考中斷

如先前所提到的（見本章「打斷刺激—反應聯結」的部分），思考中斷並不牽涉到負面思考的分析，這和大多數認知介入方法截然不同。它的目的在於中止負面思考的流程，而且以更正向或更具適應性的思考取代。思考中斷對於某些焦慮疾患，如畏懼症和恐慌症，可能有幫助，然而，針對強迫症患者所做的研究顯示，當患者以有意識的努力壓制強迫性思考，往往會強化它們（Abramowitz et al. 2003; Purdon 2004; Rassin and Diepstraten 2003; Tolin et al. 2002）。所以，如果思考中斷無法有效幫助患者減低擔憂的思考，就嘗試其他技法。思考中斷的程序如下：

一、辨認一項現有的功能不良思考流程。

二、提供自我指令以中斷這項思考——舉例來說，以命令的口吻告訴自己：「停！」或者「不要那樣思考！」這項指令可以在腦中默念，或是大聲說出來。

表7-1　放鬆訓練的方法

一、**闡述放鬆訓練的原理**。在開始放鬆引導之前，讓患者對使用放鬆訓練的原由有個概括了解，而且簡要地解釋所有的方法。

二、**教導患者評估他們肌肉緊張和焦慮的程度**。使用0-100的量表，0表示沒有壓力或焦慮，而100表示最大的壓力或焦慮。

三、**探測肌肉緊張的範圍**。因為放鬆訓練的重點主要在減低肌肉緊張，它要有所幫助，常常得要求患者試著握拳到最大程度（100），然後完全放鬆到0分，或他所能達到的最低緊張程度。接著，要求患者試著讓一隻手盡可能地放鬆時，緊繃另一隻手到最大程度。這樣的練習通常表示患者可以自發性地控制肌肉的緊張狀態。

四、**教導患者減低肌肉緊張的方法**。從手部開始，試著幫助患者達到完全放鬆的境界（評估0分或接近0分的狀態）。在CBT的主要方法是：（一）藉著觀察張力和告訴自己放鬆肌肉的方式，用意識來控制肌肉群；（二）藉由目標肌肉群的全方位運動，以伸展它們；（三）溫柔地自我按摩，以舒緩並放鬆緊繃的肌肉；以及（四）使用令人平靜的心靈意象。

五、**協助患者有系統地放鬆身體的每個主要肌肉群**。當患者可以達到手部深度放鬆的狀態後，要求他讓放鬆的感覺散播到整個身體，一次傳達到一個特定的肌肉群。常用的順序為手、前臂、上臂、肩膀、頸部、頭部、眼睛、面部、胸部、背部、腹部、臀部、大腿、小腿、腳掌以及腳趾。然而，只要你和患者相信對他最管用，儘可以選擇任何順序。在引導期間，可以重複所有步驟四被證明有效的方法。我們常發現，伸展讓患者發現特別緊張、可能需要特別關注的肌肉群。

六、**建議可能有助於放鬆的心靈意象**。你所建議的（或者患者引發的）心靈意象，可以轉移掉對擔憂思考的注意力，而且協助他專注，來達到放鬆反應。舉例來說，巴斯可博士（Basco, in press）所建議的引導方式，包含如下指導語：（一）「想像你的肩膀肌肉如同一塊你正在擰的抹布那麼緊。接著讓你的肩膀放鬆，像是解開這塊抹布，並且甩動它，使它鬆開。」以及（二）「讓你的緊張融化，而且沿著你的指尖往下滴到地板，就像是冰塊緩慢地融解一般。」當你在暗示這些意象時，使用平靜、舒緩以及誠懇的聲調。

七、**要求患者規律地練習放鬆引導方法**。在患者可以熟練深度放鬆技巧之前，常常需要相當次數的練習。所以，建議患者把操作放鬆練習當作回家作業，通常會有所幫助。當放鬆成為焦慮疾患治療計畫的一部分，檢視患者在後續療程中使用這項技巧的進展，也是很重要的。

三、引發視覺心像以強化指令，例如停止號誌、紅燈或者警察指揮交通時戴手套的手。 161

四、轉換此心像，由停止號誌轉向愉悅或者放鬆的景象，這種心像必須從你的心裡產生，例如：假日的回憶、一個愉快的人的表情，或者曾見過的照片或圖畫。這種正面的心像，可以透過深度肌肉放鬆以及強化意象的細節部分來增強，譬如當時的時間、氣候條件，以及和此心像關聯的聲音。

每一步驟都應在療程中預演，要求患者先產生不舒服的想法，然後應用思考中斷策略。請患者回饋經驗，然後在操作手法上做任何必要的調整。舉例來說，如果難以產生或維持正面心像，選擇其他情景，或者修正意象，使它更明顯。在療程中先測試修改過的計畫，再指派為回家作業。

分心法

上述「思考中斷」裡的想像技術，是常用的CBT分心方法之一。可以使用心像法，來增強其他的行為介入方法，包括呼吸再訓練（見示範影片十四）。使用心像法時，試著協助患者產生幾種正面、平靜的景象，使患者可用以放鬆，並且至少暫時性地減低焦慮思考的強度。有其他各式各樣的方法，可以協助患者使用分心法，減弱侵入的或令人煩憂的思考衝擊。常用的分心法包括閱讀、看電影、從事嗜好或手工藝、找朋友或花時間上網。使用分心技術的時候，治療師必須要小心監控這些活動，以免它們被用來規避畏懼情境，或者逃離本章稍後描述的暴露方法。有效使用分心法，透過減弱自動化思考的頻率或強度，以及降低身體緊張和情緒壓力，應該有助於患者參與暴露和其他行為介入方法。某些研究指出，分心法在減弱強迫症的強迫思考上，比思考中斷法更有效（Abramowitz et al. 2003; Rassin and Diepstraten 2003）。

去災難化

使用去災難化方法的通則，在第五章〈處理自動化思考〉，以162 及示範影片二中，已經分別解釋、介紹過。這臨床片段顯示，萊特醫師和吉娜共同合作，來修正她預期自己面對餐廳裡的群眾時會發生災難的自動化思考。如果你已淡忘這段介紹中所使用的技巧，再看一次示範影片二，對學習焦慮疾患的認知重建方法或許有用。除此之外，觀看示範影片二也可能提供有用的背景資訊，以瞭解和本章有關的其他影片裡所介紹的方法。這裡有些操作方式，你可用來幫助患者減低他們的災難性預期：

一、預估可能性——請患者以0%（完全不可能）到100%（絕對會）的或然率量表，評量他們對於災難性結果是否會發生的信念。注意對於未來結果評估的回答。

二、評估證據——評估支持或反對災難性事件可能發生的證據。監控患者認知謬誤的使用，並且運用蘇格拉底式問句，來協助患者區分畏懼與現實。

三、複習證據列表——並且請患者重新估計災難發生的可能性。通常會得到一個比步驟一還低的數值。如果評估提高了或然率（擔憂變得更令人堅信），詢問從步驟二中得到的使畏懼結果更有可能的每一分證據。必要時還可以使用第五章〈處理自動化思考〉中的認知重建方法。

四、評估控制感——要求患者評估，他們覺得對事件發生或事件結果的可控制程度。使用從0%（無法控制）到100%（完全控制）的量表，並且記錄這項數據，以利日後回顧。

五、創造行動計畫——藉由腦力激盪的方式，提出降低災難發生可能性的策略。讓患者寫下她可以用來改善或避免畏懼結果的行動。

六、發展因應計畫——如果災難真的發生的話。

七、重新評估——所感受到災難性結果的可能性，以及所感受到可以控制最後結果的程度。把這次的評估和最初的計分做比較，並且討論任何差異。

八、聽取報告——詢問患者，用這種方式討論災難性思考的經驗怎麼樣。強化去災難化在整個治療策略中的重要性。

呼吸再訓練

163

呼吸再訓練常常用來治療恐慌症，因為過度換氣是恐慌發作時常見的症狀。最常用在恐慌發作的呼吸再訓練策略是，一開始要求患者在減少呼吸速率之前，先增加它。患者也許會被指示，在一段短時間內快速而且深沉地呼吸（最多一分半鐘），以重現某次恐慌發作的呼吸經驗。下一步則是要求患者嘗試緩慢地呼吸，直到可以再度正常控制呼吸。大多數有恐慌症的患者描述，這種練習很接近恐慌發作的感覺。因此，解釋人換氣過度時生理上可能發生的狀況，有助於平緩與可能後果相關的災難性畏懼。

治療師可以藉由教導減慢呼吸的方式，來協助患者學習控制他們的呼吸，例如：計算呼吸、以手錶的秒針為呼吸計時，以及用正面的心像使焦慮的思維平靜下來。示範影片十四顯示，萊特醫師模仿恐慌發作時常發生的換氣過度，並且要求吉娜照著做。接著他們演練將呼吸型態正常化，而且使用正面心像，來增強控制呼吸速率的效果。

▶示範影片十四　呼吸再訓練：萊特醫師與吉娜

一旦在療程中熟練了，會建議把呼吸再訓練練習當作回家作業，除非在使用上很有信心，否則應該每天練習。要求患者在引發焦慮的情境中使用這個方法，並且提醒，在熟練這項技巧以前，應先降低自己能掌控焦慮的期待。

練習7-2　呼吸再訓練

1. 在看過示範影片十四之後，藉由與同事以角色扮演的方式，練習呼吸再訓練。
2. 演練過度呼吸，然後減慢呼吸速度到每分鐘約十五次。
3. 練習使用心像法，來減低焦慮並且促進呼吸再訓練的效果。

164 **步驟四：暴露**

在焦慮疾患當中，針對引發焦慮的刺激源進行暴露，是拆散刺激－反應聯結的最後一步。為了抵銷規避所助長的惡性循環，使用上文「步驟三：基礎技巧的訓練」中所描述的認知重建與放鬆方法，來協助患者面對壓力情境。雖然有些壓力症狀，例如單純畏懼症，可以在單一療程以**洪水療法**（flooding therapy）治療（亦即，當治療師示範因應情境的方式時，鼓勵患者直接面對畏懼性刺激），大多數暴露療法則使用**系統減敏法**（systematic desensitization）。這種做法牽涉到建立畏懼性刺激的階序，以便稍後用來發展逐步的分級暴露方案。本章的最後部分特別詳述暴露療法和相關技巧的具體方法。

建立分級暴露的階序

系統減敏或分級暴露的成功，關鍵通常在於所建立階序的品質。一些建立有效階序的建議，列在表7-2中。

示範影片十五顯示，萊特醫師為吉娜建立階序，來改變她工作時規避進餐廳的模式。她曾經歷高度的焦慮和恐慌發作，這和被其他人圍繞以及讓自己受窘的恐懼有關。在這次的療程中，萊特醫師和吉娜開始建立階序，首先產生七個項目，再觀察她的焦慮度受哪些因素影響，像是每天她去餐廳的時刻、她在那裡遇到多少人、她使用的盤子種類（例如紙製或者玻璃製），以及是否有朋友陪著她。在吉娜和萊特醫師列出七個項目，並且評估它們引起的焦慮程度後，萊特醫師要求吉娜完成十到十二個項目的完整階序，當作回家作業。

▶示範影片十五　暴露療法——建立階序：萊特醫師與吉娜

當你看這段影片時，你也將注意到，萊特醫師要求吉娜，是否可以預測一種「破表」的暴露活動——一種會引發極大焦慮的活動，甚至用目前階序中的100分還不足以描述這種體驗的強度。在短暫思考過後，吉娜回答道，故意掉下托盤最會引發焦慮，甚至需要在0-100分的量表上評125分。萊特醫師稍早曾建議她，為了對焦慮有更好的控制，可能得考慮面對她最糟的恐懼（見示範影片二）。要求患者想出破表分數的焦慮活動，這策略可以有數種好處：（一）在這個階序內其他項目的評分，可能會向下修正，而顯得更容易處理；（二）點出導致極度畏懼的活動，可以刺激患者聯想到其他階序內較不會引起焦慮的項目；以及（三）破表項目最後可加進暴露活動的清單，而能協助患者完全面對所畏懼的刺激。

想像暴露

暴露型態有兩種：**想像暴露**（imaginal exposure）和**現場實境暴露**（in vivo exposure）。當治療師在分級暴露當中運用心像法，會要求患者試著讓自己沉浸在情境中，並想像自己會如何反應。可以給予提示，以盡可能生動地幫助患者經歷焦慮相關的刺激。這種想像暴露的技術被用在某次幫助唐納的治療中，他是一位在車禍後罹患創傷後壓力疾患的男性。

表7-2　建立分級暴露階序的訣竅

一、**要明確**。幫助患者針對階序裡每個刺激階段，寫出清楚、明確的描述。太廣義的例子或定義不明確的階段，描述如下：「再度學習開車」、「停止害怕參加派對」，以及「在擁擠的人群中感到自在」。明確且清楚描述的階段則是：「至少一週三次開車到兩個路口外的街角商店」、「在鄰居的派對待二十分鐘才離開」，以及「星期天早上，當人還不多的時候到購物中心十分鐘」。特定的階段將會協助你和患者在進行這種階序的計畫上，作出好的決定。

二、**針對每個階段的困難度或預期性焦慮評分**。使用0-100的量表，以100表示最大的困難或焦慮。這些評量可以用來選擇每一次療程裡的暴露階段，並且評估進展。在階序中進展的效果，就是隨著熟練每個階段，在困難度或焦慮度的評分會顯著降低。

三、**建立一個具備多種困難程度、多重階段的階序**。訓練患者列出多階段的表單（通常八到十二項），難度範圍從非常低（5-20分）到非常高（80-100分）。試著列出橫跨不同難度範圍的階段。如果患者只列出高分的階段，想不到中間範圍的階段，你就要協助他建立更漸進式且包含更廣的表單。

四、**和患者合作選出階段**。如同其他認知行為治療的指派作業，和患者如團隊般一起操作，為分級暴露療法選擇階段的順序。

案例

唐納對開車有極度的焦慮，且完全規避開車。治療師已經和唐納一起合作，建立了一個完整的階序，來恢復正常駕駛的活動，但是唐納說，他還沒準備好要把這階序化為真實生活情境的行動。

這階序的前四個階段及它們的焦慮評分是：（一）發車，倒車出車庫，駛向車道終點，然後回到車庫——10分；（二）在一大清早開車繞著街口打轉，因為當時交通流量不大—— 20分；（三）開到六條街口外的加油站，然後回家—— 35分；（四）開差不多十二條街口，穿過兩個交通號誌，到雜貨店，然後回家—— 40分。下面列出唐納使用想像暴露的部分紀錄。

治療師：在這次的療程中，你想從哪些早期步驟開始？

唐　納：讓我們試試看開車到加油站這一項吧！

治療師：好！試著想像你進入車內而且駛離車道。你看到什麼？你感受到什麼？你想到什麼？

唐　納：我緊握著方向盤，緊到我的關節發白。我正在想，我不能控制它……我會失常……我會失去控制……或者有人會在街角旁加速行駛衝向我。

治療師：現在試著確認這些預期。它們有多準確？這些壞事會發生的可能性有多少？

唐　納：任何事情都只有非常低的機率會發生。我只是因為這次意外而驚惶失措。

治療師：你可以做什麼使自己平靜下來，並且繼續前往加油站？

唐　納：輕鬆地呼吸，告訴自己停止令人驚恐的思考，提醒自己我知道如何駕駛，而且肇事的機會非常低。

治療師：你能夠繼續開車嗎？你能夠從車道裡開出來嗎？

唐　納：是的，我想這麼做。

治療師持續協助唐納使用心像法，繼續往加油站的旅程，而且暴露在和下一個階段相關的畏懼中——開車到雜

167

貨店。最後唐納可以採用現場實境暴露，以使他從嚴重車禍引發的創傷後壓力疾患中完全回復。

想像暴露在創傷後壓力疾患的治療上特別有幫助，避免了創傷性的思考，後者引發的焦慮度因而被攔截下來。心像法在強迫症患者的暴露治療上也很有用，強迫思考可以在療程中被激起，然後再使用放鬆法或分心法使它平靜。除此之外，針對強迫行為的暴露及不反應法（response prevention）的計畫流程，可以先和心像法一起操作，來協助患者獲得技巧和信心，而能停止這些行為。當引發的情境難以重現時，你也可以考慮使用想像暴露（例如：單純畏懼症，像是害怕血，或者害怕可能相當罕見的事物）。

當使用想像暴露時，幾個要點需要留意：（一）使用環境提示，以創造畏懼性刺激的鮮明心像；（二）使用認知重建、放鬆、思考中斷或其他認知行為治療方法，以減少焦慮、驅除負面心像；（三）以階序形式呈現這些心像，要求患者率先選擇特定的目標；（四）訓練患者應付焦慮的方法；以及（五）重複想像暴露，直到消除焦慮。

如果患者願意在現實生活的情境中面對畏懼性的刺激，暴露治療會最有效，所以我們建議，如果可能的話，盡量嘗試讓患者參與後續的現場實境暴露。治療唐納焦慮的案例示範了使用心像法做為讓他暴露在現實生活駕駛經驗的準備方法。其他使用心像法來幫助患者轉換到現場實境暴露的例子，包括了對飛行的恐懼（例如在辦公室中實行心像練習，然後真的去坐飛機），以及懼曠症（例如用想像的方式練習去購物中心的步驟，然後在現場實境上應用這個階序）。

現場實境暴露

現場實境暴露牽涉到直接面對會引起患者恐懼的刺激。依你的臨床環境資源而定，在療程中施行現場實境暴露是有可能的。對於高處、電梯或某些社交情境的畏懼可以重現，當患者從事暴露體驗時，治療師可以陪著她。出現在現場實境暴露之中，對治療師而言有好處也有壞處。這種方法的正面特色包括可以讓治療師有機會（一）建立有效焦慮處理技巧的模式；（二）鼓勵患者面對他們的恐懼；（三）提供適時的心理衛教；（四）修正災難化的認知，以及（五）提供建設性的回饋。然而，治療師的伴隨，會讓具有威脅性的情境看起來安全一些，就像是有朋友或家人在旁，可以減少焦慮度。所以，治療師的行動必須格外審慎，才不會助長規避模式。為了完成暴露的歷程，如果沒伴隨患者，就需要在療程外多費點功夫。

168

示範影片十六顯示，萊特醫師協助吉娜針對她搭乘電梯的恐懼，執行現場實境暴露。他利用這次機會，建立處理此類情境方法的模式，並進行當下的認知重建，以協助暴露歷程。

▶ 示範影片十六　現場實境暴露療法：萊特醫師與吉娜

大部分現場實境暴露的應用，是在沒有治療師在旁的回家作業中完成的。為了有效應用此類現場實境暴露，你需要讓患者在實行階序的歷程中多努力，從暴露在評量為低困難度或低焦慮度的刺激開始，並且往最具威脅性的場景發展。患者必須在暴露練習前後，評估他的焦慮程度，而且持續記錄已達成焦慮減輕的數量。每項後續的試驗，都必須以再減低一點點焦慮為目標，直到此類情境不再引發畏懼。為了增加此類方法的價值，要求患者預測，暴露將會多有威脅性，以及他期望自己可以掌握得多好。把暴露當作測試這些預測的實驗。

在指派現場實境暴露當作回家作業之後，你需要在下次的療程中，聽取患者的報告。要求她比較她的預期以及真實的結果。如果此項情境較不具威脅性，或掌握得比期望中更好，詢問她，對這方法在日後因應她焦慮的努力上有什麼想法。如果患者發現此類情境比預期的更困難，或者比計畫中更難掌握，就讓下一個步驟更容易完成，或複習用來控制恐懼的方法。如果在實行因應策略上有困難，就在療程中練習。如果意料之外的障礙讓此種情境更為複雜，試著幫助患者發現克服這些難題的方法。

不反應法

169

不反應法（response prevention）是用來協助患者停止症狀行為的方法的通稱。在針對焦慮疾患的CBT裡，暴露和不反應法通常合併使用。患者被鼓勵暴露在畏懼情境中，同時願意不遵循他們平常的逃避反應。舉例來說，治療強迫症的不反應法介入，可以簡單到只要離開某間強迫儀式行為發生的房間即可（例如：洗過一次手後，漫步離開洗手檯），或者同意加入某種替代行為。對於在房子裡四處檢查的行為，當事人可以同意在第一輪的檢查後離家，而且即使感受到強烈的需求想這麼做，在約定期間內也不要返家。不反應法通常是在醫病雙方共同合作決定、而不僅是治療師單獨開立的處方時最有效。患者與治療師一起決定不反應法的特定目標，然後患者努力遵照這項計畫。

獎勵

正增強物增加了被獎勵行為再次發生的機會。所以，在建立暴露草案時，考慮正增強物的角色以鼓勵適應性行為，例如接近令人畏懼的情境，可能會有所幫助。家人和朋友可以讚美患者，而且為完成暴露目標而提供獎品或者鼓勵。舉例來說，他們也許會和患者一起外出吃晚餐，以慶祝在暴露的程序中達到了重要的里程碑。患者也可以為了自己與恐懼戰鬥的成就獎勵自己。獎勵可以是任何患者覺得愉悅或正向的事物；獎勵的大小必須和所感受成就的大小相稱。比較小的獎勵像是食物（例如：吃喜愛口味的冰淇淋），也許可以用於面對畏懼的開始或中程階段。比較大的獎勵（例如：買特別的東西、旅行）則可以在克服比較大的障礙之後計畫。

調整暴露治療的速度

針對恐慌症、社交畏懼症以及非複雜性的強迫症的研究顯示，藉由相對短期的治療方案，就可以讓症狀大量減少（例如：12-16次治療〔Barlow et al. 2000; Clark 1997; Foa et al. 2005〕）。然而，有效治療所需的會談次數，可以從單純畏懼症的單一次諮商，到給予難治型強迫症患者的長期方案（Öst et al. 2001: Salkovskis 2000）不等。在決定暴露治療的速度上，必須要考慮診斷、有無共病狀況（例如其他的焦慮疾患、憂鬱症、物質濫用以

170

及人格疾患等等）、病患的長處，像是智力和韌性，還有患者的動機和對改變的準備程度，以及在一開始努力執行暴露流程時的反應。

有些患者將很快地抓住暴露概念，而且驅使自己接受挑戰。舉例來說，吉娜可以有效率地致力於典型的快速暴露。如果患者對暴露流程的開始階段反應良好，就可以鼓勵他們往前進行。然而，其他患者也許會有更多潛藏的、難治的焦慮問題（例如：強迫症的汙染畏懼或儲藏行為），以致延緩實行暴露階序的進展。在執行暴露流程時，治療師需要用一個不強迫患者超過改變能力限度，而且能挑戰且激發他們打破規避模式且戰勝其恐懼的速度，來調整介入的步調。

練習7-3　暴露治療

1. 請一位同事扮演焦慮疾患患者，或者和自己的患者之一進行這種練習。
2. 使用表7-2裡的訣竅，寫出針對某特定畏懼性情境的暴露階序。
3. 區分出至少八項個別的步驟，難度範圍從低到高。
4. 選擇暴露治療的起始目標。
5. 使用想像暴露以協助患者準備現場實境暴露。
6. 試著點出實行暴露計畫的潛在難題，並訓練患者克服這些困難的方法。
7. 持續練習暴露治療方法，直到你已經熟練這項重要的行為技術。

171 結論

針對焦慮疾患的認知行為方法是用以下概念做為基礎：有這些症狀的人發展出對事物或情境不切實際的恐懼概念，對畏懼性刺激的反應有過多的焦慮或生理活化，接著規避觸發的刺激，以閃躲不舒服的情緒反應。每次患者避開一項引發焦慮的情境，他們會收集更多不能應付或處理的證據，但如果可以中斷這種規避模式，他們可以學到，此類情境是可以容忍甚至控制的。

本章所描述的行為介入，主要導向停止規避。我們教導患者如何減低情緒警覺、如何調整會放大焦慮的功能不良認知，以及如何有系統地暴露於所畏懼的情境。

有一種四個步驟的程序，被用來當作焦慮疾患行為介入的常用樣版：（一）評估症狀、焦慮的觸發物以及因應方法；（二）辨認治療目標並排出優先順序；（三）訓練處理焦慮的基本技巧；以及（四）暴露在壓力性刺激下，直到恐懼反應大幅減少或消除。一開始在治療會談中練習這些方法，然後再應用到回家作業上，讓患者把治療成果帶進日常生活中。

參考書目

Abramowitz JS, Whiteside S, Kalsy SA, et al: Thought control strategies in obsessive-compulsive disorder: a replication and extension. Behav Res Ther 41:529-540, 2003

Barlow DH, Gorman JM, Shear MK, et al: Cognitive-behavioral therapy, imipramine, or their combination for panic disorder: a randomized controlled trial. JAMA 283:2529-2536, 2000

Basco MR: The Bipolar Workbook: Tools for Controlling Your Mood Swings. New York, Guilford, in press

Beck AT, Epstein N, Brown G, et al: An inventory for measuring clinical anxiety: psychometric properties. J Consult Clin Psychol 56:893-897, 1988

Clark DM: Panic disorder and social phobia, in Science and Practice of Cognitive Behaviour Therapy. Edited by Clark DM, Fairburn CG. New York, Oxford University Press, 1997, pp 121-153

First MB, Spitzer RL, Gibbon M, et al: Structured Clinical Interview for DSM-IV-TR Axis I Disorders, Research Version, Patient Edition (SCID-I/P). New York, Biometrics Research, New York State Psychiatric Institute, 2002

Foa EB, Liebowitz MR, Kozak MJ, et al: Randomized, placebo-controlled trial of exposure and ritual prevention, clomipramine, and their combination in the treatment of obsessive-compulsive disorder. Am J Psychiatry 162-151-161, 2005

Goodman WK, Price LH, Rasmussen SA, et al: The Yale-Brown Obsessive Compulsive Scale, I: development, use, and reliability. Arch Gen Psychiatry 46:1006-1011,1989

Öst LG, Alm T, Brandberg M, et al: One vs five sessions of exposure and five sessions of cognitive therapy in the treatment of claustrophobia. Behav Res Ther 39:167-183, 2001

Purdon C: Empirical investigations of thought suppression in OCD. J Behav Ther Exp Psychiatry 35:121-136, 2004

Rassin E, Diepstraten P: How to suppress obsessive thoughts. Behav Res Ther 41:97-103, 2003

Salkovskis PM, Richards C, Forrester E: Psychological treatment of refractory obsessive-compulsive disorder and related problems, in Obsessive-Compulsive Disorder: Contemporary Issues in Treatment (Personality and Clinical Psychology Series). Edited by Goodman WK, Rudorfer MV. Mahwah, NJ, Lawrence Earlbaum Associates, Inc, 2000, pp. 201-221

Spielberger C, Gorsuch R, Lushene R, et al: Manual for the State-Trait Anxiety Inventory. Palo Alto, CA, Consulting Psychologists Press, 1983

Tolin DF, Abramowitz JS, Przeworski A, et al: Thought suppression in obsessive-compulsive disorder. Behav Res Ther 40:1255-1274, 2002

Watson D, Friend R: Measurement of social-evaluative anxiety. J Consult Clin Psychol 33:448-457, 1969

【第八章】改變基模[1]

173 協助病患改變基模時，我們必須考慮病患自我概念的根基，以及其生活模式。基模為病患的核心價值，它包含個體對於資訊處理的基本規則。它們提供了（一）從環境中篩選和過濾資訊，（二）如何做出決定，和（三）習慣性的特別行為模式等樣版。基模的發展除了受生活事件、精神創傷、成功經驗和其他成長影響所形塑，也受到與父母、老師、同儕、生命中其他重要他人的互動形塑。藉由氣質、智力、特別技能或缺乏技能（例如：運動能力、體態、魅力、音樂天分、解決問題的能力），和精神以及身體疾病上的生物易感性，遺傳對於基模的產生也有影響。

瞭解病患潛藏的基模很重要，原因如下。首先，CBT的基本理論——壓力—體質假說（stress-diathesis hypothesis）特別提到，適應不良的核心信念，在正常時期存在於檯面下，只顯出少許的負面影響；但生病時，壓力事件會使它們變成思考和行為的強力控制者（Clark et al. 1999）。因此，努力修正失能的基模，對於以 174 下兩個主要範疇有正面益處：（一）解決目前的症狀，和（二）改善未來抗壓的能力。CBT已被證實是目前減少復發風險非常有效的方法（Evans et al. 1992；Jarrett et al. 2001）。雖然CBT這項特色的確切機制並不清楚，一般認為可能牽涉到基模的修正。

著重核心信念的治療介入，還有另一個理由：病患通常都混

1　本章所提之項目，請參見附錄一〈工作表及清單〉，同時可由美國精神醫學會出版社（American Psychiatric Publishing）網站免費下載。網址：http://www.appi.org/pdf/wright

有不同類型的基模。即使是症狀最嚴重或深深絕望的病患，仍具有幫助他們因應的適應性基模。雖然適應不良的基模在病患生病時非常明顯，但若能努力揭露和加強其正面信念，會卓有成效。因此，發掘及磨利病人基本認知結構中具適應性的一面，是極其重要的。

人格的認知行為理論，如貝克和弗利曼（Beck and Freeman 1990）所說，特別強調自我概念、性格類型和習慣性行為模式，都可經由檢視核心信念來理解。舉例而言，一個具強迫性格特徵的人，便具有根深柢固的基模，如「我必須能夠控制」和「如果你想要做好事情，只能靠自己」。這樣的人極可能有一些和這些信念一致的行為戲碼（如：死板、傾向控制他人、難以授權）。另一個有依賴相關基模的人（如：「我需要依靠他人才能生存」；「我很虛弱……我無法獨自完成」），則會依附他人，在人際關係中缺乏果斷。相反地，比較具適應力的基模類型，例如「我能夠理解事情」、「我能處理壓力」、「我喜歡挑戰」等，就與解決問題的有效行為相關。

CBT用在第一軸診斷疾患中，目標通常在於症狀減輕，而非個性改變。然而，針對核心信念和影響病人個性成因的代償行為策略的分析，可以幫助你建立深入的系統性闡述，並可協助你設計出考量到病患弱點與長處的治療方法。另外，有些第一軸的疾患，也須訂定包含個人成長的治療目標。他們或許將愈來愈有彈性、不再過度依賴，或有自信地克服長久以來的問題。在這些情況下，藉著表達與修改可能妨礙目標達成的基模，治療過程會變得充實。在第十章〈治療慢性、嚴重或複雜疾患〉中，我們簡述了治療人格障礙的CBT建議修正形式。如果你有興趣學習第二軸

175

疾患的CBT治療，我們推薦由貝克和弗利曼（Beck and Freeman 1990）和林納涵（Linehan 1993）所著的佳作。我們主要的重點在於幫助你學會，如何在第一軸疾患患者身上辨認出基模，以及如何使用CBT來修正這些核心信念（表8-1）。

表8-1　辨認基模的方法
使用各種詢問的技巧
進行心理衛教
察覺自動化思考的模式
回顧生活史
運用基模的評估法
表列個人基模

辨認基模

使用詢問的技巧

用在自動化思考的引導式發現、想像、角色扮演和其他詢問技巧，也被用來揭露基模。但和自動化思考相較，在認知處理的基模層次上，有幾個不同的詢問策略。由於基模對患者來說可能並不那麼顯明、也無法藉標準詢問來揭露，應先提出假說來推測可能的核心信念，接著，治療師針對假定的基模建構出問題。以下的案例說明了這類引導式發現的技巧。

案例

愛莉森是一名十九歲、患有憂鬱症和暴食症的女性，她在企圖自殺之後住院治療。

治療師：妳在吞下過量藥物之前，腦裡在想什麼？

愛莉森：我不能再繼續下去了。生活對我來說太沉重了。我無法取悅任何人。我覺得自己是個失敗者。

治療師：想到自己無法取悅任何人，並且覺得自己是個失敗者，那對妳來說應該很辛苦……到底發生什麼事讓妳這麼想？

愛莉森：我一切都搞砸了。不管我怎麼努力，我都無法滿足我的父母——或其他人。他們希望我找到完美的男人，但我總是找到很糟的男人。或許是因為我很胖，若是瘦一點，一切就會順利了。

176

愛莉森認為自己無法取悅其他人，且認定自己是個失敗者，雖然治療師可以立即針對這方面的信念展開治療，但是治療師決定繼續引導愛莉森去發現完美主義的潛在基模。治療師當下的系統性闡述包括一個假設，就是有關愛莉森的憂鬱、自殺和暴食症的情形，都受到她核心信念的深遠影響，因為她認為要將事情做到完美，才能得到讚賞和成就。

治療師：聽起來妳必須達到很高的標準，才會對自己滿意。我想知道，在妳的腦袋裡，為了被愛或有所成就，是否有個行事的基本原則？

愛莉森：我知道，除非我把事情全做好，要不然我不會快樂。在我的成長過程中，我必須得到最好的成績……所有科目都得A，因為我一直被如此期許。而且我的母親一直要我節食。我打賭，我是這個城市裡唯一一個必須計算卡路里的三年級生。

治療師：要達成那些期待的確很難做到。從妳告訴我關於妳目前的狀況，妳仍然在努力要求自己做到最好。我剛才提到一個基本原則，據我的猜測，妳已發展出一個核心信念，設法讓妳的父母或其他妳認為重要的人給予妳讚賞。妳認為那是什麼樣的原則呢？

愛莉森：我必須完美。如果我不完美，沒人會接受我。

在這個引導式發現的例子，治療師幫助愛莉森找出強力影響她行為的核心信念，過程還算容易。通常詢問的過程會比較久，或許需要經過多種途徑，才能接近一個重要的基模。心情的轉變可能提供很好的線索，提示著一個重大的基模正在運作。這些突然顯現的強烈感覺，可以是揭露核心信念很好的切入點。愛莉森的另一個基模，則從心像練習時的心情轉變被辨認出來。

治療師：妳在住院方面適應得如何？

愛莉森：每個人都很好。大多數護士我都喜歡（看起來安靜、愉快），但我無法忍受她們把晚餐餐車推出來。為什麼她們有這麼多食物？（情緒變得更焦慮）

治療師：我注意到當妳談到餐車時，妳相當緊張。她們供餐的方式有什麼地方讓妳心煩嗎？

177

愛莉森：每個人都吃很多食物，而且餐盤堆積如山。我如果站在那裡領餐點，我會控制不住。

治療師：妳能想像自己排隊領餐的情形嗎？想像妳自己正

在排隊，妳想到什麼？

愛莉森：我會將餐車上的一切吃掉；我一定會完全失控。

治療師：妳認為妳對於自己的行為有多少控制能力？

愛莉森：我沒辦法控制。

在CBT裡最常用來揭露基模的方法，即**向下追問法**（downward arrow technique），含括了揭露深層思考的一連串問題。最初的問題通常是針對自動化思考；然而，治療師推測有個潛藏的基模出現，於是針對以下假設（測試並在稍後修正），即患者的認知代表了她的真實自我，來架構一連串相關的問題。多數的問題有這樣的通則：「如果你對你自己的想法是真的，這意味著什麼呢？」

由於向下追問法要求患者假設（為了治療介入的目的）負面或有害的認知的確是真的，所以這個方法不應該在尚未建立良好的治療關係前，或在過去治療中已經成功修正適應不良認知的狀況下使用。患者應該充分瞭解，詢問的目的是為了帶出那些可能需要改變的核心信念，治療師並不是要患者去相信那些惱人的基模是真確無誤的。用同理的音調來詢問，有時帶點誇飾或明智的幽默，均能使向下追問法達到最佳效果。

泰斯醫師揭露愛德基模的示範影片顯示如何有效地使用這個技巧。我們在第三章〈評估與系統性闡述〉開始介紹愛德，並且為他的治療做出系統性闡述。我們也分別在第四章〈結構化與教育〉（「心理衛教」一節），及第六章〈行為方法I：增進活力、完成任務及解決問題〉（「活動排程」與「分級任務指派」二節）描述過他的特徵。當你觀看示範影片十七，注意泰斯醫師是藉著辨明愛德關於重要關係決裂的自動化思考，來開始治療的。泰斯醫師與愛德早先已經完成了修正自動化思考的工作，因此愛德知道，察覺適應不良的認知是緩解症狀的重要步驟。在這個小片段中，高度的合作和經驗性的治療風格是很明顯的。一些重要的問題和愛德的反應，用圖8-1來表示。

178

愛德：（描述他跟妻子決裂的自動化思考）
我搞砸了……我從沒做對過……沒人理我。
泰斯醫師：如果這是真的？

愛德：我將會搞砸一切。我就是沒辦法處理這種親密關係。
泰斯醫師：如果這是真的？

愛德：我不好……我沒用……我真爛。
泰斯醫師：如果事情真的發生，對你的未來有何影響？

愛德：我無法做對任何事。我終會孤獨一人。

圖8-1　向下追問法

▶ 示範影片十七　向下追問法：泰斯醫師與愛德

在熟練向下追問法之前，需要一些練習。擁有第一軸疾患及人格型態常見基模的相關知識，可以助你擬定詢問的方向。獲得知道何時推進、何時後退的經驗，可以幫你更有效率地使用連鎖推論的方法。維持富有情感的語調很重要，既促進學習，也讓病人覺得受用。不過，揭露適應不良基模的過程通常是痛苦的。

使用向下追問法的老練CBT治療師，會試著丟出一些恰到好處的問題，來協助病人看到重要的核心信念，並且使探問程序成為富治療價值的經驗。我們建議你演練揭露基模的練習，並且複習表8-2所列的向下追問法祕訣。

表8-2　如何使用向下追問技巧

一、針對一個自動化思考或一連串造成壓力的認知，開始詢問。選擇一項最可能由重要的潛藏基模所驅動的自動化思考。

二、提出關於自動化思考底下的一個或一組可能基模的假設。

三、解釋向下追問法，使病患瞭解你為何要提出這些困難的問題。

四、確定你和病患充分合作使用這技巧。強調CBT合作性、經驗性的本質。

五、預先考慮時機或步調。問自己像這樣的問題：「現在是揭露這個基模的好時機嗎？」「病人是否已經準備好理解這個核心信念？」「為了引導病人思考這個基模，我問問題的速度與節奏要多快？」以及「有什麼跡象告訴我，這些問題該進行得慢一點，還是應該結束？」

六、先想清楚，在辨識出基模後要做什麼。揭露這個基模有哪些益處？核心信念出現之後，接下來要做哪些步驟？你如何幫助病人好好使用對這個基模的認知？

七、使用「如果—那麼」的問題，逐步揭開認知步驟的深層。舉例來說，「我聽到你提了好幾次，交友很困難。如果你真的交友困難，這告訴我們，其他人可能是如何看待你？而你又是如何看待你自己？」

八、當揭露出核心信念時，給予支持及同理。傳達一種態度，就是知道基模將會幫助病人建立自信，並且學習到如何更圓融地處理問題。即使負面論調的核心信念有部分正確，CBT可以用來調和適應不良的基模以及行為的結果。

練習8-1　核心信念的詢問方法

1. 練習用引導式發現來揭露基模。針對你自己在特定情形下的一個自動化思考，問你自己一系列的問題，顯露更深層的認知。試著對自己使用向下追問法。利用這個方法來接觸一個或多個你個人的基模。可以的話，在正向或適應的基模外，試著去發掘一個些許適應不良的基模。把這些問題及回答寫在你的筆記本上。
2. 接下來，請一位同學或是協助者，進行角色扮演的引導式發現和向下追問法，來指出核心信念，或是和你治療的病人練習這些方式。
3. 表列你在詢問揭露核心信念時，所具有的強項與弱點。什麼是你做得很好的？什麼是你需要更密集練習的？你是否能夠即時做出精確的系統性闡述？是否能用灌注希望的方式來描述問題，同時仍能觸及痛苦或擾人的核心信念？你是否夠專注地辨認出適應性的基模？辨識出你在執行詢問基模的策略時所遇到的問題，並且與同學、同事或督導討論可能的解決方案。

教導患者基模的概念

有關基模的心理衛教，通常與上節「使用詢問的技巧」所述的詢問方法同時施行。除了療程中的簡要解釋，我們經常推薦閱讀或其他的教育經驗，來幫助患者學習和辨認他們的基模。《心智戰勝心情》（Greenberger and Padesky 1996）一書，包含了教導患者如何辨識他們的假定及核心信念的練習。《重新生活》（Wright and Basco 2001）則涵括了適應的和適應不良基模的例子，可以幫助患者辨認他們自身訊息處理的基本規則。

在「好日子就在前方」（Wright et al. 2004）的電腦程式中，有許多互動式的情節，用來協助發現和修改基模。電腦輔助CBT在教導患者核心信念方面特別有用，因為它利用具有刺激性的多媒體學習經驗，可以指出那些不外顯的認知。同時，電腦輔助CBT使用了預演以及回憶的學習增強技巧。在一項比較電腦輔助CBT與標準CBT的對照研究中，發覺運用「好日子就在前方」電腦程式的患者，比起接受標準CBT的患者，在功能不良態度量表（Dysfunctional Attitude Scale，核心信念的一種測量方式〔Beck et al. 1991〕）的評分上有比較大的改善（Wright et al. 2005）。 181

認出自動化思考模式

如果在自動化思考中發現重複的主題，這代表在一連串表面的特定情境下，藏有一個核心信念。有幾個好方法可以找出自動化思考中的基模：

一、在療程中辨識出某個主題。當運用引導式發現或其他詢問方法時，留神聽取多次出現的主題。探索這類主題常能夠發現關鍵的基模。例如，自動化思考像是「吉姆不尊敬我……我的孩子從不聽我的話……我工作上表現如何根本不重要，他們總是當我不存在似地」，可能受到以下的核心信念刺激而來：「我什麼都不是」或「我不值得尊重」。

二、回顧療程中的思考紀錄。思考紀錄可以是幫助你發現基模的珍貴寶藏。比較不同日子的思考紀錄，看看是否有自動化思考的重複模式。讓患者看看能否辨識出相似的主題，然後運用引導式發現與向下追問法，來揭露相關的核心信念。

三、分派思考紀錄回顧做為回家作業。在檢查治療會談中的思考紀錄，並解釋辨識出基模的過程後，要求患者去檢視療次與療次間的額外紀錄，並且記下她能辨識的核心信念。這樣的回家作業有許多好處，包括（一）辨認出在會談中不甚明顯的基模，（二）增進對於核心信念強大作用的覺察，以及（三）獲得揭露基模的自助技巧。

四、回顧過去寫下的（或電腦記載的）自動化思考。如果患者完成了一張自動化思考的問卷，或記錄了她常有的自動化思考的全部清單，去檢視這個記載，對於找出和核心信念相關的一連串想法可能會有幫助。如果你在使用引導式發現及其他詢問方法來辨識基模時有困難，可以考慮這個替代方法。檢視大量的自動化思考，有助你認出那些原本不會被察覺的信念。

182

我們在此提出一個練習，幫你演練在自動化思考中找出特定的基模。你也可以運用這個練習，幫助你的患者學到辨識出核心信念的技巧。

練習8-2　在自動化思考的模式中發現基模

指導語：把練習中的數字跟每個字母配對。

自動化思考	適應不良的基模
1.「你會失去一切……你會流浪街頭……事情分崩離析只是時間的問題罷了。」	____A. 我是孬種。
2.「這工作對我來說太重了……我不知道我在做什麼……所有的人遲早會知道的。」	____B. 沒了男人，我一無是處。
3.「露絲打電話給我，只是因為我很孤單可憐……我丈夫不想要我……怎麼會有人想來陪我呢？」	____C. 我沒有別人好。
4.「所有人似乎都很聰明、說得頭頭是道。跟他們比起來，我是個徹底的失敗者。」	____D. 無論我如何努力，我注定要失敗。

答案　A: 2 ; B: 3 ; C: 4 ; D: 1

出處：改編自《重新生活：戰勝憂鬱完全手冊》（by Jesse H. Wright, M.D., and Monica Ramirez Basco, PH.D.），經自由通訊社（The Free Press）同意使用。

回顧生活史

由於基模是由生活經驗所塑造出來的，揭露這些基本規則的一個重要方法，是要求病人去回憶那些促成適應的或適應不良信念的構成力量。這種回溯可藉由引導式發現、角色扮演和分派回家作業來完成。如同辨認基模的其他方法，深入的系統性闡述可以幫你指出產生結果的方向。與生長發展史的全面性回顧不同，試著聚焦在先前已經顯示為討論重點的人際關係、事件或情況。183 例如，如果你的患者已經告訴你他在同儕間很不自在，並且從社交經驗中退縮，你的詢問目標應放在他從童年或青年期起可記憶的社會交流。你的詢問脈絡的目標，就是找出關於自我能力及被他人接納的基模。

創傷事件、混亂的關係或被察覺的生理缺陷或人格瑕疵，可能是進行基模形成的歷史回顧時的明顯目標。不過，很重要的是，不要忘記促成適應信念發展的正面力量。以下的幾類問題，可以用於協助患者與影響基模形成的生活經驗相連結。

一、詢問有影響力的人：「哪些人在你的生命中造成最大的改變？」「除了你的家人外，有任何老師、教練、朋友、同學或心靈導師影響了你的想法？」「有哪些人找你麻煩或讓你沮喪？」「哪些人曾帶給你信心或給你鼓勵？」

二、詢問受這些經驗影響的核心信念：「在你與家人的爭執中，你得到哪些關於自己的負面訊息？」「父母離婚如何影響到你的自尊？」「在學校的成功經驗，讓你得到什麼樣的肯定信念？」「經過離婚、離開了受虐關係後，你有怎樣的自我瞭解？」

三、詢問患者的興趣、工作、靈性修練、運動和其他對患者來說很重要的活動：「對音樂的興趣和才能如何改變了你？」「關於你的工作技能，你有哪些核心信念？」「你的精神信仰如何影響了對自己的看法？」「你的藝術追求、旅行或嗜好是怎樣？這些活動是否影響到你的自我概念？」

四、詢問文化和社會的影響：「文化背景如何影響你對世界的觀感？」「身為弱勢族群如何影響你的自我概念？」「你一輩子生活在小鎮，和家人和朋友間如此親近，這對你的信念有什麼影響？」

五、詢問患者的教育、閱讀和自學經驗：「就學的時光對於你的基本信念有何影響？」「你覺得，哪些你看過的書，可能改變了你關於自己的看法？」「讀了那本書，讓你產生什麼樣的想法？」「你能否回想起其他的、改變了你生活態度的學習機會？」

六、詢問改變經驗的可能性：「你是否有過重塑人生的經驗，卻還沒告訴我的嗎？」「曾有任何事件讓你對世界有了嶄新看法嗎？」「從那次經驗之後，你的態度或信念有什麼樣的改變？」 184

使用基模問卷工具

有關常見核心信念的問卷，是幫助患者辨認他們基模的另一個有效方法。這些工具包括：功能不良態度量表（Beck et al. 1991），一份常用在研究上的長篇問卷，和另一份詳細的量表，即楊氏基模問卷（Young Schema Questionnaire〔Young and Brown 2001; Young et al. 2003〕）。一種較簡化的基模問卷被設計用在電腦程式「好日子就在前方」之中。我們在練習8-3和附錄一〈工作表及清單〉中，提供這個基模清單，以利你在臨床工作中使用。

當病人難以辨識他們的核心信念時，基模問卷是一個有用的工具。看見各種可能的基模可刺激病人思考，並且幫助他們辨認不管是令人困擾的，或是可用以加強自尊建立的信念。在羅列適應性信念時，採用基模問卷工具特別有用。從督導受訓學員的經驗中我們經常發現，對辨認正向思考原則的關注仍嫌不足。使用基模的問卷工具，可以確保你會花一些時間在檢視病人信念系統中的強項特徵和成長的機會。

185

練習8-3　寫一份你的基模問卷

指導語：利用這份清單尋找任何可能的潛在思考規範。在你可能有的各個基模旁邊做記號。

健康的基模

____不論發生什麼事，我一定有辦法應付得來。
____如果我努力做某件事，終有一天能專精。
____我捱過來了。
____別人信賴我。
____我是個可靠的人。
____人們尊敬我。
____他們可以打敗我，但絕對打不倒我。
____我關心其他人。
____如果有預先準備，我通常能做得更好。
____我值得別人尊敬。
____我喜歡接受挑戰。
____沒有什麼好害怕的。
____我很聰明。
____我可以把事情理解清楚。
____我很友善。
____我可以應付壓力。
____問題愈困難，我愈能成長。
____我能夠從自己的錯誤中學習，進而成長。
____我是個好伴侶（好父母、好兒兒女、好朋友、好情人）。
____一切都沒有問題。

失能的基模

____我必須完美，才會被接受。
____如果我選擇做某件事，就一定要成功。
____我真笨。
____沒有女人(男人)，我一無是處。
____我是個騙子。
____絕不能露出弱點。
____我很不討喜。
____一旦犯錯，我就一敗塗地了。
____我絕對無法自在和別人相處。
____我沒辦法完成任何事情。
____不管我怎麼做，都不會成功。
____這世界對我而言真是太可怕了。
____沒有人可以信賴。
____我必須永遠有所掌控。
____我很沒有吸引力。
____不要表露情感。
____別人會利用我。
____我很懶惰。
____當人們真正了解我，就絕不會喜歡我。
____要被接受，我得總是討人歡心。

出處：改編自「好日子就在前方：認知治療的多媒體程式」（Wright et al. 2004），經同意使用。

即使患者藉由引導式發現和其他詢問的技巧，已經辨識出潛在的核心信念，使用基模問卷還是可為你的系統性闡述增加深度。我們往往會發現患者確認出我們早先未辨認出的負向和正向基模。另外，也可以發現其他關於核心信念的珍貴資訊。有時一個潛在的基模並未列在問卷中，但是包含的信念會誘發一連串的想法，顯露出病人最重要的潛在假設。

接下來的練習，我們希望你應用這個從我們先前工作摘錄出的基模問卷。因為這份清單是為重鬱症或焦慮症患者設計的，所以許多功能不良基模是用很絕對的措辭來表達。但是，我們對於這份問卷的臨床經驗和研究不斷地確認問卷中適應不良基模（Wright and Basco 2001）。我們建議你開始在治療的個案身上運用基模問卷，並且在療程中討論。

記錄個人的基模清單

186

我們在本書裡多次提到，把療程中以及回家作業裡所學記錄下來，是能夠回憶及有效使用CBT概念的重要步驟。當你在處理核心信念時，強調維持書面紀錄和經常回顧筆記的價值尤其重要。由於基模經常是隱性的，或埋藏在日常思考的表相之下，所以若未強化，對核心態度的覺察很快就會磨損掉。在我們的臨床經驗中看到的許多情況是，我們在療程中辛苦地辨認出一個重要基模，但卻因為環境事件的壓力或時間的流逝，病人似乎「遺忘」了這核心信念，除非我們提醒他們注意。

一張制式的基模清單，可以是你和病人記錄、貯存和強化習得核心適應的或適應不良信念知識的極佳方式。在處理基模的開始階段，清單上可能只有少許項目。但隨著治療進行，更多基模會加進來，適應不良的核心信念也可藉下節「修正基模」中所述的技巧修改。因此，會變動的個人基模清單，應是顯示整個CBT進展成效的可靠證據。

練習8-4　列出一張個人基模清單

1. 運用在這個章節裡所描述的方法，來建立你個人的基模清單。盡可能寫下更多適應的和適應不良的基模。
2. 練習和一個或多個你的患者建立基模清單。在療程中定期回顧。當進展引發基模改變時，編輯和修改這份清單。

修改基模

在你幫助你的患者辨識潛在的基模後，你可以開始著手改變關於思考及行為的功能不良的基本規則。當你這麼做時，最好要記得，基模經常深藏且被實行與強化了很多年。所以，患者不太可能只因為獲得洞見，就戲劇性地改變基模。為了修改這些重要的操作原則，患者通常需要經歷一連串密集的過程，包括：檢視信念、產生可能的替代思考、在真實生活的情境中演練修正後的基模（表8-3）。

蘇格拉底式探問

好的蘇格拉底式問話，可以幫助患者審視自己的核心信念是否不一致、了解基模對情緒和行為的衝擊，並且開始改變的過程。蘇格拉底式探問的一個主要目的是刺激探索的氣氛，而能讓病患從一個固定的、適應不良的自我感與世界觀，移動到一個更加好奇的、彈性的、促進成長的認知模式。這裡有一些蘇格拉底式問句的建議，可幫助患者在改變他們的核心信念上更加開放。

187

表8-3　改變基模的方法
執行蘇格拉底式探問
檢視證據
列出優點與缺點
運用認知的連續性
產生替代思考
進行認知和行為的預演

一、建立一個能引導詢問路徑的系統性闡述。要知道你往哪裡去。棋王預先盤算許多棋路，並且對於對手的可能行動，在心中準備好各種反應策略。做一個預先盤算的偉大棋士吧！當然，你的蘇格拉底式問句將是合作性而非競爭性的。

二、使用問題來幫助患者了解自己想法的矛盾。患者常有不同的核心信念，其中有些給予他們矛盾的訊息。在一份經典的錄影中，亞隆・貝克（1977）要求一位正面臨離婚的病人，解釋兩項信念之間的矛盾：一方面沒有丈夫她不能活下去，另一方面她認為婚前她其實更快樂、更健康。這些問題可能帶來瞭解及願意參與後續改變計畫的快速突破。

三、問可以使患者辨識出適應性信念的問題。大致上來說，假如病患努力地發現正向語調的基模，則更可能接受、回想和執行那些適應性的核心信念。我們不是要告訴患者，他們已經有健康的態度或力量來解決問題，而是要試著用蘇格拉底式問話，來

188

使他們專注於明確表達適應性的核心信念。

四、避免問主導性的問題。即使你有一個好計畫期待患者照著做，也不要表現出一副你已知道答案的態度來問問題。維持CBT合作和經驗的模式，用開放的態度來跟隨患者的思考流動。

五、要記得激發重大情緒的問題可能會促進學習。如果你能以蘇格拉底式問話，來誘發情感或直接減少情感的痛苦，這段學習的經驗會對病患更有意義、更能記憶。

六、問一個可做為跳板的問題，來植入改變基模的其他方法。好的蘇格拉底式問話，通常可以為修正核心信念的其他特定方法作準備。把蘇格拉底式問話當作打開學習之門的鑰匙。在你問一個有效的蘇格拉底式問話後，準備好植入其他方法，譬如：檢視證據、產生替代的信念，或使用認知的連續法，所有內容將在下面提到。

檢視證據

在第五章〈處理自動化思考〉中，我們說明如何檢視自動化思考的證據。檢視基模證據的方式非常類似，但是，因為適應不良的核心信念是如此持久，且經常受到真實的負面後果、批評、失能的關係或創傷等強化，患者因而產生了許多認定這信念為真的證據。一個認為自己是輸家的男性，就可能有許多負面結果的例證，像是失去工作、婚姻破裂或財務危機。一位告訴你她不可愛的女性，會講出不斷被男人拒絕的經驗。所以，檢視基模的證據時，你可能需要確認問題的確存在，並且同理病人生活的苦處。

188

既使患者對功能不良信念的真實性，提出許多可信的證據，我們還是有許多機會可以幫助他們重新詮釋負面的結果，找到相反的證據並且修改行為，以便在未來成功。在示範影片十八中，泰斯醫師將示範如何操作。愛德檢視證據的練習呈現在圖8-2中。

我想要改變的基模：我是有缺陷的。	
支持這基模的證據	反對這基模的證據
1.我把工作搞砸了。 2.我婚姻失敗。 3.我經常覺得「要出差錯了；我完了。」 4.我在學業和運動方面都有困難。 5.我的家人一團糟；我總覺得「我跟他們一樣」。	1.我有個正派的工作。我榮獲新聞獎。 2.我的婚姻有過一段好日子；我做過許多讓我太太很滿意的事。 3.我沒有失去全部。 4.在大學我參加田徑隊。 5.我和我女兒關係良好。
認知謬誤：誇大、漠視證據、以偏概全。 修正基模：我是個有長處也有短處的人；我可以度過難關。	

圖8-2　檢視基模證據的工作表：愛德的例子

▶示範影片十八　檢視基模證據：泰斯醫師與愛德

如泰斯醫師在影片中的示範，檢視證據可以是促成改變的有力工具。當你跟你的患者進行檢視證據時，記得表8-4的建議。

表8-4　如何檢視基模的證據

一、在開始檢視證據之前，簡要地描述流程。
二、依照經驗法則。讓患者在過程中誠實地檢視基模的正確性。
三、在工作表上寫下證據。第一次執行這個過程，由你寫下證據可能效果最好。可能的話，將寫下證據的責任移交給病人。
四、工作表可以在療程中開始使用，然後變成作業，這樣可以讓病人在全程中都能想出並且記下證據。
五、基模的證據通常是絕對的，並且由認知謬誤及其他功能不良的訊息處理所支撐。藉著推論，幫助病人找出這些問題。
六、當病人一再出現牽涉人際關係、接納、能力、社交技巧或其他重要功能的問題時，運用這項訊息來設計介入策略。舉例來說，一個對於社交能力持有負面核心信念的人，可能受益於打破規避模式以及教導社交技巧的行為方法。
七、在想出對抗適應不良的核心信念的證據時，要有創意。使用蘇格拉底式問句來誘發看待情境的不同角度。因為患者對自己有固著而負面的觀感，需要你的活力和想像力，來幫助他們找到改變的理由。
八、蒐集盡可能多的對抗功能不良基模的證據。這些訊息可以幫助病人駁倒核心意念，提供其他認知行為介入的重要開端。
九、使用檢視證據的方法，做為幫助病人修正特定核心信念的平台。與病人檢視完證據之後，請他思考任何一個可以導向更健康思考模式的可能改變。把這些想法寫在檢視證據的工作表上，然後和本章所描述的其他介入方法一同追蹤。
十、根據成功的檢視證據練習，設計出回家作業。一些可能做法包括：在工作表上寫下更多證據、找出認知謬誤、思索其他替代的基模，或是建議一項行為作業，練習用修正後的信念來行動。

在先前的「使用詢問的技巧」一節中，描述了愛莉森的治療，她是位有暴食和憂鬱症狀的十九歲女性，我們看到檢視證據的介入方法，如何引導出豐富而具有特定行為目標的回家作業。在治療過程中，愛莉森的憂鬱有了改善，而且不再想自殺。她出院後仍然持續在門診做CBT。她的治療師針對「我必須完美才能被接受」的基模（圖8-3），幫助她做了一個工作表。注意，愛莉森想出了許多和這段陳述相反的證據，也寫出和她認知謬誤有關的幾個觀察。但是，她看來仍需要在發展替代性核心信念上努力一番。在附錄一〈工作表及清單〉中，有檢視基模證據的空白清單，可供你影印予患者使用。

列出優點與缺點

有一些適應不良的基模持續多年，因為它們有某種益處。即使基模有很多負面影響，但它們也可能有些好處，促使患者繼續用功能不良的方式來思考和行動。愛莉森的基模「我必須完美才能被接受」，就是這類核心信念的好例子。對完美無缺的追求使她痛苦，但她卻也因為她的完美主義行為，而得到某些可觀的成功。這種雙面的基模相當常見，即使在沒有任何精神症狀的人身上也有。也許你有些信念同時有好處和壞處。你可以在你的個人清單中，察覺任何這類基模嗎？

192

練習8-5　發現同時有優點和缺點的基模

1. 回顧練習8-4中你的個人基模清單。
2. 辨識一個對你有益但也不利的基模。也許這個基模使你勤奮工作，但也同時造成緊張，或對你的社會生活造成不好的影響。沒有人有一整套完全適應的基模，所以試著找出一個同時具有正面和負面影響的基模。
3. 列出這個核心信念的優點和缺點。

191

<table>
<tr><td colspan="2">我想要改變的基模：我必須完美才能被接受。</td></tr>
<tr><td>支持這基模的證據</td><td>反對這基模的證據</td></tr>
<tr><td>1.我的父母總是要求我，做什麼事都要力求完美。</td><td>1.儘管我父母標準很高，但是假如我不夠完美，他們還是會接納我。他們本身也不夠完美，儘管他們有缺點，我仍然愛他們。</td></tr>
<tr><td>2.男人都想要完美且苗條的女人。</td><td>2.我有一些過重的朋友，她們和男朋友的關係還是很好。</td></tr>
<tr><td>3.我曾在學校拿高分，得到獎學金。每個人都說我是個很棒的學生。</td><td>3.我認識一些很快樂的朋友，他們並非完美主義者。</td></tr>
<tr><td>4.你必須勝過別人才能受到歡迎。誰希望跟一個平庸的人當朋友？</td><td>4.其他不甚完美的人，似乎都能以他們的樣子被接受。或許有些人跟不甚完美的人在一起會更自在些。</td></tr>
<tr><td colspan="2">在「證據」欄中的認知謬誤：全有全無思考、誇大、漠視證據。
1. 當我把事情搞砸或是達不到目標時，我父母表示非常多的關心與接納。我知道他們希望我不要太在意自己的體重。
2. 對我來說有許多事比體重或小腹平坦更重要，我需要接受自己其他的長處。
3. 實際上，如果我不試著更完美，我會有更多的朋友。設立這樣的高標準可能會把別人嚇跑。</td></tr>
<tr><td colspan="2">檢視證據後，我對這基模相信的程度是：30％</td></tr>
<tr><td colspan="2">我所想到可以修正這基模的方式：
1. 我可以力求完美，若無法達到完美，仍會接受自己。
2. 如果我對想達成的目標更實際一點，我會更加快樂、更能感覺被接納。</td></tr>
<tr><td colspan="2">我要如何修正基模，並用比較健康的方式進行：
1. 我要寫下一個表，列出哪些方面我雖然不夠完美，但仍然是一個值得被接納的好人。
2. 我會刻意試著不強調完美主義，方法是練習（a）讓自己一個星期最少休兩次假；（b）在健身房內不要計算或記錄每次重複的動作。
3. 我將在我的學習習慣上減少完美主義，藉由（a）不再記錄我每項作業</td></tr>
</table>

花了多少時間；（b）讀書時，每個星期最少放鬆三次去娛樂（像是看電影或跟朋友聚聚）；（c）改變我的學習焦點從老想著得到好成績，變成享受學習的經驗。

圖8-3　檢視基模證據的工作表：愛莉森的例子

列出優點和缺點的技術，在臨床應用上，包含了許多用來檢視證據的步驟。首先，你應該簡要地解釋整個流程，讓患者知道進行的方向，然後問一系列的問題來導引出優缺點的書面紀錄。接著，用這個分析來考慮如何修正，使基模更具適應性，更少成為負擔。最後，設計出一項回家作業來演練新的行為。

比較基模的優點與缺點有幾個潛在的好處。基模的全面性影響會整個顯露出來，探索這些不同的影響可以刺激改變的創造性想法。當然，列出基模的有害影響可以強調出繼續保持這信念只會更糟，但是，瞭解這基模的好處也同樣重要。患者不願意放棄能帶給他們重要正增強效果的適應不良基模和相關行為，除非修正後的信念也能帶來這些好處。

當我們設法想出替代性基模時，常會建議患者想一些改變，在保留一些優點的前提下，可以消除或大幅減少先前基模的負面效果。愛莉森有關完美主義的基模，是這類介入方法的一個合理的目標。表列優點與缺點可以產生一些好辦法，來修正她的核心信念（表8-4）。

193

我想要改變的基模：我必須完美才能被接受。	
基模的優點	**基模的缺點**
1.在學時，我一直在班上名列前茅。	1.完美主義讓我累慘了。
2.我一直保持苗條。	2.我有飲食疾患。
3.我非常努力學會拉小提琴，並且進入了州立交響樂團。	3.讓我開心的唯一方法，是一切都很順利。
4.許多同學尊敬我。	4.試圖達到完美，讓別人遠離了我。他們可能很不喜歡我，因為我似乎試著要比他們更好。
5.我獲得獎學金上大學。	5.我從來都不滿意我自己。我認為我不夠好。
6.除了精神治療外，我從來沒有陷入麻煩。	6.我無法放鬆、無法快樂。我常常心情低落。我總是緊張兮兮、常常不快樂。
我有什麼想法可以修正基模： 1. 我可以選擇要做到最好的目標。例如，我可以繼續努力讀書，把事業成功當成目標。但是在生活的其他部分，我可以放鬆點。 2. 我可以發展一些興趣嗜好，不必做到最好，而且仍然可以享受樂趣。 3. 我可以在親朋好友前放鬆，並且希望他們可以接納我，即使我沒有什麼成就、不是一個完美的人。 4. 如果我追求成功但不苛求完美，別人會更能接納我。	

圖 8-4　列出優點和缺點的工作表：愛莉森的例子

認知的連續性

當基模以絕對性的用語表達出來時，患者可能是以非常負面的角度看待自己（譬如：「我是輸家」、「我不討喜」、「我很笨」）。如果有這類基模，使用認知連續性的技巧，就可以幫助患者把他們的信念放在更寬廣的脈絡中，並且調和他們的思考。

案例

傑克是一位把自己看成輸家的男性，治療師要他做個0-100分的量尺，100代表最嚴重的失敗，50代表中等的失敗，0代表一生中沒有失敗。當傑克第一次幫自己評分，他標在量尺上95分的地方。起碼他還沒把自己評成最嚴重的失敗，但他可能還是誇大了自己對人生的失望。治療師用以下的問題來幫助他修改信念。

治療師：在失敗量尺上，你把自己評在95分。你可以想像一些例子，是別人徹底失敗或是搞砸一切的？他們一輩子做的每件事都是完全的失敗。

傑　克：嗯，很難想像一個人做的每件事都失敗。

治療師：一定有些嚴重失敗的例子——任誰看都覺得完全沒救了。

傑　克：可能有人國小一年級都念不完、沒人相信他能把事情做好、總是欺騙、還有一輩子嗑藥酗酒。他因為虐待小孩和他們的媽媽，失去了小孩的監護權。他在十二歲的時候媽媽就無法忍受他，也不和他講話。（傑克咯咯地笑這個假設的人物。）

治療師：你笑得很開心。有人比這個還糟嗎？

傑　克：嗯，我想有人會故意做壞事，最後也失敗。我知道有些野心勃勃的董事，盜用公司財產，像瘋子一樣地花錢，後來被逮到。他們活該被關。

治療師：我敢打賭，你還能想到其他人的例子，在失敗量尺上得分很高，但我們來看看量尺的另外一邊。

你能想到誰未曾失敗過？誰一輩子做的每件事都很完美的？有人從沒犯過錯，或從沒失望過？

傑　克：我想沒有人可以被評價成完美，除非是總統或之類的大人物。

治療師：既然你提到總統或大人物的例子，你能指出這些人曾犯的錯誤或失敗嗎？

傑　克：當然，他們像其他人一樣也是人。我記得讀過邱吉爾。他是有史以來最偉大的領導者之一，但他曾經被解雇，而且得過相當嚴重的憂鬱症。柯林頓又如何？他也有他的問題，不是嗎？

195

治療師：好，我想你懂了。我們再看一次這個量尺。當你考慮過去的成功經驗，然後比對那些困難的時光，你現在怎麼給自己評分？

傑　克：我有過失敗。失去工作是個很大的打擊，我一直認為自己不如我的朋友。但我也並沒有差到像某些在量尺上得分很高的人。我猜我會給自己評65分。

治療師：你喜歡自己有怎樣的評價？

傑　克：可能在25到35分之間。我會給很多朋友評在那裡。

治療師：我們能不能把它當作我們治療的一個目標：建立你的自信，相信自己的優點多過缺點？

傑　克：嗯，我想要那樣。

產生替代思考

在本章中描述的改變核心信念的方法（譬如，蘇格拉底式探問、檢視證據和列出優點與缺點），通常能刺激患者思考替代性的基模。這些重要的介入可以是多產的工具，幫助患者針對他們思考的基本模式作出修正。你也可以採用為自動化思考找出合理替代思考的技巧（見第五章〈處理自動化思考〉），來處理核心信念。例如，你可以鼓勵你的患者敞開心胸，思考許多可能性，就像科學家或偵探一般；或想像他們是教練，藉著找出正向、合理的替代思考，建立他們的力量。在第五章描述的腦力激盪法，在推敲對抗深植基模的替代思考時，特別有用。當我們使用這個技巧來校正核心信念時，我們要求患者設法跳出舊的思考模式，並且考慮所有可能的改變。

另外一個幫助患者發展出替代思考的方式，是把焦點放在基模的語言上。例如，思考這些核心信念的用字：「我沒用」、「我是運動白癡」或「我總是被拒絕」。指出在基模當中的絕對性字眼，要求患者考慮使用較不極端的字眼，是一種產生更健康信念的方法（例如「我曾經被拒絕，但有些親友還是支持我」）。你也能幫助患者挑出「如果——那麼」的陳述進行改變（例如「如果大家真的了解我，他們就會知道我是個騙子」；「如果我不滿足他的要求，他就會離開我」；「如果你太親近別人，他們就會傷害你」）。教導人們僵化運用「如果——那麼」信念的侷限本質，可以促使他們產生更有彈性的基本模式（例如「親近別人固然有風險，但不總是表示我會受傷」）。你可以考慮的另一個技巧，是要求患者去檢查一些弊多於利的核心信念的用字。也許只是更改一、兩個字，就可以幫

196

助他微調基模，變得更有適應性，或者減少傷害（例如，把「我必須有所掌控」改成「我想要有所掌控」)。

有些患者能有效利用閱讀、自我反省、文化活動、課程和其他與成長相關的經驗，去發掘核心信念的可能改變。閱讀可能包括激勵的、哲學的或是歷史的讀物，來挑戰他們思考的現狀。靈性活動、戲劇或音樂表演、視覺藝術、振奮人心的公開演講，或戶外探險，可以提供用不同的方式看待自己與世界的機會。這類經驗對有志尋覓人生更深層意義或目的的人來說，更為有用。我們的患者從某些書中受益甚多，包括了弗蘭克的《活出意義來》（Victor Frankl, *Man's Search for Meaning,* 1992）、卡巴金《浩劫餘生》（Jon Kabat-Zinn, *Full Catastrophe Living,* 1990）、西格爾《愛・醫藥・奇蹟》（Bernie Siegel, *Love, Medicine and Miracles,* 1990）和拜倫・卡羅素《寧靜的藝術》（T. Byrum Karasu, *The Art of Serenity,* 2003）。

認知和行為的預演

要預測成功改變基模的三個最重要的字，就是：練習、練習，還是練習。只靠洞見不足以扭轉已確立的核心信念，你會需要設計策略，幫助患者在真實生活情境中嘗試修正後的基模，從成就與阻礙中學習，並且建立不同的因應技能。通常預演基模的可能修正方式，是從療程裡開始，然後藉由家庭作業延伸到日常生活。我們在第五章〈處理自動化思考〉及第六章〈行為方法I：增進活力、完成任務及解決問題〉中，討論了認知和行為預演的基本方法。為了喚回你關於如何預演的記憶，以及說明如何在基模的改變上運用這個技巧，我們利用泰斯醫師治療愛德的例子來說明。

先前的示範影片中，泰斯醫師幫助愛德發展出核心信念（「我很差」）的替代思考。在下個片段中，他幫助愛德把更健康的基模付諸行動。雖然愛德發覺自己和女兒溝通方式上的缺點，他還是可以確認做為爸爸，自己有許多的優點，並且有能力學習成為更成功的父親。愛德和泰斯醫師辨識到特定的溝通問題，然後演練改進關係的方法。 197

表8-5　演練新基模的祕訣

一、寫下演練新的或修正過的基模的計畫。這個計畫應該列出修正過的核心信念，以及實踐修正後基模的特定做法。
二、在一次療程中，使用心像法來預演這個計畫。辨認自動化思考、其他基模或有可能干擾改變計畫的功能不良行為模式。
三、發展出克服障礙的因應策略。
四、在因應卡上寫下補強的計畫。
五、設計一個回家作業，在真實生活情境中，演練新的核心信念和適應的行為。
六、教導患者，如何使回家作業變為成果豐碩的經驗。
七、在下次療程中，回顧回家作業的結果，必要時調整計畫。
八、當你繼續幫助患者修正基模時，謹記「練習、練習、練習」的策略。選擇多個目標，藉以演練改變基模的原則。

▶示範影片十九　排演修正後的基模：泰斯醫師與愛德

許多有用的策略可用來演練修正後的基模。如示範影片十九所示，泰斯醫師使用心像法來幫助愛德產生改變的想法。其他常用的方法包括：角色扮演、腦力激盪和使用因應卡。表8-5是預演修正後基模和後續行為計畫的一些建議。

成長導向的CBT

雖然改變的基模目標在於減輕症狀和復發預防，治療也可以用在另一個層面上，即處理個人生活意義與成長。即使患者最關心的是症狀的解除，檢視一些像是拓展個人成長的潛力或幫助他們建立生活目的的核心信念，也可能有幫助。你可以詢問病人以下範例問句，以查明他們是否有目標，能將治療導往成長的方向：「當你克服了憂鬱症，是否有些事想在治療中處理？」「在你退休（或是孩子離家，或經歷離婚等等）之後，你是否有改變生活的其他目標？」「你說不想再當工作狂……假設大部分的時間不再工作，那你對人生有什麼目標？」

198

愛莉森，那位有憂鬱和暴食症問題的年輕女性，執著追求完美、奮力控制事物，致使她錯過了許多對她的世界可能會有意義的事。不過，當她的症狀改善，她能夠對眼前的未來有更豐富的想法。原先被功能不良基模所遮蔽的適應性信念，現在也能夠茁壯、強大了（例如：「我是一個好的朋友」；「我要有所不同——在一生中做點事幫助別人」；「我喜愛在大自然中，欣賞周圍的景物」）。

建立成長導向基模的過程，有時包含了探索新的範疇。或許患者一直認為他的人生少了什麼，或在他的生命中不曾有過有目標或有意義的事，或者一個重大的失落動搖了他的核心價值與概念。在這些情形下，CBT可以被應用來幫助他們解決現有的問題，嘗試找到一些方法，來超越失落、釋放潛能或是付諸新觀念。在我們為大眾所寫《重新生活》一書中，我們建議了數種尋找意義的有用方法。這些想法大多數從弗蘭克的著作（Victor Frankl 1992）中摘出，對於那些希望建立目標感、深化對核心價值的承諾的人，都可以指派為自我幫助的練習。

有些成長導向CBT著作和書籍的作者，已經使用「建構主義」（constructivism）或「建構式認知療法」（constructivist cognitive therapy）來描述一種新取向，即治療師幫助患者發展出能建構出新的個人存在經驗的適應性基模（Guidano and Liotti 1985; Mahoney 1995; Neimeyer 1993）。「建構式認知療法」的最終表現，是一個把人轉化到更高層次的真實與幸福的治療過程。在我們的CBT經驗裡，這種重大轉化並不常見。但是，當人跳脫只為了緩解症狀而接受治療的階段，而能在追求成長導向的目標上繼續努力時，患者和治療師對於結果都會相當滿意。

完整描述成長導向和建構式認知療法的CBT方法，已經超出這本基礎教材的範圍。但是，我們建議你在建立治療的系統性闡述時，考量個人成長與意義的層面，同時，至少安排一部分治療的時間，致力於幫助患者找出能導向未來的適應性核心信念。

199

練習8-6　修正基模

1. 和協助者運用角色扮演的練習，來檢視基模的證據，權衡它的優缺點。
2. 接著使用本章所描述的產生替代思考的技巧。
3. 制定把修正後基模付諸行動的計畫，包括用不同方式來思考與行動的細節。

4. 然後在你對患者的治療中，履行這些修正基模的方法。
5. 至少從患者身上引出一個有適應性、成長導向的基模，並且建立一個化信念為行動的計畫。

結論

改變核心信念會是一項很有挑戰性的任務。但是，修改基模的治療工作，可以在自尊與行為效率上帶來重大進展。由於基模經常深藏在思考的基本規則裡，治療師在挖掘過程中，可能需要智巧和堅持。常用來揭露核心信念的方法，包括蘇格拉底式探問、在自動化思考的模式中察覺基模，以及向下追問法。寫下基模清單，可以幫助治療師和患者專注於變動的過程。

為了鬆開適應不良基模的箝制，CBT的方法鼓勵患者從自己的核心信念退後一步，並檢視其真確性。像檢視證據和列出優缺點的技巧，都可以促進更寬廣的視野、刺激新基模的建立。在晤談中或回家作業裡，若出現核心信念修正的可能性，就該設計一個在真實生活情境中可實踐的具體計畫。為了強化修正後的基模，並置換老舊或適應不良的思考方法，反覆演練通常是必要的。對某些患者來說，成長導向的CBT可以幫助他們發展出深化他們自我概念、提升幸福感的適應性核心信念。

參考書目

Beck AT: Demonstration of the Cognitive Therapy of Depression: Interview #1 (Patient With a

Family Problem) (videotape). Bala Cynwyd, PA, Beck Institute for Cognitive Therapy and Research, 1977

Beck AT, Freeman A: Cognitive Therapy of Personality Disorders. New York, Guilford, 1990

Beck AT, Brown G, Steer RA, et al: Factor analysis of the Dysfunctional Attitudes Scale in a clinical population. Psychol Assess 3:478-483, 1991

Clark DA, Beck AT, Alford BA: Scientific Foundations of Cognitive Theory and Therapy of Depression. New York, Wiley, 1999

Evans MD, Hollon SD, DeRubeis RJ, et al: Differential relapse following cognitive therapy and pharmacotherapy for depression. Arch Gen Psychiatry 49:802-808, 1992

Frankl VE: Man's Search for Meaning: An Introduction to Logotherapy. Boston, MA, Beacon Press, 1992

Greenberger D, Padesky CA: Mind Over Mood: Change How You Feel by Changing the Way You Think. New York, Guilford, 1996

Guidano VF, Liotti G: A constructivist foundation for cognitive therapy, in Cognition and Psychotherapy. Edited by Mahoney MJ, Freeman A. New York, Plenum, 1985, pp 101-142

Jarrett RB, Kraft D, Doyle J, et al: Preventing recurrent depression using cognitive therapy with and without a continuation phase: a randomized clinical trial. Arch Gen Psychiatry 58:381-388, 2001

Kabat-Zinn J: Full Catastrophe Living: Using the Wisdom of Your Body and Mind to Face Stress, Pain, and Illness. New York, Hyperion, 1990

Karasu TB: The Art of Serenity: The Path to a Joyful Life in the Best and Worst of Times. New York, Simon & Schuster, 2003

Linehan MM: Cognitive-Behavioral Treatment of Borderline Personality Disorder. New York, Guilford, 1993

Mahoney MJ (ed): Cognitive and Constructive Psychotherapies: Theory, Research, and Practice. New York, Springer, 1995

Neimeyer RA: Constructivism and the cognitive psychotherapies: some conceptual and strategic contrasts. Journal of Cognitive Psychotherapy 7-159-171, 1993

Siegel BS: Love, Medicine, and Miracles: Lessons Learned About Self-Healing From a Surgeon's Experience With Exceptional Patients. New York, Harper-Perennial, 1990

Wright JH, Basco MR: Getting Your Life Back: The Complete Guide to Recovery From Depression. New York, Free Press, 2001

Wright JH, Wright AS, Beck AT: Good Days Ahead: The Multimedia Program for Cognitive Therapy. Louisville, KY, Mindstreet, 2004

Wright JH, Wright AS, Albano AM, et al: Computer-assisted cognitive therapy for depression: maintaining efficacy while reducing therapist time. Am J Psychiatry 162:1158-1164, 2005

Young JE, Brown G: Young Schema Questionnaire: Special Edition. New York, Schema Therapy Institute, 2001

Young JE, Klosko JS, Weishaar ME: Schema Therapy: A Practitioner's Guide. New York, Guilford, 2003

【第九章】常見的問題與陷阱：從治療的挑戰中學習

本書所提及的治療方式，優點之一是實行簡單。然而，過程 203 中的困難可能阻礙治療師達成治療目的。在第二章〈治療關係：進行合作的經驗療法〉中，我們詳述了處理治療關係中問題（例如移情和反移情）的方法。在本章，我們將提及CBT中其他常見的挑戰，提供策略以避免問題發生，並略述困難發生時回應的方法。這些可能的方法僅是認知行為治療師諸多處理治療障礙方式的其中幾種，讀者可發揮創意、發掘自己的方式，來因應治療中的問題與陷阱。

未完成回家作業

患者未完成回家作業的理由很多，可能包含（一）治療師技巧的問題（例如：未能幫患者做好準備；建議的作業太困難或太 204 簡單，甚或無效）；（二）患者的因素，如健忘、沒有活力、缺乏動機、專注力差，或對回家作業持負面態度。當回家作業未如預期完成，治療師可做些事來防範或有效處理。

預防

一、設計回家作業時邀請患者加入。大部分患者會被指定一些標準的回家作業（例如：閱讀基本原則、完成思考紀錄）。然而，許多回家作業可根據個別需求來量身訂製。當患者可參與自己回家作業的設計時，他們會比較樂意完成它。患者應盡可能提出特定需求的作業，而治療師則可加以塑型，盡可能使患者能完成作業。

二、預演所指定的回家作業。如果治療師在當次療程中至少演練一部分作業，示範如何完成指定的回家作業，患者會比較知道方法，並且在兩次治療間完成。用認知及行為的預演，讓患者運用自助的方法應對真實世界的情境，可能會有用。一些在療程開始時可以先預演的回家作業練習包括：（一）使用因應卡來實踐問題解決的策略；（二）完成用來檢視及修正自動化思考或基模的工作表；（三）持續某個行為計畫來增加有趣的活動。

三、務必追蹤前一次規定的回家作業。當治療師回顧並討論回家作業時，同時也傳遞出一個訊息：作業是重要的。反之，若治療師不詢問之前回家作業完成的情況，表達出的即是，回家作業不值得浪費治療的時間，也不值得患者費心完成。一個常見的問題是，為了即時討論新的材料而忘記回顧之前的回家作業。為了避免這樣的錯誤，治療師應把作業回顧安排至每次會談的議題中。

四、小心使用「回家作業」這個詞。大部分成年患者不會對回家作業這個詞有負面的態度。他們了解治療師在建議適當的練習，來幫助他們更好地因應問題。然而，若患者尚在就學年齡，或對過去就學經驗有負面看法時，替代的辭彙也許有用。如果需要，治療師可稱之為自助練習。或者可問患者在兩次治療之間，如何應用他們所學。例如：「現在你知道如何辨認負面想法了，那麼你如何在難過的事發生時，在家運用這種技巧？」「日常生活

205

中你如何運用活動排程？」「你覺得哪些時機會運用到因應卡？」

復原

一、評估指定作業的接受度和實用度。有時一項作業在治療中乍看是個好主意，但患者抽空思考後，卻可能變得不切實際或無用。如果患者表示沒做回家作業，問她是否覺得仍值得完成。如果答案肯定，修正一下計畫，使作業更容易被接受或更有用。若指定的作業不再需要，換上其他有用的回家作業。

二、在當次治療中完成沒做的回家作業。如果之前指定的回家作業可以在單次治療中完成，那麼在指定新的作業前，先花點時間完成它。有時候，治療師幫助患者開始做作業是必要的。

> 荷西打算寫份求職信跟履歷去應徵工作。他同意把求職信當作回家作業，但回家後，發現自己毫無頭緒。在下一次治療中，治療師與荷西對於求職信的內容做了腦力激盪。依據當次獲得的內容，荷西在下次治療之前，可以自己完成求職信了。

三、評估對於回家作業的負面想法。負面想法可能伴隨焦慮、憂鬱或其他問題，使患者無法完成回家作業。例如，如果患者感到絕望，他也許會太消沉以致缺乏行動力；如果回家作業是暴露練習，災難性想法可能會使患者拒絕嘗試。關於回家作業的不良想法例如：「我學業上從來都表現不好，我做不來。」「我要嘛，就把回家作業做得完美無瑕，要嘛乾脆不做。」「我什麼事都做不好，為什麼要試？」當治療師辨識出這些對回家作業的反

206 應，可以藉著思考紀錄、檢視證據或者其他CBT的方法，來修正偏差的認知。要求患者寫下這些練習得到的結論。當負面想法又浮現時，回顧這些結論。

四、把作業沒完成當作學習的機會。作業沒完成的原因，可以為CBT的介入提供好機會。例如，患者可能會提及有活力減低、低自尊、做事拖泥帶水、無法安排一日排程或者承受過度壓力，以致無法完成回家作業。治療師應該在各種情形下，幫助患者辨識問題所在，修正認知行為的偏差。把回家作業沒完成當作治療的議題之一，有兩個好處：（一）完成作業的遵囑性會改善；（二）可以練習跟加強認知行為的技巧。

難以引出自動化思考

有些患者只能報告粗略的事件經過，或在口語表達自動化思考上有困難。對於這些個案，治療師可能會感覺被迫必須藉由完成患者的句子，或為患者的感覺與思考作假設，才能揭露患者的故事細節。這樣的策略往往是錯誤的。治療師可能會沒有察覺重要的認知，若治療師猜錯的話患者也許會覺得被誤解。

預防

一、讓患者敘述一段不愉快的經驗。聆聽患者的自動化思考，治療師加以釋意以確定自己所聽正確，並請患者在思考紀錄表上寫下這些認知。除非患者是個絮叨型的說故事者，在要求患者辨識特定的自動化思考前，先讓他完整敘述這些事件。如果患者對於以言語表達其自動化思考有困難，請患者敘述他看到了什麼。

二、發掘事件的意義。當患者不知道為何某個情境會困擾他，詢問在事件中引起患者強烈情緒的部分是什麼。「她的音調為什麼讓你這麼生氣？這個經驗為什麼讓你這麼憤怒？」如果答案是「我不知道」，給患者時間想，然後試著幫患者了解事件的意義。下面舉例說明詢問相關事件意義的重要性：

207

當翠莎的爸爸走進她的車庫，幫忙組裝她正費力組合的置物架時，她發現自己怒不可遏。爸爸當時只跟她說：「好了，讓我來。」一開始，翠莎不明白，為何自己對父親體貼的舉動會如此惱怒。然而，當她想到父親的話對她的意義時，她能辨識出在那情境下自己的負面想法：「他覺得我笨到連這都做不來。我父母總是幫我做人生中的所有事，而我也讓他們這麼做。他們不覺得我能靠自己解決事情。我想獨立，但每次我嘗試，他們總是插進來幫我。也許我真的很無能。」

三、試著察覺具強烈情緒的認知。如第五章〈處理自動化思考〉所提及，特定的自動化思考會誘發強烈的情緒。因此，應該努力詢問患者會刺激他們情緒的問題。如果患者難以回憶起與自動化思考相關的情境或情緒波動時，運用心像練習。

四、詢問患者在挫折事件中的行為。從行為倒推回認知，詢問患者某個特定行為的理由，或考慮過什麼其他的替代方法。例如，如果患者未採取行動，可問：「如果回到當時，你希望自己採取什麼行動？是什麼讓當時的你沒有這麼做？」

復原

一、避免詢問封閉式問題（如是非題、選擇題）。當患者對於表達自動化思考有困難時，治療師很容易開始問封閉式問題，藉以引出患者對於特殊情境的反應。例如，治療師也許會問：「那讓你生氣嗎？」「你會因此心情不好嗎？」「是因為你覺得被拒絕嗎？」如果治療師發現自己問了這類型的問題，試著改用開放式的問法：「這樣的事件引起你什麼想法？」「你覺得自己如何？」「這個情況下，你對其他人有什麼想法？」

二、在重要的議題上多作停留。如果患者對於辨識自動化思考有困難，不要提早放棄。有時候多一點努力或用不同的處理方式，可以讓治療師發現患者重要的認知。心像練習與角色扮演可以幫忙患者重返現場，回想起重要的自動化思考。針對一些特別令人困擾情境的回家作業，也可以引出在治療中不明顯的自動化思考。

208

三、記錄盡可能接近創傷事件的想法。有時候患者會說，在痛苦的情緒之前，他們並沒有任何想法；他們只是突然恐慌發作、焦慮或難過。由於對這些患者而言，要在發作之後的幾天記起任何想法可能很困難，因此若治療師指定的回家作業是：恐慌發作或情緒爆發時馬上記錄自己的認知，不管是錄下或寫下，通常很有用。在下次治療當中回顧和分析，可以藉此探討自動化思考。

四、使用清單或其他輔助辦法。如果其他方法都無法幫助辨識自動化思考，可考慮使用清單，如自動化思考問卷（Hollon and Kendall 1980），或是第五章〈處理自動化思考〉中所提供的簡易清單。治療師也可建議患者閱讀一些辨識自動化思考的書籍或使用電腦輔助軟體。清單、閱讀及電腦輔助CBT可提供辨識自動化思考的其他替代方法。

五、回顧訂定的目標清單。當患者熟悉如何控制負面自動化思考，且症狀改善後，在因應壓力事件時，或許就不再被負面思考所淹沒。當治療師發現會談時很少或不再談論負面思考時，患者很可能正大幅進步，也許是把重心放在其他治療目標的時候了。回顧患者在治療一開始的目標清單，評估整體的進展，並根據患者的改善情況，視需要來調整治療目標。治療師也許可考慮與患者討論治療的完成度，決定還需進行幾次治療以達成治療目標。

過度口語表達的患者

有些患者偏好將大部分治療的時間，花在討論及拼湊創傷事件的細節，而不是討論處理問題的策略。這通常出現在之前曾接受過非結構化或非指導性治療的患者，或是天生多話的患者。雖然自由表達感受跟想法是參與治療的重點，治療師仍須在某些時候引導患者會談的方向，讓他們在CBT中獲得最大的利益。

預防

209

一、使患者適應CBT。在第一次治療會談中，向患者解釋CBT的合作本質。詢問患者之前的治療經驗，討論以問題為導向的CBT治療法有何不同。為了使治療焦點更明確或指導新技巧，請患者允許治療師偶爾打斷患者的談話。

二、表達你在打斷患者談話時的不舒服。對一些治療師而言，之前的訓練是支持性、非指導性或心理動力取向的治療，會覺得主動打斷患者或主導會談方向很困難。此外，有些治療師的背景或人格特質，會使他們對於打斷他人感到猶豫。當你發現自己很難要求患者在會談中集中焦點，要與督導討論並練習如何禮貌地打斷患者。例如，你可以說：「你介意我打斷你嗎？你剛剛提到的某些事很重要，我希望知道多一點。」如果患者在你有機會插話前就改變主題，可以說：「在你繼續告訴我關於你姊姊的事前，我在想能不能多談一點你剛剛提的那件事。你剛提的事讓我很感興趣，我想我可能知道該如何幫忙。」大部分患者會合作，讓你說話，或者至少會對你將要建議什麼感到好奇。如果患者仍再次改變主題，就這麼說來打斷她：「我想要多聽一些妳要說的事，但在此之前，我想將之前的主題先完成會比較好。」

三、教患者簡單摘要所陳述的事件。在CBT的前幾次會談之中，試著讓患者看到，如何藉由摘要的方式，從訴說的事件或治療處遇中汲取重點。你可先提出幾個簡短的摘要，示範如何從溝通的內容中節錄幾句重點，然後要求患者試著做做看。

復原

一、在治療的結構及開放討論間求取平衡。當患者總是花大部分時間談挫折的事件，剩下能拿來做介入處理的時間就會不夠。先暫停，再次解釋CBT的互動過程，以及你會如何藉著強調再現的問題來教導患者新技巧。如果患者是一個天生的說故事高手，對於CBT的結構化本質覺得沮喪，最好能把大多數時間拿來討論特定議題，另保留一部分時間讓患者報告自上次會談後至今發生的事。為了讓患者配合結構化的治療，你可以這樣說：「你能夠說出你的經歷，這樣非常好。我從你生活中遇到的人和

210

碰到的問題當中了解很多。但是我發現，我知道夠多故事的細節，卻沒有時間教你新的東西，每次會談都在當我們有機會處理你的問題前就結束了。我想建議多留一些時間來進行CBT的工作。你覺得呢？」

二、與其阻擋患者自由討論，不如試著把焦點放在上面。有些患者會說他們希望能談話，不希望被打斷或被指示。這類患者會喜歡別人聽他們講生活的事件，又或是在先前的正面治療經驗中被鼓勵表達情緒。在治療當中使用自動化思考紀錄，是個使患者的自由討論能聚焦的方法。當患者敘述生活中的事件時，你就填在日記上，並與患者分享你所寫的，然後教導患者使用思考記錄的技巧，來辨識出關鍵的自動化思考和情緒。

為特定行為模式所困的患者

有些行為問題很難改變，尤其是多年的習慣。此外，憂鬱跟焦慮的症狀也會妨礙改變。下面幾項實用的建議，可幫助改善有問題的行為模式。

預防

一、跟患者討論目前的症狀會如何阻礙他改變行為的計畫。如果患者有憂鬱症，可能會有活力減低及動機貧乏的現象（憂鬱症的典型症狀），這些症狀會妨礙患者完成治療。如果問題在於焦慮，患者也許會因為害怕，而不敢參加暴露療法。如果問題在於專注力不佳，患者也許不能完成過長的閱讀作業。治療師應謹記疾病症狀會怎樣阻礙治療，而規劃因應措施。

211 **二、利用患者的長處，設計介入的方式**。患者的興趣、好習慣、支持性的人際關係或是其他資源，可以被用來改變存在已久的行為模式。患者的精神信仰、對細節的專注度或是幽默感，能夠幫助他們用不同的角度看事情，或是參與別的計畫嗎？很多人發現，找個朋友一起做運動或念書，可以克服拖延怠惰的問題。

三、預想患者在改變舊習時可能遇到的問題。預想到會阻礙患者行動的因素，例如，患者經常看電視，而不完成作業，那麼就將這個因素納入治療計畫中。或許患者所要改變的行為，必須在早晨打開電視前就開始，或者你可能需與患者擬訂行為契約，來限制看電視的時間。

四、引出並修正引發拖延、規避或無助的認知。有些患者的自動化思考或潛在的基模，也是問題的一部分。筆者所治療的一位年輕女士，是一個慢性的拖延者。她無法完成學校交代的事，無法履行承諾，也無法持續計畫。治療的重點之一是在處理促成她拖延的核心信念：「如果我真的試了，我會失敗。那麼我本來就是失敗者的事實，就會被揭露出來。」

五、鼓勵自我監測。克服延遲的好計畫，包括將患者試著改變的行為納入記錄。記錄可以強化正向行為，讓患者看到執行計畫的困難點何在，並且提供治療中可供討論的極佳素材。記錄的例子可包含：食物日誌、運動紀錄（例如：花在運動的時間、消耗的卡路里、運動的類型），或是記錄花在找新工作的努力。

六、使用漸進的方式。如第六章〈行為方法I：增進活力、完成任務及解決問題〉所討論的，困難的任務可分成幾個較小的步驟。如果患者藉由完成任務中較不複雜的部分，而得到經驗及自信，將較能夠漸進地達到整個治療的目標。

復原

一、再試一次。積習難改。問患者是否他計畫的行為改變依然是優先選擇。如果回答是肯定的，請他再次試著改變。選擇最可能成功的時間與地點。讓患者同意自己會在下次治療之前，多試幾次行為練習。

212

二、利用認知預演。在患者做另一次嘗試之前，請患者想像並敘述他將如何逐步實行計畫。著眼在其中可能遇到的障礙，並幫助患者做好準備，排除過程中的障礙。

三、評估改變行為模式的優缺點。製作一個兩欄的表格，分別標示優點及缺點。第一列標明欲改變的行為（例如拖延），下一列標示可採取的作為（例如行動）。讓患者指出每個選項最重要的優點及缺點，找出一個行為策略，讓患者既能得到好習慣帶來的好處，也能保留部分壞習慣帶來的優點。圖9-1提供某位患者評估拖延帶來優缺點的例子。

	優點	缺點
拖延	壓力較少。 我就不用處理。 比較簡單。 我不會失敗。 時間可以花在比較有趣的事上頭。	對必須去做的事感到惴惴不安。 房子跟辦公室一團亂。 大家都覺得我是失敗者。 跟有行動力的人格格不入。 我討厭自己拖拖拉拉。
行動	可以完成事情。 對自己感覺比較好。 不必再擔心我之前所逃避的事情。 我的家人會以我為榮。	太多事要做。 我處理不來。 那不但令人壓力很大且不愉快。

圖9-1　患者對於拖延的優缺點的評估

進展因環境壓力而脫軌

有精神疾病的患者普遍在生活中有心理社會的重大壓力，例如家庭糾紛、經濟困難、學業問題、法律問題、離婚，以及嚴重的內外科疾病。你致力的進度常須轉移到危機處理，而偏離了原先的技巧訓練。如果患者的生活中有許多壓力，很容易讓整個治療困於這些主題，而沒有時間直接處裡患者求診的症狀。

預防

一、試著不要被患者問題的複雜性淹沒。監測治療師自身有關幫助患者的能力的自動化思考。使用你教導患者的技巧來控制你的負面思考。如果你因為患者生活的複雜程度覺得沮喪，或是有絕望的想法，這將表現在你的言行舉止上，影響到你幫助患者解決問題的能力。

213

二、一次選擇一個核心問題。通常最好是針對一個目標探究到開始看到成果為止，儘管這表示必須暫時略過其他重要問題或症狀。試著專注在同一個問題，不要把有限的注意力分散在不同的事件，結果什麼都沒解決。如果患者學會使用認知行為的方法處理特定的問題，他將可以把這些技巧運用在處理其他問題上。

三、教導問題解決技巧。當患者的狀況太過嚴重，以致無法應付事情時，忘記付帳單或無法控制不健康的飲食習慣等問題，會隨時間累積而惡化。因為憂鬱和焦慮的症狀，可以包括對未來、對自身解決問題能力感到悲觀，所以，患者在還沒嘗試前，就已經覺得情況不在自己的掌控之中。一個常見的抱怨是「我不知道從哪開始。」如第六章〈行為方法I：增進活力、完成任務及解決問題〉所討論的，你可以藉著教導患者問題解決技巧，例如排列困難的優先順序、設定可達成的目標以及每日活動排程，來幫忙患者採取行動。

復原

一、重組。如果你在治療中，因患者問題的複雜度感到煩擾或困惑，可試著藉由下列方式來重組：將患者遇到的困難整理出來，幫助患者列出問題的優先次序表，選擇一個特定的介入焦點。 214

二、帶進助力。治療師可能會因為一些患者的心理社會問題而變得頹喪，尤其是如果治療師認為解決患者的問題，是他們的首要責任。找出患者周遭能提供幫忙解決其心理社會問題的人。當患者覺得壓力排山倒海而來時，會忘記還有其他人可提供協助。修通患者對於請求協助的負面自動化思考，演練如何向他人請求協助。

三、鑑往知來。找出患者過去因應壓力的策略。患者很可能過去曾遇到困難，並找到方法解決。如果他可以想起過去對於解決困難的努力，但現在卻缺乏自信採取類似的行動，試著藉由想出他能否使用舊方法解決新問題的正面與反面證據，來改變他的負面自動化思考。

疲倦或耗竭的治療師

心理治療是困難的工作。不論有經驗與否，對治療師都是心理及情緒上的壓力源。當你是新手，對這些方式還不熟練，或是對自己的技巧沒信心時，對於沒有進展的患者可能會覺得沮喪。這可能導致暫時耗竭的感覺，使你想要放棄患者，或者根本想放棄當治療師。如果你能堅持這訓練的過程，直到技巧更成熟、獲得自信，這暫時耗竭的感覺將會消失。然而，因為心理治療消耗心力的本質，治療師可能會週期性地對工作感到疲倦。下列有幾種方法可以預防或減少你疲倦或耗竭的感覺。

預防

一、照顧好你的基本需求。治療師常習慣於忙碌的工作，過度驅策自己結果導致忽略了自己的日常需求。這個問題的警示徵象包含：沒有時間吃早餐、時間表過滿、兩次治療間沒有休息的時間，或是同意在午餐時與患者會面。為了有效率地當個治療師，你必須心智敏銳、專注，不因對抗自己精神或身體的壓力源而分心。如果你想要給患者最好的服務，那你就得安排時間照顧自己。

215

二、找出自己的限制。每個治療師在不過度疲累的狀況下，每天或每週能負荷的個案數及治療的時數有很大的不同。當你發現有以下情況，就是過勞了：自己太疲倦以致缺乏效率、下班後太累無法做任何事、對家人及朋友的問題興趣缺缺，或是下班後需要自我給藥來放鬆。另一個超出極限的指標是對工作失去興趣。找到自己的極限，設定一個自己在界限內能正常運作的日常作息表。

三、在工作跟生活的其餘面向之間，保持健康的平衡。發展出豐富自己生活的興趣或嗜好。除了接觸患者外，做一些別的事，花一些時間在對你自身有意義的其他事情上。

復原

一、休息。睡飽，做一些休閒活動來充電，安排整個週末或放長假來遠離工作，讓心靈休息，下班時參加一些與平日認知活動較不同的活動或體能運動。這會帶給你負責同理傾聽、問題解決的大腦部位短暫休息。休息時避免想到工作。

二、找督導。如果你感覺到自己的疲憊是針對某位特定的患者，找督導或同事談談。如果你經驗到反移情，與督導者討論，並找出處理這種反應的策略。你或許會發現，自己對於某些特定的問題比較容易感到疲倦，或是對於特定的疾病或症狀覺得厭煩、難以處理或尚無技巧來處理。例如，有些治療師不喜歡治療有物質濫用問題或人格疾患的的患者。如果你發現這類的工作無趣或令人不悅，考慮排除治療這一類的患者。可將患者轉介給其他專業同仁。

三、學習新事物。疲倦或耗竭可能與對每個患者都做同樣的事情有關。在CBT有個風險是，針對特定問題的方法是如此結構化與相似，以致你發現自己對於例行公事感到厭煩。如果是這樣，學點新的。上個課、讀本書，或與其他治療師討論他們的治療方法。只要你維持著CBT的概念及模式，有很多有創意的方法可以應用，例如：（一）對特定的疾患用新的技巧（辯證行為治療用在邊緣性人格疾患；行為治療用在飲食性疾患；或認知重構用在精神病。見第十章〈治療慢性、嚴重或複雜疾患〉）；（二）使用CBT的電腦程式（見第四章〈結構化與教育〉）；（三）使用教具，例如記分板或繪畫素材；（四）建議患者接觸一些可帶來不同治療想法的自助閱讀材料。 216

服藥遵囑性不佳

不持續服藥是常見的問題，特別是當藥物需要長期服用，或有不適的副作用時。因此，如果患者的治療計畫包含服用精神科藥物，考慮使用CBT的方法來改善服藥遵囑性是很重要的。關於CBT跟藥物治療的研究顯示，加上CBT會顯著提升服藥遵囑性（Cochran 1984; Kemp et al. 1996; Lecompte 1995）。

當臨床治療師是內科醫師或護理人員，CBT的方式可與藥物管理技巧合併，提供一個全面整合的治療模式。治療的重點之一，在於可加強對藥物處方的瞭解與遵囑性。然而，當你不是開立處方的內科醫師時，你的角色則是幫助患者與開立處方的醫師討論藥物遵囑性。

預防

一、創造一個討論遵囑性的舒適環境。讓患者知道，對大多數人而言，長期維持治療是很困難的事情。不要批評或論斷不持續服藥的問題。與患者開放地討論他服藥的習慣。患者需要自在地討論為何服藥遵囑性不佳，因此治療師必須當個客觀、不具威脅性的聆聽者。

217

二、預見遵囑服藥可能遇到的障礙。問患者過去是否有持續服藥的困難，找出他服藥遵囑性不佳的阻礙。一些最常見的問題像是：（一）健忘或混亂；（二）覺得已改善；（三）副作用；（四）對藥物持負面態度；（五）他人慫恿；（六）對於開立處方的醫師不悅。判斷任何目前存在或未來可能出現的因素。當一個人的作息、計畫或環境有巨大改變時，詢問這些改變是否影響其服藥遵囑性。

三、做一個預防服藥遵囑性不佳的計畫。對於每個造成遵囑性不佳的潛在障礙，安排一個書面計畫。定時回顧，看是否需要任何修正或增添，好使服藥遵囑性更佳。圖9-2是一個雙極性情感疾患患者的藥物遵囑計畫。

218

為何我不吃藥	解決方法
我起得晚，忙著衝出門去工作而忘了服藥。	每晚設鬧鐘。 把藥擺在牙刷旁邊，即使起得晚也記得吃（我總是在早上刷牙）。
我開始覺得藥物讓我心情不好，我不需要它。	回顧我跟醫師所列的、關於停藥的缺點。 例如：我睡得太少；變得很容易發脾氣；當躁症發作時我會失去控制；財務上會惹麻煩； 我曾因躁症發作而丟了工作。
我旅行時忘了帶藥。	預備備用方案。向醫師要一些備用藥放在皮箱裡。 多要一張處方箋放在皮夾中。
我覺得非常棒。我運勢正旺，忘記繼續服藥。	同意當太太及父母告訴我自己躁症發作時，聽取他們的意見。同意他們提醒我服藥，把藥放在藥盒裡，好讓我的家人知道是否我已服藥了。

圖9-2　服藥遵囑計畫的例子

四、時常檢視服藥遵囑性。你即使相信治療關係極佳，也不應假定患者一定會遵照處方服藥。平常就應監測病患的服藥遵囑性，而不要等到症狀出現時才開始注意。以開放性問句來鼓勵患者誠實地說出實際服藥情形。某些問句可能有些瑕疵，像是：「你的藥全都有吃嗎？」。為了討好你，患者可能會說有，但實際上卻有幾次忘了服藥。較好的問句是：「最近吃藥的狀況怎樣？」

復原

一、評估患者對於服藥的自動化思考及核心信念。當你察覺到患者關於服藥的偏差想法（例如：「吃藥的人很軟弱」、「我會變得依賴藥物」、「如果別人發現我在服藥，將不再信任我」、「我應該要靠自己好起來」），你可以用標準的CBT方法，如心理衛教、點出認知謬誤以及檢視證據，來修正這些認知。如果你認為服藥遵囑性不佳與患者對診斷的接受度低有關，試著將疾病正常化及去污名化。你可以建議患者閱讀有關解釋該疾病的資料。

218 **二、使用簡單的行為策略。**與患者合作，制定扭轉遵囑性不佳的行為計畫。例如，將服藥合併在其他的例行活動中（例如，建議患者將服藥納入每日睡前的例行事項中）、使用提醒工具，或制定一個行為契約。

三、幫助患者與處方醫師（若不是你）討論服藥遵囑性的問題。你可以引發關於患者服藥的自動化思考，建議患者寫下來，告訴醫師。另一個策略是利用角色扮演練習，幫助患者說出對藥物的擔心。有時，徵求患者同意，與其醫師討論遵囑性的議題和 219 計畫，可能會有幫助。

四、設定改善服藥遵囑性的目標。找出遵囑性不佳的行為模式。是針對一種藥，還是全部？是早上比較容易忘記嗎？將改善的目標集中在較無法持續服藥的特定藥物或時間上。

結論

CBT中常見的問題，包含未完成回家作業、難以引出自動化思考、過度口語表達的患者、受困於負面行為模式的患者、過度的環境壓力、治療師的疲倦與耗竭及服藥遵囑性不佳。我們建議你小心監測治療中是否遇到這些困難，與同事和督導討論解決之道。每個CBT中遇到的困難，都是學習及豐富臨床技巧的機會。

參考書目

Cochran SD: Preventing medical noncompliance in the outpatient treatment of bipolar affective disorders. J Consult Clin Psychol 52:873-878, 1984

Hollon SD, Kendall PC: Cognitive self-statements in depression: development of an automatic thought questionnaire. Cognit Ther Res 4:383-395, 1980

Kemp R, Hayward P, Applewhaite G, et al: Compliance therapy in psychotic patients: randomised controlled trial. BMJ 312:345-349, 1996

Lecompte D: Drug compliance and cognitive-behavioral therapy in schizophrenia. Acta Psychiatr Belg 95:91-100, 1995

Wright JH, Wright AS, Beck AT: Good Days Ahead: The Multimedia Program for Cognitive Therapy. Louisville, KY, Mindstreet, 2004

【第十章】治療慢性、嚴重或複雜疾患

221　完成初步的認知行為治療訓練後——通常最好是透過在督導下，與重鬱症患者或一般焦慮疾患患者的治療來完成，接下來該嘗試治療更複雜問題的病患了。自1980年代以來，已經有些研究記載了CBT的效用及針對嚴重、慢性或難以治療的疾患像是雙極性情感疾患、邊緣性人格疾患及精神分裂症，與之相關的治療模式。

為了這些在治療上狀況較為困難的病患族群，有些引導治療的共通元素，如下所列：

- 認知行為模式以及CBT的所有面向，和合適的藥物治療完全相容。
- 不論疾病的嚴重度或損害程度，治療關係都具有合作的經驗療法的特徵。
- 治療遵循一致的結構：每一次的治療都以一個議題做為開始，治療進行到一個段落後以一簡短的總結做結束，並在進行到下一個議題項目之前，提供病患回饋的機會。
- 回家作業的指派直接針對療程中設法處理的素材為基礎發展。
- 222　治療策略導向有問題的認知、情緒或行為面向。
- 必要時，可以邀請家庭成員或重要他人到治療團隊中，促進治療的進行。
- 要評估成效並調整治療方式，以達到最大可能的進步。

在本章中，我們會簡短回顧已被採納用來治療有嚴重精神疾患病人的CBT和相關治療模式，重點在於討論這些方式的臨床經驗證據，並提供治療這些複雜或失能病患的一般性指導方針。而針對這些疾病的認知行為治療，像是雙極性情感疾患、第二軸疾患以及精神分裂症，相關的書籍與治療手冊，列舉在附錄二〈認知行為治療資源〉中。

嚴重、慢性以及難治型憂鬱疾患

治療憂鬱疾患的傳統治療模式直接或間接地指出，嚴重或慢性的憂鬱症本質上大部分是生物學的，因此，可能更需要身體形式的治療（American Psychiatric Association 1993; Rush and Weissenburger 1994; Thase and Friedman 1999）。雖然有些研究結果顯示，嚴重憂鬱的門診病患對CBT的反應也許會比較輕微憂鬱的病患來得差（Elkin et al. 1989; Thase et al. 1991），但嚴重憂鬱症並不構成單獨CBT治療的禁忌症。實際上，一篇回顧了大量研究的論文指出，更為嚴重的憂鬱症患者對CBT的反應，跟使用抗憂鬱劑的藥物治療一樣好（DeRubeis et al. 1999）。此外，一些研究顯示，在藥物治療之外加上CBT，對於嚴重、反覆復發或慢性的重鬱症患者的預後極為良好（Fava et al. 1998b; Keller et al. 2000; Thase et al. 1997）。

針對明顯嚴重或慢性憂鬱疾患患者，已有人提出在標準CBT上的一些修正（Fava et al. 1998a; Thase and Howland 1994; Wright 2003），並且對於住院的病患，也發展了數種整合性的治療計畫（Thase and Wright 1991; Wright et al. 1993）。由法弗等人（Fava et al. 1998a）以及萊特（2003）所設計的修正作法採用常用的，即223 最初亞隆・貝克與其同僚所構想（1979），也是本書所描述的CBT方法，針對慢性與嚴重憂鬱的治療方法進行改良。這些改良奠基於以下觀察：（一）難以治療的憂鬱症病患會變得對治療感到氣餒、絕望與精疲力竭；（二）這些人通常被疾病影響，變得思考與活動遲緩、活力減低，以及喜樂不能；（三）焦慮與失眠等症狀也許需要特別注意；（四）難治型憂鬱症的病患經常會有重大的人際與社會問題，像是婚姻衝突、失業或經濟困難。表10-1整理出CBT所針對的目標。

表10-1　針對難治型憂鬱症的認知行為治療可能的目標

- 無望感
- 喜樂不能
- 活力減低
- 焦慮
- 負向自動化思考
- 適應不良信念
- 人際問題
- 藥物治療遵囑性不佳

法弗與同事們（1994, 1997, 1998a, 2002）施行了一系列的研究，顯示改良療法的良好結果，這些修正包括及早強調行為策略，像是以活動與愉悅事件排程來治療缺乏樂趣與活力減低；以暴露計畫減低焦慮。這些研究者也使用認知重建來處理適應不良的思考模式，他們也致力於協助病患在療程當中完成這些治療處遇，並進一步完成分派的回家作業。萊特（2003）建議使用CBT技巧來處理絕望以及失志的感受，並針對社會與人際困難找出問題解決的方式，他認為這些都是治療慢性或嚴重憂鬱症時CBT附帶的可能目標。

在治療這幾類的疾患時，以下的做法會很有幫助：在會談當中協助病患辨認出情緒的起伏，證明改變是可能的，而因應策略的確有可觀效果。為了抗衡患者習於將逐步的進展貶為平庸瑣事的傾向，告訴患者，小改變加成或累積的效果也同樣有用。一些相對簡單的治療處遇，像是思考中斷或其他形式的治療性分心法，也可以用來協助病患減低鑽牛角尖的強度。自殺意念必須要盡早且積極地處理；或許協助想自殺的病患最快、最好的方式，便是一同想出一份「活下去的理由」清單。圖10-1是一份「活下去的理由」清單舉例，可藉一張因應卡來加強效果。 224

我活下去的理由

- 我的小孩愛我，會因為我的死而受到傷害。
- 其他人（父母和朋友）也愛我。
- 當我不憂鬱時，我也能享受人生。
- 當我能用我「正常的」最大生產能力工作時，我是個被重視的員工。
- 我的醫生說治療會有效，而且幾週內就會好轉。

圖10-1　範例：「活下去的理由」因應卡

以CBT治療嚴重憂鬱患者的時間與步調，應該要符合症狀的程度和病患在治療中配合的能力。對某些病患可以在治療過程的早期採用每週兩次的治療。倘若專注力有明顯的問題，那麼較為頻繁的短時間治療，每次20分鐘聚焦於單一的介入點，也許比用每次45至50分鐘進行兩、三個介入點的傳統治療方式，來得有幫助。

麥考列夫（McCullough 1991, 2001）對於慢性憂鬱的病患建議了另一組CBT改良方法。他的作法稱為「心理治療的認知行為分析系統」（Cognitive Behavioral Analysis System of Psychotherapy, CBASP; McCullough 2001），這種作法起源於觀察到慢性憂鬱的人，對於有效地界定與解決人際問題持續地面臨困難。CBASP除了教導病患修改功能不良的認知之外，也包括如何有效處理社交情境。然而，相較於由法弗及其同僚所提出的方式（1994, 1997, 1998a, 2002），比較沒有將注意力放在認知的重建。對CBASP有興趣的讀者可以參考麥考列夫的文章（2001），裡面對於如何在慢性憂鬱的患者身上施行這種治療方式，有詳盡的解釋。

雙極性情感疾患

下列論點是在匯集諸多證據後建立：（一）只有少數的雙極性情感疾患患者在標準的藥物治療下能有較長時間的緩解期；（二）對於藥物處方缺乏遵囑性，是復發的主要原因；（三）壓力會增加疾病發作的可能性，而社會支持則有保護的效果；（四）大部分雙極性情感疾患患者都必須處理來自於婚姻或關係上的困難、失業或缺乏工作機會、徹底失能的時期以及其他損害生活品質等種種問題引發的高度壓力（Thase, in press）。因此，有許多理由必須檢視CBT和其他心理治療對於雙極性情感疾患患者可能帶來的益處。

225

對於雙極性情感疾患整合性的CBT治療方式，已經由巴斯可及羅希（Basco and Rush 1996）還有紐曼等人（Newman et al. 2002）發展出來。雙極性情感疾患患者的CBT在一開始便假定，對於一個有效的治療而言，以情緒穩定劑（可能也使用非典型抗精神病藥物）進行藥物治療是必須的；因此，心理治療被視為治療促進或輔助的角色。雖然，對於拒絕藥物治療的雙極性情感疾患患者，或許可以嘗試單獨使用CBT治療，但我們建議合併使用鋰鹽、帝拔癲（divalproex）以及其他已證明有預防效果的情緒穩定劑。

數個研究已證明與標準藥物治療合併使用CBT的效果。在一個非常早期的小型試驗中，寇克朗（Cochran 1984）報告短期的CBT大幅增進了藥物的遵囑性。之後，史考特及其同事（Scott and colleagues 2001）還有藍與同僚們（Lam and colleagues 2003）都進行了較大型的隨機試驗。在這兩個試驗當中，相較於只接受藥物治療的病患，接受CBT合併藥物治療的患者復發次數較少，功能預後較佳。

表10-2統整了針對雙極性情感疾患患者的CBT目標。首要的目標是提供關於雙極性情感疾患的心理衛教。心理衛教的過程包括要教導病患：（一）雙極性情感疾患的生物學基礎；（二）這種病症的藥物治療（如果臨床治療師是醫師或護理人員）；（三）壓力在症狀表現上的影響；（四）憂鬱與躁症兩者的認知與行為元素。第二個目標是投入自我監測。在治療過程的初期，教導患者監測他們疾病的數種表現（像是症狀、活動與情緒）。自我監測有數種目的：（一）協助病患從正常的情緒與行為中區辨出疾病的特徵；（二）評估疾病是如何影響病患的日常生活；（三）發

展出復發跡象的早期預警系統；（四）標定出心理治療的介入點。此外，因為雙極性情感疾患患者傾向過著一種混亂、失序的生活形式，像監測日常活動這種單純的行動，就可以發揮穩定的效果。

226

表10-2　躁鬱症的認知行為治療目標

一、教導患者與家屬什麼是雙極性情感疾患
二、教導自我監測
三、建立預防復發的策略
四、增強藥物遵囑性
五、用認知行為方法減輕症狀
六、建立雙極性情感疾患長期治療的計畫

建立預防復發的策略是CBT治療雙極性情感疾患的關鍵目標。一種用來預防復發的方法是，定做一份個人化的症狀摘要工作表，這份清單清楚地描繪出，當病患開始出現憂鬱與躁症的早期警示徵候時，病患與家屬所觀察到的變化。這份文件是當作早期的預警系統，用來察覺嚴重發作之前的情緒與行為變化。接下來，治療師便協助患者策畫出特定的認知與行為策略，以達到限制或反轉症狀進展的目的。例如，患者容易想些快速賺大錢的計畫，抗衡的方式可以是列出追求這種想法的優點與缺點，或做出一份採取行動前將這種想法向治療師報告的行動計畫。

圖10-2列了一份有輕躁與躁症症狀病患的症狀摘要工作表。這位三十三歲患有雙極性情感疾患的男性，能夠將他開始進入躁期循環時，常發生的特定變化記錄下來。關於這種技巧使用的詳細指導及其他預防復發的CBT方式，可以在巴斯可與羅希（1996）的文章中找到。

雙極性情感疾患CBT的第四個目標，也是最重要的目標之一：增進對藥物治療的遵囑性。以CBT的觀點而言，對藥物缺乏遵囑性是常見且可以理解的問題，幾乎無可避免地讓慢性疾病的治療變得複雜。透過辨識出規則服藥的困難處，並系統化地處理這些障礙，可以增進藥物的遵囑性（見第九章〈常見的問題與陷阱：從治療的挑戰中學習〉）。當障礙是來自於病患對於服藥的負向思考以及感受時，可以使用思考改變紀錄和正反面分析等標準的CBT方法。有時藉由心理衛教，可以加強對不適副作用的處理。然而，藥物處方的改變或許也是需要的。行為方法，包括使用提示系統與配對（將服用藥物當作是每天要完成的例行事務定時定點執行，像是上床前刷牙、吃早餐、早上起來穿衣服），是CBT用來增進藥物遵囑性的主要方法。 228

第五個目標是透過認知行為的方法來解除症狀。用來處理憂鬱症狀的方式跟標準的CBT方法相同。治療輕躁症狀時，治療師也許可以專注在使用行為策略來治療失眠、過度刺激、活動力旺盛以及言語急迫等問題。例如，對失眠的CBT方法（像是減少睡眠環境的干擾、提供關於健康睡眠模式的教導、使用思考中斷或轉移來減少侵入的或奔馳的思緒）已經顯示對於回復正常睡眠模式有效（Morin 2004），也可以著力於設定行為目標來消減刺激的活動，或是監測與控制說話的速率。

認知重建的方式可以用來協助輕躁症的病患辨識與修正扭曲的思考（e.g., Newman et al. 2002）。這些種類的方法舉例有：（一）發現認知錯誤（例如，誇大了對個人能力與力量的覺察、忽視風險、從一個正向的特點過度推論為對自己更為誇大的看法）；（二）使用思考記錄技巧，藉此辨識出膨脹的或煩躁的認知；（三）

列出優缺點來解釋，對過度正向信念或預測的持續依附。

227

輕度症狀	中度症狀	嚴重症狀
我開始有賺大錢的想法和計畫，但還沒有行動。	我很積極地尋找新奇的事物，作可以賺大錢或讓我出鋒頭的投資。	我嘗試從個人退休帳戶提款、舉債或找其他方法要到錢來作大投資或展開新事業。
我沒辦法入睡，因為我一直胡思亂想，但我試著要睡七小時，我才能獲得充分休息去上班。	我比平常延遲了一、兩個小時才上床，其他事情佔滿我的心思，我不想睡。	我整晚只睡二到四個小時。
我感覺比平常更有活力。我不那麼在意日常的問題。我想去參加派對。	我晚上常出去遊蕩，不想理那些在家該處理的工作報告與計畫文件。我沒喝太多酒，但我和朋友出去時，的確喝了三、四罐啤酒。	我花了很多錢在玩樂、上高級餐廳等事情上面。我一時興起週末坐飛機去紐約度假，而且刷爆信用卡。
我比平常更有靈感。靈感來得很快。	我的腦子轉得很快。我不理別人。我因為不專心，結果在工作上犯錯。	我真的整個人活起來。我想很多很多事，整個人像快飛起來一樣。
我比平常更容易生氣，對那些我認為懶散的人，我沒有太大耐性。我對我的女朋友比平常更挑剔。	我在工作上和與女友的相處上起了很多爭執。	我很討人厭。
和我比較熟的人（我的女友和媽媽）告訴我，我必須慢下來。他們說，我講話比平常更快、整個人好像充了電。	我的確講話比平常更快、更大聲。其他人好像被我講話的方式激怒了。	我講話超快。我常沒禮貌。我打斷別人的話、在談話時咆哮。

圖 10-2　一位患者的症狀摘要工作表：輕躁與躁症症狀的範例

雙極性情感疾患CBT的第六個目標，是協助病患處理疾病長期的問題，包括生活形態的改變、面對與回應對精神疾患的汙名化、更有效率地處理生活的壓力問題。在這些能力當中，相較於其他更為支持性的治療模式，CBT的不同之處在於它持續使用情緒與活動的監測，對於問題解決採用階段性的方法，以及諸如權衡證據以引導出決策的認知方法。

人格疾患

或許30%-60%患有情緒與焦慮疾患的患者，也符合一到兩項DSM-IV-TR中所列人格疾患的診斷準則（American Psychiatric Association 2000; Grant et al. 2005）。雖然並非所有的研究都同意，第二軸診斷疾患通常影響預後且降低情感或焦慮疾患治療成效出現的機會，拖長了復原的時間進程，或是提高了復發的可能性（Thase 1996）。值得玩味的是，從數個重鬱症CBT的研究中顯示，合併有人格疾患或許不會對於治療反應有不利的影響（Shea et al. 1990; Stuart et al. 1992）。雖然這些研究排除了最嚴重人格疾患的病人，不過這些發現的確顯示了，在CBT當中所使用的結構性方法，也許特別適用於伴隨有第二軸診斷疾患的病人。

229

人格疾患通常在早期成年生活開始時便顯露了。然而，人格病理並非一種穩定的進程，並且會被焦慮（例如：增加規避）、憂鬱（例如：增加依賴或加重邊緣性特質）或輕躁症（如：增加自戀或戲化性特質）所加重。倘若你的病患是以第一軸診斷疾患症狀來治療，那麼延緩第二軸狀況的評估至少到情緒或焦慮疾患部分緩解，通常會有用。某些時候，人格疾患其令人信服的臨床證據一開始不明顯，但卻在治療開始後顯現。對這樣的個案，可能需要重新修正你的治療計畫。

治療人格疾患的CBT模式，著眼於與下述主題之間的互動：引導患者行為的全盤信念或基模、功能不良的（且通常是過多的）人際策略，以及環境的影響（A. T. Beck and Freeman 1990；J. S. Beck 1997）。一般認為，人格疾患源起於負面的發展經驗。楊（Young 1990）概述了五個主題面向：（一）連結斷裂與拒絕；（二）自主性與表現的損害；（三）界線的損壞；（四）他人導向，以及（五）過度警覺與抑制。

一般說來，人格疾患的治療使用許多和治療情感與焦慮疾患相同的方法，但更強調處理基模以及建立更有效的因應策略（J. S. Beck 1997）。人格疾患的CBT與憂鬱及焦慮疾患的CBT之間，差別在於：（一）治療期間通常更久（例如一年或更久）；（二）朝向改變的過程中，更多的注意力是投注在治療關係和移情反應；（三）必須反覆練習CBT方法，藉此修正自我概念的慢性問題、與他人的關係以及情緒管理和社交技巧。

表10-3是常見於特定人格疾患的主要核心信念，代償的信念及相關的行為策略。一旦辨認出有問題的基模或核心信念，可以使用CBT策略像檢視證據，或是考量替代的解釋方法。

表 10-3　人格疾患：信念與策略

人格疾患	關於自己的核心信念	關於他人的信念	假設	行為策略
畏避性	我不受歡迎。	別人會拒絕我。	如果別人知道真實的我，他們會拒絕我。 如果我戴上假面，他們就會接受我。	逃避親密
依賴性	我很無助。	別人應該照顧我。	如果我靠我自己，我會失敗。 如果我靠別人,我就能夠存活。	依賴他人
強迫性	我的世界會失去控制。	別人會不負責任。	如果我沒有負完全責任，我的世界會崩潰。 如果我堅持嚴苛的規則和結構，事情就沒問題。	嚴格控制他人
妄想性	我很脆弱。	別人很壞。	如果我相信別人，他們就會害我。 如果我自己警覺一點，我就能保護自己。	過度疑心
反社會性	我很脆弱。	別人可能會利用我。	如果我不先採取行動，我將會受害。 如果我可以先利用別人，我就能佔上風。	利用他人
自戀性	我很自卑。（表現出的代償信念是：「我很優越。」）	別人是優越的。（表現出的代償信念是：「別人是卑下的。」）	如果別人用很普通的方式看待我，表示他們認為我很卑下。 如果我得到我的權利，就表示我很特別。	要求特殊對待
戲化性	我什麼都不是。	別人不會看重我這個人。	如果我不能逗人愉快，別人就不會被我吸引。 如果我很戲劇化，我就會得到別人的注意和讚賞。	取悅他人

人格疾患	關於自己的核心信念	關於他人的信念	假設	行為策略
類分裂性	我和社會格格不入。	別人不能給我什麼。	如果我跟別人保持距離，我會過得比較好。 如果我嘗試擁有人際關係，結果還是一樣行不通。	和人保持距離
分裂病性	我是有缺陷的。	別人是有威脅性的。	如果我察覺到別人對我有負面的情緒，這一定是真的。 如果我對別人很謹慎，我就可以用直覺發現他們真正的想法。	假定他人隱藏的動機
邊緣性	我有缺陷。 我很無助。 我很脆弱。 我很壞。	別人會拋棄我。人是不能信任的。	如果只靠我自己，我就無法存活。 如果我相信別人，他們會拋棄我。 如果我依靠別人，我會存活，但最後還是會被拋棄。	在極端行為之間擺盪

出處：改編授權自Beck JS: "Cognitive Approaches to Personality Disorders," in *American Psychiatric Press Review of Psychiatry,* Vol.16. Edited by Dickstein LJ, Riba MB, Oldham JM. Washington, DC, American Psychiatric Press, 1997, pp.73-106. Copyright 1997 American Psychiatric Press. 經同意使用。

林納涵（Linehan 1993）的辯證行為治療（Dialectical Behavioral Therapy, DBT）是一種改編自CBT原則、針對人格疾患的治療方式。DBT特別發展來針對邊緣性人格疾患進行治療，有四個獨特的重要特徵：（一）在當下接受並確認一個人的行為；（二）強調辨識與對治干擾治療的行為；（三）運用治療關係做為傳遞行為改變的重要工具；（四）著重辯證的過程（在本節後半會有所定義）。隨機對照的臨床試驗證據顯示（Bohus et al.

233

2004; Linehan et al. 1991; Robins and Chapman 2004），DBT可以有效減少自我傷害和與自殺相關的行為，因此DBT被廣大地使用於臨床治療。近來除了第二軸疾患外，DBT也成功用於治療藥物濫用及飲食性疾患的患者（Linehan et al. 2002; Palmer et al. 2003）。

辯證（dialectical）這個詞有助於定義與命名DBT。林納涵（1993）選用這個詞彙來形容一種針對精神病理的全面性方法，大量利用西方與東方的哲學。DBT方法不是將失能的行為單純視為疾病的症狀，而是遵循以下原則：即使是最有問題的行為也有某些功能。例如，在不同的協助者或照護者之間造成分裂，也許可以降低（至少在短時間之內）接收到不受歡迎或苛責回應的機會，增加所欲的結果。相同的策略有時可以類比商界中所說的「腳踏兩條船」(playing both ends against the middle)。治療的進展攸關協助病患認清他們的終極目標，能夠細思，最終採行變通的、更為社會所接受的方式，來達到這些目標。

DBT的目標也在訓練病人在矛盾的目的之間，取得更好的平衡，例如接受與改變、彈性與穩定、博得照顧與獲得自主性。強調**靜觀**（mindfulness）的策略有助於達到這些目標。靜觀的概念是指教導病患更加專注於當下的活動（即觀察、描述並參與），而不是被強烈的情緒所淹沒（Linehan 1993）。治療者也可以使用行為方法，像是放鬆訓練、思考中斷以及呼吸再訓練，來協助病患處理痛苦的情感和調適情緒反應。此外，社交技巧的訓練策略，包括認知與行為演練，可用來協助病患學習更有效處理人際糾紛的方式。

物質使用疾患

自1980年代中期開始，逐漸有人採用認知行為治療來處理物質使用疾患（substance use disorder, SUDs）（see Woody and Munoz 2000）。雖然相較之下，完全採用貝克等人（1993）所發展的CBT模式來進行的試驗仍十分稀少，但已經有數篇研究記載了行為方式的使用，如外在誘因處理（Higgins et al. 1991, 1994）、社交技巧訓練（Monti et al. 1993; Project MATCH Research Group 1998），以及復發預防（Carroll et al. 1994）。在接受美沙酮維持療法的海洛因成癮患者中，若合併有較嚴重的精神病理，貝克的治療模式會有相當重大的影響（雖然在精神症狀較輕的患者身上，沒有如此明顯的影響，詳伍迪等人〔Woody et al. 1984〕）。然而，美國國家藥物濫用研究院協同古柯鹼治療研究（National Institute on Drug Abuse Collaborative Cocaine Treatment Study）顯示，在團體藥物依賴諮詢之外，加上CBT的個人治療，額外的好處很少（Crits-Christoph et al. 1999）。實際上，CBT和另一種形式的心理治療（精神動力取向的支持性與表達性心理治療），效果皆明顯不如個別藥物諮詢，即使在合併有較嚴重精神症狀的患者身上，亦是如此（Crits-Christoph et al. 1999）。經回顧檢討，可能是因為參與這個研究的認知治療師與動力取向治療師，對於研究中多重弱勢、都市貧民的病患族群，缺乏足夠的工作經驗所致。

謹記這些提醒，有興趣的讀者將會在貝克等人（1993）與泰斯（1997）所發表的著作當中，找到針對物質使用疾患的CBT更為詳盡的敘述。圖10-3指出，物質濫用的情緒、行為與認知之間，有高度相互依存、互動的性質。雖然在不同的物質使用疾患

234

當中，有重大的社會背景、生理結構以及臨床上的差異，但認知行為模式假定在這背後有著共通的程序，把使用毒品的行為連結到潛藏的信念、經由暗示挑起的衝動與渴求，以及負向的自動化思考（A. T. Beck et al. 1993）。

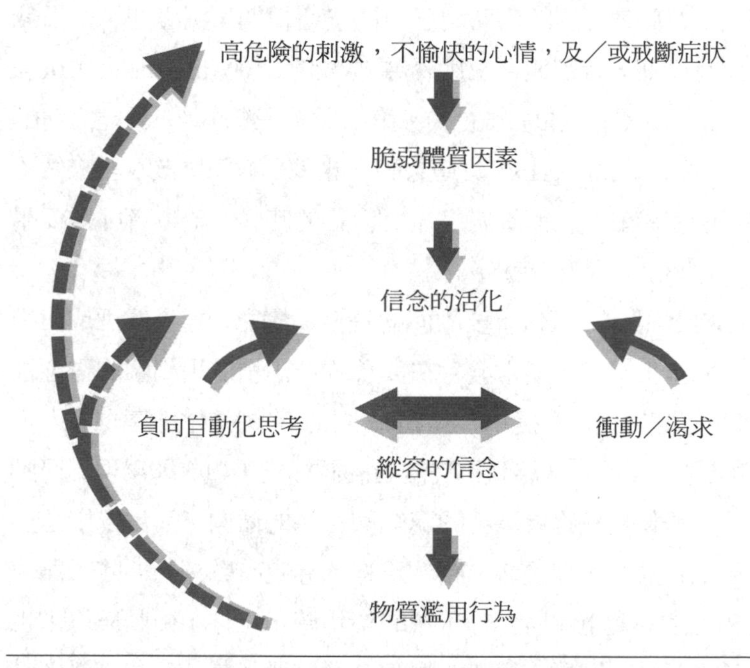

圖10-3　物質濫用的認知行為模式

出處：改編授權自Thase ME: "Cognitive-Behavioral Therapy for Substance Abuse", in *American Psychiatric Press Review of Psychiatry,* Vol. 16. Edited by Dickstein LJ, Riba MB, Oldham JM. Washington, DC, American Psychiatric Press, 1997, pp. 45-71. Copyright 1997 American Psychiatric Press. 經同意使用。

在開始正式進行物質濫用的CBT之前，要先完成幾項重要的任務。第一，倘若成癮疾患可能出現危險戒斷症狀，也許有必要讓病患先接受醫療監測下的解毒計畫；第二，要評估病患對於改變的準備程度（Prochaska and DiClemente 1992）。對於治療的動機應該要理解成一種連續的狀態，從懵懂期（如「我沒有問題——我只是稍微多喝了一點，被抓到酒駕而已』），到沉思期、準備期、行動期。對於協助病患一路從懵懂期、沉思期、準備期移動到行動期，特別適合使用誘導式晤談法（Miller et al. 2004; Strang and McCambridge 2004）。第三個先決條件是，要建立清醒合約（sobriety contract）。具體來說，也就是病患應該承諾來做治療時不能嗑藥酗酒。而當病患違反合約的時候，治療者則需要學會說：「不——今天不適合」。

CBT模式有一個很重要的面向是協助病患知道，飲酒或使用藥物的衝動與渴求，通常發生在與藥物及酒精濫用相關的信念被啟動時。攸關個人的提示（像是戒酒匿名會廣為宣傳的「人、事、物」）出現時，連結到物質濫用的認知幾乎會立即出現。衝動可以想成是使用藥物或酒精的認知與行為的傾向，而渴求則是伴隨衝動的情緒與生理經驗，雖然這樣的界定有點刻意。除了開車經過酒吧或看到電視廣告等一類的情境暗示之外，衝動與渴求也可以被白日夢、回憶或難過的情緒（通常是生氣、焦慮、沮喪甚或是無聊）給挑起。表10-4列舉了一些跟開始與維持成癮疾患的相關信念。

236

當物質濫用的頻率與強度增加時，進一步的認知改變會影響疾病的進展。例如患者也許會貶抑傳統主流所相信的目標與追求，包括渴望得到與維繫重要他者的愛、支持與認可。同樣地，對於使用藥物與酒精的有害後果，病患會傾向將這種信念降到最低，並且誇大使用藥物與酒精的正向效果。續發的或縱容的信念也可能發展出來（如「這是最後一次用了，我可以到明天再重新開始我的戒斷計畫」，以及「一旦我開始用，我就會停不下來——那我乾脆直接享受一番，不要想這麼多」）。這樣的信念有助於理解這種極端常見的傾向，亦即一次就好，接著愈陷愈深終至完全復發。

表 10-4　有關物質濫用的信念

- 我無法控制渴求。
- 只要一開始，唯一能打發掉渴求的方式就是去用。
- 我已經難再回頭了——我不可能停止喝酒。
- 需要用意志力才能戒酒，但我沒有。
- 如果沒有快感，就沒有樂趣。
- 我戒了也沒用——也沒人在意。
- 不喝酒我就沒辦法應付。
- 我的人生已經毀了——有快感還比較好。
- 沒人可以逼我——我準備好就會戒。

出處：重印授權自 Thase ME: "Cognitive-Behavioral Therapy for Substance Abuse", in *American Psychiatric Press Review of Psychiatry,* Vol. 16. Edited by Dickstein LJ, Riba MB, Oldham JM. Washington, DC, American Psychiatric Press, 1997, pp. 45-71. Copyright 1997 American Psychiatric Press. 經同意使用。

治療因而進展到兩條並行的道路：（一）達到並維持清醒，和（二）辨識出使人傾向維持物質濫用的相關信念，並加以修正（See A. T. Beck et al. 1993）。當在這些領域獲得到成效的時候，也許該更進一步地提出長程的治療目標，包括生活形態與職業上的改變。標定物質濫用 CBT 成功與否的里程碑，便在於復發預防（Marlatt and Gordon 1985）。復發預防的策略包括行為上的策略與認知上的重建練習。行為的策略是，盡可能減少遇到衝動與渴求

的可能性，而認知上的重建練習則是，反轉關於飲酒或藥物使用
237 的扭曲負面思考。鼓勵病患參與戒酒匿名會這類的自助團體，也是一個好方法。

飲食性疾患

CBT已經被接受為治療飲食性疾患的主要方法之一（American Psychiatric Association Work Group on Eating Disorders 2000; Fairburn 1981; Garner and Bemis 1985; Mitchell and Peterson 1997）。包含了對照組的研究中有強烈證據顯示，CBT對心因性暴食症（bulimia nervosa）（Agras et al 2000; Wilson 1999）和暴食疾患（binge eating disorder）（Agras et al. 1994; Ricca et al. 2000）的療效很好。好幾個研究顯示，CBT與抗憂鬱劑合併使用有加成的效果（Agras et al. 1992; Mitchell et al. 1990; Walsh et al. 1997）。然而，還沒有證據明確證實CBT對心因性厭食症（anorexia nervosa）的效果（see, e.g. American Psychiatric Association 2000）。

CBT模式對於飲食性疾患的治療概念，是針對患者對纖瘦的失能信念，及因而造成對體型與體重的不滿。這樣的信念與不滿會驅使並維持不正常的飲食行為及相關特徵，例如催吐、濫用瀉劑、利尿劑和減肥藥丸。當代的社會標準強化了對於瘦身的不切實際目標，這種情形與個人特質交互作用（如完美主義、難以調節情感，或是憂鬱的傾向），導致飲食性疾患的發生率相當程度地增加。

在治療飲食性疾患患者之前，先複習凱斯及其同僚所做的經典研究，或許會對你有幫助（Keys 1950; Taylor and Keys 1950）。

研究檢視半飢餓狀態對於健康年輕男性的態度與行為的影響。雖然這些自願參加者可以說沒有自行發展出飲食性疾患的風險，但在顯著熱量限制與體重流失的過程中，他們變得一直在想食物、性欲降低、有情緒與睡眠障礙，而且對寒冷的忍耐度降低。當熱量限制實驗結束時，則出現了暴食行為、囤積食物，以及飢餓與飽足訊號的混亂。多數的個案體重會變得比實驗之前還要重，並且需要數週體重才能再次完全穩定下來。這些觀察強調了一項事實，便是不論個人特質的差異多寡，挨餓的過程與有問題的飲食行為，對於飲食性疾患的維持有重大的影響。

CBT的做法必須是多種模式並行，在衛教、自我監測和認知與行為上的處遇之外，還要包括營養諮詢。如果與有經驗的營養師合作，通常會很不錯。一開始的治療目標是共同訂立預期要達到的體重範圍及飲食計畫。雖然美國大都會人壽保險公司（Metropolitan Life Insurance Company [1983]）的體重表相對來說有著較高的正常值，甚至會讓人感覺高得難以接受，但是必須要訂立一個較實際的目標，並且使用持續一致的方法來監測體重。一週測量體重一次通常就足夠了。一般說來，飲食計畫會包括三頓正餐和至少兩份點心，讓熱量均分以減少飢餓的訊號。在協商這些治療項目的過程當中，你將會有充分的機會跟病患討論他們對於治療計畫的憂慮。此外，提供證據以使病患了解，他們以為可以促使體重減輕的一般方法例如催吐或使用瀉劑，其實是徒勞無功的，是衛教中相當重要的一環。 238

自我監測一開始需要追蹤飲食時間與有問題的飲食行為，同時也要記錄環境訊號與促發事件。接下來，用有三欄式工作表將負向思考、煩躁不安情緒以及有問題的飲食行為加以連結。用不同的策略來改變對提示訊號的反應，甚或在必要的時候躲避反應。不反應法（見第七章，〈行為方法II：降低焦慮及打破規避的模式〉）會是項重要的工具，藉此來協助病患延長衝動（想要去狂吃、嘔吐與節食的感受）與出現問題行為的間隔。接下來，對於患者的負向思考，即不進行失調的飲食行為會造成不好的結果，則用認知重建練習來協助處理。

精神分裂症

精神分裂症跟多數其他嚴重的精神疾病（包括雙極性情感疾患）比較起來，功能缺損的可能性相當高，而持續與完全緩解的機率則較低（American Psychiatric Association 1997）。這類疾病的慢性化本質會促使許多人想找尋輔助的社會心理治療方式。即使在新一代的抗精神病藥物發明之後，這樣的需求仍持續存在著。

以行為模式來治療精神分裂症有悠遠的研究歷史，包括誘因管理策略（Paul and Lentz 1977）及社交技巧訓練（Kazdin 1977; Liberman et al. 1998）。雖然起步較晚，一些貝克治療模式的應用，也在1990年代中期開始出現（Garety et al. 1994; Kingdon and Turkington 2004; Perris 1989; Scott and Wright 1997）。目前一系列的臨床試驗指出，有強烈的證據顯示，一對一的CBT能夠有意義地減少精神分裂症患者的正性與負性症狀（A. T. Beck and Rector 2000; Sensky et al. 2000; Turkington et al. 2004）。

239

如同雙極性情感疾患的CBT，治療應該要在病患接受精神藥物、病情穩定之後才開始。在治療初期會談時間可以縮短。在一些個案當中，每週二到三次20分鐘的治療，或許會比單次45或50

分鐘的治療來得有幫助。同樣可以預期的是，治療的療程會比重鬱症或恐慌症來得久。

在建立治療關係之後，一開始的目標通常包括：關於疾病的衛教（瞭解病患對精神分裂症的本質及治療的想法）、增加活動的參與度，以及增進藥物治療的遵囑性。隨著治療進展，重心便逐漸轉移到對妄想的辨識與修正，以及協助病患減少或對付幻覺。可以把妄想視為「武斷推論」(jumping to conclusions）這種邏輯謬誤的極端形式，在這種情況下患者對事實作不完整的評斷、忽視或低估抵觸的證據，據此推斷出自己的結論。如果可以建立一個合作的治療關係，病患也許能夠藉由使用邏輯分析方法，如檢視證據並尋求替代的解釋，而獲得助益。

圖10-4呈現一位二十七歲患有精神分裂症的男性所完成的檢視證據練習。泰德曾在社區照護中心的辦公室裡擔任志工，並且對這環境發展出妄想。其中一項會促發這些妄想的東西，是在他電腦螢幕上出現的每日一詞。雖然這每日一詞——通常是摘錄些逗趣的語句——是由中心發送到每一台電腦裡，但泰德以妄想的方式解釋這些訊息。他開始認為黑手黨或國外情資單位正在策畫些什麼，密謀奪取社區照護中心。檢視證據的技巧協助他辨識出思考上的扭曲，並發展出一種替代方式來看待他的處境。在這案例當中，治療者鼓勵泰德將妄想標示為一種「困擾的想法」(troubling thought），然後用標準CBT方法檢視這種認知。

對於幻覺的治療，介紹「正常化原理」(normalizing rationale）通常相當有用，即幾乎所有的人在極端的狀態下（如藥物中毒或極度剝奪睡眠），都會體驗到幻覺（Kingdon and Turkington 2004）。這樣的概念可以協助精神分裂症患者，比較不會覺得被貼 240

上標籤，並且願意去尋找加重幻覺的可能環境影響，或是探索出變通的解釋來看待幻覺（取代「那是惡魔的聲音」、「神正在跟我講話」，或是「女人的聲音正在折磨我」這類想法）。用CBT治療病患幻覺的目標是幫助患者：（一）接受一種對幻覺的合理解釋模式（如：正常化原理或一種生物學上的問題），（二）發展能減少或限制幻覺衝擊的方法。

困擾的想法：黑手黨或國外情資單位已經入侵辦公室、控制每件事。	
支持的證據	**反對的證據**
1. 電腦訊息很可疑。	1. 電腦訊息被送到每個人的電腦裡，它們是詼諧的諺語或笑話，可能不表示任何事。
2. 上週有兩個員工被解雇。	2. 那些被解雇的人本來就一直怠忽職守。
3. 在電視機裡似乎有竊聽器。	3. 我拆開一台電視，但沒有發現任何可疑物品。我本來就多疑。
4. 在中心裡我沒什麼親密的朋友，大家很少跟我說話。	4. 我的確沒有很多朋友，但這不表示有個奪取中心的陰謀。我喜歡這個工作，每個人都對我很好。
替代思考：我知道體內化學失衡的情況造成我的偏執傾向。每天在電腦前坐好幾個小時，會讓我更多疑。這個工作值得我嘗試去撫平我的恐懼。	

圖10-4　檢視妄想證據：泰德的例子

治療幻覺最有效的策略之一，就是列出一份行為清單，記錄哪些行為會讓聲音消解或者讓聲音不那麼具侵犯性或控制力。病患最好也能列出一張會加重幻聽的行為清單。接下來她就可以發展出一套行為計畫，來增加有幫助的行為，減少加重幻聽的活動。在圖10-5舉了一個行為清單的例子。芭芭拉是一位三十八歲患有精神分裂症的女性，她列出這樣的清單來協助自己處理幻聽。她能夠去辨識數種有用的策略，包括轉移注意力的活動、訓練自己瞭解疾病的本質（例如，「我的腦內化學失衡，我不須理會這些聲音」），以及在未經治療者的提示下，自行設計出來的一種心像技巧。她的計畫也包括努力學習如何能更好地面對加重她幻聽的情境。

讓聲音減弱或遠離的行動	刺激聲音或讓聲音更大的行動
1. 聽柔和的音樂。 2. 做手工藝。 3. 想像聲音進入我家裡的櫥櫃，用毛毯蓋在聲音上面，把櫃門鎖起來。 4. 在教會當志工。 5. 讀本雜誌或書。 6.告訴自己，我有化學失衡現象，我不須注意那些聲音。 7. 去日間復健中心參加團體治療。	1. 和男朋友或家人爭吵。 2. 睡不好。 3. 忘記吃藥。 4. 觀看暴力或令人不悅的電影或電視節目。

圖 10-5　讓幻聽更好或更糟的行動：芭芭拉的例子

負性症狀可以用下列方式處理：活動排程、分級任務指派的、行為預演、技巧訓練以及相關的策略。然而，以CBT治療精神分裂症患者的專家常建議一種「放慢腳步」的方式，讓病人有足夠的時間來開始改變像是社交孤立、退縮及缺乏動機等症狀（Kingdon and Turkington 2004）。治療師應該要記住，雖然負性症狀或許反映了患者腦部的神經病變，那些受到更嚴重腦傷的病患，包括中風與多發性硬化症患者，也能夠透過復健中有系統的方式，學會使用代償性的因應策略。

結論

認知行為方法已經發展並測試於各種嚴重精神疾病的治療上，如難治型憂鬱症、雙極性情感疾患、人格疾患以及精神分裂症。此外，CBT技巧是治療心因性暴食症的第一線選擇，且能夠提供物質濫用問題有用的治療工具。雖然許多用來治療憂鬱與焦慮的標準認知行為方法，也能夠用在這些較為難治的治療情境裡，但更進階的CBT應用，仍建議要依據疾病做特殊的改良。在本章中，我們說明了哪些研究證據支持以CBT治療慢性與嚴重精神疾病，並且簡短地敘述面對這些工作挑戰的一些策略。在第十一章〈建立認知行為治療的能力〉中，我們將列舉一些延伸的閱讀、工作坊及臨床督導，藉以使你精通嚴重精神疾病的CBT。

242

參考書目

Agras WS, Rossiter EM, Arnow B, et al: Pharmacologic and cognitive-behavioral treatment for bulimia nervosa: a controlled comparison. Am J Psychiatry 149:82-87, 1992

Agras WS, Telch CF, Arnow B: Weight loss, cognitive-behavioral, and desipramine treatments in binge eating disorder: an additive design. Behav Ther 25:225-238, 1994

Agras WS, Walsh T, Fairburn CG, et al: A multicenter comparison of cognitive-behavioral and interpersonal psychotherapy for bulimia nervosa. Arch Gen Psychiatry 57:459-466, 2000

American Psychiatric Association: Practice guideline for major depressive disorder in adults. Am J Psychiatry 150 (suppl):l-26, 1993

American Psychiatric Association: Practice guideline for the treatment of patients with schizophrenia. Am J Psychiatry 154 (suppl):l-63, 1997

American Psychiatric Association: Diagnostic and Statistical Manual of Mental Disorders, 4th Edition, Text Revision. Washington, DC, American Psychiatric Association, 2000

American Psychiatric Association Work Group on Eating Disorders: Practice guideline for the treatment of patients with eating disorders (revision). Am J Psychiatry 157 (1 suppl):l-39, 2000

Basco MR, Rush AJ: Cognitive-Behavioral Therapy for Bipolar Disorder. New York, Guilford, 1996

Beck AT, Freeman A: Cognitive Therapy of Personality Disorders. New York, Guilford, 1990

Beck AT, Rector NA: Cognitive therapy for schizophrenia: a new therapy for a new millennium. Am J Psychother 54:291-300, 2000

Beck AT, Rush AJ, Shaw BF, et al: Cognitive Therapy of Depression. New York, Guilford, 1979

Beck AT, Wright FD, Newman CF, et al: Cognitive Therapy of Substance Abuse. New York, Guilford, 1993

Beck JS: Cognitive approaches to personality disorders, in American Psychiatric Press Review of Psychiatry, Vol 16. Edited by Dickstein LJ, Riba MB, Oldham JM. Washington, DC, American Psychiatric Press, 1997, pp 73-106

Bohus M, Haaf B, Simms T, et al: Effectiveness of inpatient dialectical behavioral therapy for borderline personality disorder: a controlled trial. Behav Res Ther 42:487-499, 2004

Carroll KM, Rounsaville BJ, Gordon LT, et al: Psychotherapy and pharmacotherapy for ambulatory cocaine abusers. Arch Gen Psychiatry 51:177-187, 1994

Cochran SD: Preventing medical noncompliance in the outpatient treatment of bipolar affective disorders. J Consult Clin Psychol 52:873-878 1984

Crits-Christoph P, Siqueland L, Blaine J, et al: Psychosocial treatments for cocaine dependence: results of the National Institute on Drug Abuse Collaborative Cocaine Treatment Study. Arch Gen Psychiatry 56:493-502, 1999

DeRubeis RJ, Gelfand LA, Tang TZ, et al: Medication versus cognitive behavior therapy for severely depressed outpatients: mega-analysis of four randomized comparisons. Am J Psychiatry 156:1007-1013, 1999

Elkin I, Shea MT, Watkins JT, et al: National Institute of Mental Health Treatment of Depression Collaborative Research Program: general effectiveness of treatments. Arch Gen Psychiatry 46:971-982, 1989

Fairburn C: A cognitive behavioural approach to the treatment of bulimia. Psychol Med 11:707-711, 1981

Fava GA, Grandi S, Zielezny M, et al: Cognitive behavioral treatment of residual symptoms in primary major depressive disorder. Am J Psychiatry 151:1295-1299, 1994

Fava GA, Savron G, Grandi S, et al: Cognitive-behavioral management of drug-resistant major depressive disorder. J Clin Psychiatry 58:278-282, 1997

Fava GA, Rafanelli C, Cazzaro M, et al: Well-being therapy: a novel psychotherapeutic approach for residual symptoms of affective disorders. Psychol Med 28:475-480, 1998a

Fava GA, Rafanelli C, Grandi S, et al: Prevention of recurrent depression with cognitive behavioral therapy: preliminary findings. Arch Gen Psychiatry 55:816-820, 1998b

Fava GA, Ruini C, Rafanelli C, et al: Cognitive behavior approach to loss of clinical effect during long-term antidepressant treatment: a pilot study. Am J Psychiatry 159:2094-2095, 2002

Garety PA, Kuipers L, Fowler D, et al: Cognitive behavioural therapy for drug-resistant psychosis. Br J Med Psychol 67 (pt 3):259-271, 1994

Garner DM, Bemis KM: Cognitive therapy for anorexia nervosa, in Handbook of Psychotherapy for Anorexia Nervosa and Bulimia. Edited by Gamer DM, Garfinkel PE. New York, Guilford, 1985, pp 513-572

Grant BF, Hasin DS, Stinson FS, et al: Co-occurrence of 12-month mood and anxiety disorders and personality disorders in the US: results from the national epidemiologic survey on alcohol and related conditions. J Psychiatr Res 39:1-9, 2005

Higgins ST, Delaney DD, Budney AJ, et al: A behavioral approach to achieving initial cocaine abstinence. Am J Psychiatry 148:1218-1224, 1991

Higgins ST, Budney AJ, Bickel WK: Applying behavioral concepts and principles to the treatment of cocaine dependence. Drug Alcohol Depend 34:87-97, 1994

Kazdin AE: The Token Economy: A Review and Evaluation. New York, Plenum, 1977

Keller MB, McCullough JP, Klein DN, et al: A comparison of nefazodone, the cognitive behavioral-analysis system of psychotherapy, and their combination for the treatment of chronic depression. N Engl J Med 342:1462-1470, 2000

Keys A: The residues of malnutrition and starvation. Science 112:371-373, 1950

Kingdon DG, Turkington D: Cognitive Therapy of Schizophrenia. New York, Guilford, 2004

Lam DH, Watkins ER, Hayward P, et al: A randomized controlled study of cognitive therapy for relapse prevention for bipolar affective disorder: outcome of the first year. Arch Gen Psychiatry 60:145-152, 2003

Liberman RP, Wallace CJ, Blackwell G, et al: Skills training versus psychosocial occupational therapy for persons with persistent schizophrenia. Am J Psychiatry 155:1087-1091, 1998

Linehan MM: Cognitive-Behavioral Treatment of Borderline Personality Disorder. New York, Guilford, 1993

Linehan MM, Armstrong HE, Suarez A, et al: Cognitive-behavioral treatment of chronically parasuicidal borderline patients. Arch Gen Psychiatry 48:1060-1064, 1991

Linehan MM, Dimeff LA, Reynolds SK, et al: Dialectical behavior therapy versus comprehensive validation therapy plus 12-step for the treatment of opioid dependent women meeting criteria for borderline personality disorder. Drug Alcohol Depend 67:13-26, 2002

Marlatt GA, Gordon JR (eds): Relapse Prevention: Maintenance Strategies in the Treatment of Addictive Behaviors. New York, Guilford, 1985

McCullough JP: Psychotherapy for dysthymia: a naturalistic study of ten patients. J Nerv Ment Dis 179:734-740, 1991

McCullough JP Jr: Skills Training Manual for Diagnosing and Treating Chronic Depression:

Cognitive Behavioral Analysis System of Psychotherapy. New York, Guilford, 2001

Metropolitan Life Insurance Company: 1983 Metropolitan Height and Weight Tables. New York, Metropolitan Life Insurance Company, 1983

Miller WR, Yahne CE, Moyers TB, et al: A randomized trial of methods to help clinicians learn motivational interviewing. J Consult Clin Psychol 72:1050-1062, 2004

Mitchell JE, Peterson CB: Cognitive-behavioral treatments of eating disorders, in American Psychiatric Press Review of Psychiatry, Vol 16. Edited by Dickstein LJ, Riba MB, Oldham JM. Washington, DC, American Psychiatric Press, 1997, pp 107-133

Mitchell JE, Pyle RL, Eckert ED, et al: A comparison study of antidepressants and structured intensive group psychotherapy in the treatment of bulimia nervosa. Arch Gen Psychiatry 47:149-157, 1990

Monti PM, Rohsenow DJ, Rubonis AV, et al: Cue exposure with coping skills treatment for male alcoholics: a preliminary investigation. J Consult Clin Psychol 61:1011-1019, 1993

Morin CM: Cognitive-behavioral approaches to the treatment of insomnia. J Clin Psychiatry 65 (suppl 16):33-40, 2004

Newman CF, Leahy RL, Beck AT, et al: Bipolar Disorder: A Cognitive Therapy Approach. New York, American Psychological Association, 2002

Palmer RL, Birchall H, Damani S, et al: A dialectical behavior therapy program for people with an eating disorder and borderline personality disorder—description and outcome. Int J Eat Disord 33:281-286, 2003

Paul GL, Lentz RJ: Psychosocial Treatment of Chronic Mental Patients. Cambridge, MA, Harvard University Press, 1977

Perris C: Cognitive Therapy With Schizophrenic Patients. New York, Guilford, 1989

Prochaska JO, DiClemente CC: The transtheoretical approach, in Handbook of Psychotherapy Integration. Edited by Norcross JC, Goldfried MR. New York, Basic Books, 1992, pp 301-334

Project MATCH Research Group: Matching alcoholism treatments to client heterogeneity: treatment main effects and matching effects on drinking during treatment. J Stud Alcohol 59:631-639, 1998

Ricca V, Mannucci E, Zucchi T, et al: Cognitive-behavioural therapy for bulimia nervosa and binge eating disorder: a review. Psychother Psychosom 69:287-295, 2000

Robins CJ, Chapman AL: Dialectical behavior therapy: current status, recent developments, and future directions. J Personal Disord 18:73-89, 2004

Rush AJ, Weissenburger JE: Melancholic symptom features and DSM-IV. Am J Psychiatry 151:489-498, 1994

Scott J, Wright JH: Cognitive therapy for chronic and severe mental disorders, in American

Psychiatric Press Review of Psychiatry, Vol 16. Edited by Dickstein LJ, Riba MB, Oldham JM. Washington, DC, American Psychiatric Press, 1997, pp 135-170

Scott J, Garland A, Moorhead S: A pilot study of cognitive therapy in bipolar disorders. Psychol Med 31:459-467, 2001

Sensky T, Turkington D, Kingdon D, et al: A randomized controlled trial of cognitive-behavioral therapy for persistent symptoms in schizophrenia resistant to medication. Arch Gen Psychiatry 57:165-172, 2000

Shea MT, Pilkonis PA, Beckham E, et al: Personality disorders and treatment outcome in the NIMH Treatment of Depression Collaborative Research Program. Am J Psychiatry 147:711-718, 1990

Strang J, McCambridge J: Can the practitioner correctly predict outcome in motivational interviewing? J Subst Abuse Treat 27:83-88, 2004

Stuart S, Simons AD, Thase ME, et al: Are personality assessments valid in acute major depression? J Affect Disord 24:281-290, 1992

Taylor HL, Keys A: Adaptation to caloric restriction. Science 112:215-218, 1950

Thase ME: The role of Axis II comorbidity in the management of patients with treatment-resistant depression. Psychiatr Clin North Am 19:287-309, 1996

Thase ME: Cognitive-behavioral therapy for substance abuse, in American Psychiatric Press Review of Psychiatry, Vol 16. Edited by Dickstein LJ, Riba MB, Oldham JM. Washington, DC, American Psychiatric Press, 1997, pp 45-71

Thase ME: The role of psychotherapy in the management of bipolar disorder, in Handbook of Bipolar Disorder. Edited by Kasper S, Hirschfeld RMA. New York, Marcel Dekker (in press)

Thase ME, Friedman ES: Is psychotherapy an effective treatment for melancholia and other severe depressive states? J Affect Disord 54:1-19, 1999

Thase ME, Howland R: Refractory depression: relevance of psychosocial factors and therapies. Psychiatr Ann 24:232-240, 1994

Thase ME, Wright JH: Cognitive behavior therapy manual for depressed inpatients: a treatment protocol outline. Behav Ther 22:579-595, 1991

Thase ME, Simons AD, Cahalane J, et al: Severity of depression and response to cognitive behavior therapy. Am J Psychiatry 148:784-789, 1991

Thase ME, Greenhouse JB, Frank E, et al: Treatment of major depression with psychotherapy or psychotherapy-pharmacotherapy combinations. Arch Gen Psychiatry 54:1009-1015, 1997

Turkington D, Dudley R, Warman DM, et al: Cognitive-behavioral therapy for schizophrenia: a review. J Psychiatr Pract 10:5-16, 2004

Walsh BT, Wilson GT, Loeb KL, et al: Medication and psychotherapy in the treatment of bulimia nervosa. Am J Psychiatry 154:523-531, 1997

Wilson GT Cognitive behavior therapy for eating disorders: progress and problems. Behav Res Ther 37 (suppl 1):S79-S95, 1999

Woody GE, Munoz A: Efficacy, individual effectiveness, and population effectiveness in substance abuse treatment. Curr Psychiatry Rep 2:505-507, 2000

Woody GE, McLellan AT, Luborsky L: Psychiatric severity as a predictor of benefits from psychotherapy. Am J Psychiatry 141:1171-1177, 1984

Wright JH: Cognitive-behavior therapy for chronic depression Psychiatr Ann 33:777-784, 2003

Wright JH, Thase ME, Beck AT, et al: Cognitive Therapy With Inpatients: Developing a Cognitive Milieu. New York, Guilford, 1993

Young J: Cognitive Therapy for Personality Disorders: A Schema-Focused Approach. Sarasota, FL, Professional Resource Exchange, 1990

【第十一章】建立認知行為治療的能力[1]

247 本書屬「心理治療核心能力系列」（Core Competencies in Psychotherapy, 系列主編 Glen O. Gabbard, M.D.）叢書之一，目的在幫助讀者建立基本心理治療的能力。本系列部分由「美國精神科住院醫師訓練指導學會」（American Association of Directors of Psychiatric Residency Training, AADPRT）所促成，學會採行了一項政策，就是針對在美國精神科住院醫師訓練計畫中的醫學院畢業生，建立包括認知行為治療和精神動力取向心理治療在內的一些核心心理治療的基本能力要求。本書並沒有具體著墨於這些能力，只提供了理論基礎，以及成為專業認知行為治療師所需具備的技巧。在這最末一章，我們將詳述AADPRT建議的能力準則，列出評估你學習CBT進展的評量方式，同時建議幾個你身為治療者的持續發展方式。

248 認知行為治療的核心能力

表11-1是AADPRT對精神科住院醫師能力標準的摘要（在AADPRT網站上亦可下載，網址：http://www.aadprt.org）。這些標準相當廣泛，對不同訓練背景的CBT老師或受訓學員應該都很有用。這些能力分成三個面向：知識、技巧及態度。瀏覽完這張

---

1 本章提到的項目，可在附錄一〈工作表及清單〉中找到，也可以在美國精神醫學出版社網站上免費取得較大的格式，網址：http://www.appi.org/pdf/wright

表格後，你會發現，這些標準和本書描述的概念、方法直接緊密結合。

AADPRT能力標準的主要價值在於列出學習這類治療的具體目標。如果你已經讀完本書的前十章，接受過基本CBT的課程，同時有接受臨床技巧的回饋或督導，你應該已經合乎AADPRT所建議的能力標準。要了解自己在學習CBT達到哪一個階段，我們建議進行接下來的練習。

練習11-1　CBT能力的自我評估

1. 閱讀表11-1的每一項目。
2. 評估自己在CBT上的知識、技巧、態度，用極佳（E）、尚可（S）、不足（U）為自己評分。不要把自我評估的標準訂在大師級治療師的程度，而是以完成住院醫師訓練、研究所訓練或是其他CBT教育訓練的治療師為標準。
3. 如果在知識、技巧、態度的任何一個項目發現問題，想個計畫來提昇自己的能力。計畫可以包括重讀本書的部分章節、複習上課筆記、尋求額外的督導，或是研讀其他資料。

249

表11-1　認知行為治療的能力標準

知識	技巧	態度
治療師應該了解到：	治療師應能夠：	治療師應該是：
___1.認知一行為的模式	___1.用CBT模式評估患者，作個案摘要	___1.同理、尊重、不評斷，以及合作的
___2.自動化思考、認知謬誤、基模、以及行為原則的概念	___2.建立並維持合作的治療關係	___2.對社會文化、社會經濟及教育議題有敏感度
___3.對常見疾患的認知行為系統性闡述	___3.教導患者所謂的CBT模式	___3.可以接受治療錄音或錄影回顧或是直接觀察
___4.認知行為治療的適應症	___4.教導患者基模，並幫助他／她了解這些信念的根源	
___5.會談架構、合作及問題解決的原理	___5.架構會談，包括設定議題、回顧與指派回家作業、處理重要問題，並善用回饋	
___6.心理衛教的基本原則	___6.利用活動排程及分級任務指派	
___7.行為方法的基本原則	___7.利用放鬆訓練及分級曝露技巧	
___8.認知技巧的基本原則，像是修正自動化思考與基模	___8.使用思考記錄的技巧	
___9.CBT繼續教育的重要性	___9.使用避免復發的技巧	
	___10.辨認他／她自己在治療中引發的想法和感覺	
	___11.完成一份CBT的系統性闡述	
	___12.在需要的時候尋求適當的諮詢	

出處：改編自Sudak DM, Wright JH, Beck JS, et al: "AADPRT Cognitive Behavioral Therapy Competencies." Farminton, CT, American Association of Directors of Psychiatic Residency Training, 2001. Available at: http://www.aadprt.org. Accessed May 16, 2005.

成為有能力的認知行為治療師

雖然沒有公開建議實施CBT標準訓練，但多數在這類心理治療領域有經驗的指導者都認為，綜合的學習經驗是必要的。對研究生、住院醫師或其他正接受培訓的治療師而言，這些經驗通常包括：

（一）基礎課程（美國認知治療學會〔the Academy of Cognitive Therapy, ACT〕建議至少需40個小時的課程）；
（二）指定閱讀（至少一份關於CBT理論和方法的核心文本，例如本書或其他特定主題的指定讀物）；
（三）個案系統性闡述的書寫；
（四）個案督導（個別或團體，或並行）；
（五）用錄音或錄影的方式，讓會談過程可以由有經驗的認知行為治療師檢視和評量；
（六）用CBT實際治療患者（10個以上不同診斷的個案，包括憂鬱症和不同類型的焦慮疾患）。

對於完成住院醫師或研究所訓練，但還沒接受CBT課程，或是相信必須接受額外教育才能更精通CBT的治療師，還有許多其他選擇。對治療師最嚴格同時也最完整的訓練計畫，是在費城貝克中心（Beck Institute in Philadelphia, Pennsylvania, http://www.beckinstitute.org）。校內與外地的訓練課程都有。在訓練計畫期間，治療師會接受至少六個月廣泛而詳盡的教育，同時也有每週固定的個別督導。以外地的訓練來說，督導者在聽過受訓者療程的錄音之後，以電話的方式進行督導。其他認知治療中

心也提供基礎與進階的課程，以及個別或團體形式的督導（見附錄二〈認知行為治療資源〉）

另外一種訓練職業治療師的方式，是為公司或機構訂立個別的教育計畫。比方說，本書作者之一（萊特醫師），曾為大型社區精神醫療中心的治療師舉辦為期一年的課程。參與的治療師之前都未接受過嚴格的CBT訓練。做為這計畫的一部分，四位資深治療師參加貝克中心的外地訓練，並且成為這位作者的助手，協助訓練超過四十位治療師的團體。起始課程是由作者及貝克中心的茱蒂思・貝克博士（Dr. Judith Beck），進行一個長度約八小時的工作坊。工作坊結束之後是作者每週的固定教學、四個額外的密集工作坊，以及由外地訓練研究員提供的每週督導。在訓練的這一年尾聲，每個外地訓練研究員都可以藉由進一步的個案督導，為機構內的其他治療師提供繼續教育。雖然這個訓練計畫需要可觀的資源，卻也成功地培訓出許多CBT治療師。

252

其他執業治療師獲得基本CBT能力的方式還包括：參加大型科學會議的工作坊、觀看大師級治療師的錄影帶、參加CBT研習營（例如由佩德斯基博士及合作夥伴〔Christine Padesky, Ph.D. and associates〕舉辦的認知治療營〔Camp Cognitive Therapy〕或其他訓練工作坊，網址http://www.padesky.com）、接受CBT個別督導（見附錄二〈認知行為治療資源〉）。美國認知治療學會（ACT）是CBT認證機構之一，其官網（http://www.academyofct.org）羅列出受訓機會，並提供經認證的認知行為治療師清單，能提供督導或其他訓練。

測量你的進展

CBT社群長久以來，都有評估治療師的技巧及提供建設性回饋的傳統。有些量表、清單及測驗可以使用（Sudak et al. 2003）。這裡我們描述四項工具，可以幫助你評估學習CBT的進展。

認知治療量表

對CBT熟練度給予回饋的主要測量方式，就是1980年由楊與貝克（Vallis et al. 1986）所發展的認知治療量表（Cognitive Therapy Scale，簡稱CTS，詳本章末尾附件）。認知治療量表包括11個項目（例如：會談議題設定與架構、共同合作、掌握節奏與有效運用時間、引導式發現、聚焦在重要認知及行為、運用CBT方法的技巧以及回家作業），用以評量治療者在CBT主要功能的表現。CTS的每個項目最高可以達到6分，所以總分最高為66分。整體評分在40分以上，通常代表在CBT中有令人滿意的表現。美國認知治療學會要求需在一次錄影會談中達到40分，才能夠申請認證。另外，CTS達40分也是評估CBT方法有效性的研究調查中，普遍用來認證CBT治療師的方式。（Wright et al. 2005）

CTS可以幫助你了解自己執行CBT時的強項及弱點，同時可以刺激進步的想法。底下這個練習會要你用CTS為一次治療會談打分數，並且跟同事或督導討論。 253

練習11-2　使用認知治療量表

1. 用錄影或是錄音記錄一次你的CBT會談。這次會談最好是和真正的個案進行，不過也可以用在一次角色扮演的療程。
2. 用CTS自我評估這次療程，也請同事或是督導評分。
3. 跟同事或督導討論評分。
4. 在這次療程中找到一些自己的優點。
5. 如果你自己、同事或督導發現需要改善的地方，列出你如何改進的想法。
6. 定期對治療錄影或錄音評分，直到你可以持續在這項評量得到40分或以上。

認知系統性闡述量表

ACT對撰寫個案概念化摘要已經發展出特定的CBT認證準則。對個案系統性闡述及治療計畫的詳細指導，可以在ACT官網上找到，網站也提供一份書面的個案系統性闡述範本。許多CBT的訓練計畫採用了ACT針對個案概念化摘要的準則及評分系統，並且要求有一份或以上的系統性闡述。

在第三章〈評估與系統性闡述〉裡所描述的系統性闡述，是以ACT指導原則為基礎。因此，你應該已經知道，如何完成合乎ACT標準的個案概念化摘要。個案概念化的項目評分在0-2分（0 = 沒有，1 = 有但不符合要求，2 = 有且符合要求）。認知系統性闡述量表（CFRS）針對三個領域表現評分：（一）個案病史（兩項）；（二）系統性闡述（五項）；（三）治療計畫及療程（五項）。ACT的通過標準是總分24分中取得20分。本項評分標準在

254

ACT網站上可以找到。

我們發現，書寫一份個案的系統性闡述，是學習CBT最有效率的方式之一。如果你花時間好好思考系統性闡述，寫下來，並且得到督導或其他有經驗的認知行為治療師的回饋，你可以建立起相當的經驗及技巧。撰寫概念化摘要的確很花功夫，不過會很有收穫。

練習11-3　使用認知系統性闡述量表

1. 從ACT網站下載撰寫個案概念化摘要的指導，並且閱覽網站上提供的書面系統性闡述以及評分標準。
2. 使用系統性闡述工作表[2]來整理自己的觀察和計畫，然後用ACT的指導原則，撰寫一份完整的個案概念化摘要。
3. 使用CFRS的評分準則，對所撰寫的個案概念化摘要進行自我評估。
4. 請督導或有經驗的認知行為治療師為你的概念化摘要評分，並討論你對於個案的了解及治療想法。

認知治療覺察量表

255

雖然認知治療覺察量表（Cognitive Therapy Awareness Scale, CTAS）原本是發展用來評估進行CBT治療的患者對CBT知識瞭解的程度（Wright et al. 2002），現在也被使用在各項訓練計畫，做為對基本概念及名詞理解狀況的前測或後測。CTAS並不是對

2　空白的工作表可在附錄一〈工作表及清單〉中找到。關於工作表的更多資訊，請參照第三章〈評估與系統性闡述〉。

CBT知識的完整評估，不過可以用來檢測學習主要理論與方法的進度。這份量表包含四十個是非題，內容有關自動化思考、認知謬誤、基模、思考記錄、活動排程以及辨別認知扭曲。

CTAS的四十個問題中，每答對一題得1分。所以，如果之前沒有學習過任何有關CBT的知識，預期分數應該是20分。量表最高可以達到40分。CTAS針對患者族群的研究顯示，在接受CBT之後，分數明顯提高（Wright et al. 2002, 2005）。例如，在一項研究中，96位接受電腦輔助CBT以治療憂鬱或焦慮的患者，在使用電腦課程之後，平均分數由原本的24.2分進步到32.5分。雖然CTAS並沒有在訓練的應用上被正式研究過，但從我們用於精神科住院醫師的經驗上看出，在基礎課程之前，平均分數通常介於20幾到30左右。一如預期，在完成CBT課程、閱讀及其他教育經歷之後，CTAS的分數會大幅提高。CTAS由萊特等人在2002年出版。

認知行為治療督導清單

如果你正在接受或提供CBT督導，應該會有興趣使用AADPRT標準能力評鑑小組的幾位成員所擬定的認知行為治療督導清單（Sudak et al. 2001）。清單內容包括兩部分：（一）在每次療程應該要展現的能力（例如：「維持合作的經驗關係」、「展現使用引導式發現的能力」，以及「有效設定議題與會談結構」）；（二）在整個療程應該要展現的能力（例如：「依據CBT的系統性闡述，設定目標與治療計畫」、「教導患者CBT模式和／或治療介入方式」，以及「能夠利用活動或愉悅事件排程」）。認知行為治療督導清單在可在附錄一〈工作表及清單〉中找到。

CBT的持續經驗與訓練

要保持CBT的技巧，規律地演練認知行為介入方法，以及利用學士後的教育機會，是很重要的。另外，如果希望可以更增加能力的深度及廣度，就得尋求進一步的學習意見。我們督導及訓練CBT治療師的經驗是，如果沒有規則使用並接受持續教育的刺激，能力會萎縮。

在本章早先提到，我們建議參加科學會議的工作坊、觀看認知行為治療大師的錄影帶，以及參加教育性研習營，可以幫助建立基本能力（詳見「成為有能力的認知行為治療師」一節）。同樣的經驗，也對維持臨床認知行為技巧能力及發展新領域的能力有用。例如，針對雙極性疾患、難治型憂鬱、精神分裂症、飲食性疾患、創傷後壓力症候群、慢性疼痛、人格疾患以及其他的狀況討論CBT方法的課程或工作坊，都時常在國內或國際會議舉辦（例如，美國精神醫學會年會、美國心理學學會，以及行為治療發展學會；見附錄二〈認知行為治療資源〉）。

閱讀CBT相關書籍，可以幫助你在運用這些方法時學到新方式。在附錄二〈認知行為治療資源〉中有提供參考書目，來擴展你的CBT知識。我們含括了由亞隆・貝克及其同僚所寫的有關憂鬱症、焦慮疾患及人格疾患的經典文章，以及多樣化主題的書籍，像是婚姻及團體治療、對精神病的治療，以及進階的CBT技巧。

另外一個更能精通CBT的方式，是申請ACT的認證。這個組織認證的條件，包括使用CTS為你送交的錄影資料評分，以及依循ACT指導原則寫出一份個案系統性闡述，這在本章前面的部分討論過（見「認知治療量表」以及「認知系統性闡述量表」二節）。在申請認證期間的學習及準備，也是磨利CBT能力的有效方法。通過ACT認證的會員，也有機會接觸到很多相當棒的繼續教育機會，包括登入電子郵件通聯清單、收到CBT發展的最新資料，以及參加由大師級治療師與研究者開設的特別課程。

關於你做為認知行為治療師的繼續成長，我們最後一個建議是，參加持續進行的研討會或CBT督導團體。這類型的團體學習經驗會由認知行為治療中心、教育機構以及其他臨床及研究機構定期提供。在本書主要作者診間進行的每週督導團體，提供了療程錄影帶的回顧與評分、角色扮演示範，以及其他幫助治療師拓展特定CBT技巧的學習模式（例如：難治型憂鬱症、人格疾患、住院病人認知行為治療、團體治療及纖維肌痛症）。雖然就CBT的資歷來看從新手到專家都有，儘管如此我們仍要求每位成員輪流負責帶資料來聚會，參與學習的過程。如果在你的社區沒有類似這樣的團體，可以考慮自己組一個。很多的認知行為治療師都非常重視像這樣的繼續督導團體，因為它們可以提供刺激與學習的討論空間。

結論

在這結尾的一章，我們描述了幾種評估精通程度的有效方式，提供了一些拓展知識及建立專業的方法。努力在這項治療上培養能力，會有很多好處。能夠有效並持續地提供治療，可以幫助你達到好的結果。另外，現在有各種特定的CBT方法，可供幾乎所有可以進行心理治療的精神疾患使用。研究這些方法，可以幫助你增加有效治療不同類型患者的能力。我們希望，這一類治療的進一步教育，可以讓你更了解認知行為的典範，以及它改變患者生活的力量。

參考書目

Sudak DM, Wright JH, Beck JS, et al: AADPRT Cognitive Behavioral Therapy Competencies. Farmington, CT, American Association of Directors of Psychiatric Residency Training, 2001. Available at: http://www.aadprt.org. Accessed May 16, 2005.

Sudak DM, Beck JS, Wright JH: Cognitive behavioral therapy: a blueprint for attaining and assessing psychiatry resident competency. Acad Psychiatry 27:154-159, 2003

Vallis TM, Shaw BF, Dobson KS: The Cognitive Therapy Scale: psychometric properties. J Consult Clin Psychol 54:381-385, 1986

Wright JH, Wright AS, Salmon P, et al: Development and initial testing of a multimedia program for computer-assisted cognitive therapy. Am J Psychother 56:76-86, 2002

Wright JH, Wright AS, Albano AM, et al: Computer-assisted cognitive therapy for depression: maintaining efficacy while reducing therapist time. Am J Psychiatry 162:1158-1164, 2005

Young J, Beck AT: Cognitive Therapy Scale Rating Manual. Philadelphia, PA, Center for Cognitive Therapy, 1980

附件：認知治療量表

259 治療師：＿＿＿＿＿＿＿＿＿＿ 患者：＿＿＿＿＿＿＿＿＿＿

治療日期：＿＿＿＿＿＿＿＿＿ 療次編號：＿＿＿＿＿＿＿＿＿

指導語：用0-6分來對底下的表現評分，然後把分數記在項目前方畫線處。底下的描述都是用偶數分來評量，如果你覺得分數應該介於兩個描述之間，用中間的奇數（1,3,5）來給分。

如果各部中的給分描述不適用於你所評量的治療，不妨略過它們，採用下面提供的更一般的評分方式：

0	1	2	3	4	5	6
極差	勉強	尚可	普通	好	佳	絕佳

259 第一部分：一般治療技巧

＿＿1.議題

0　治療師沒有設定議題。

2　治療師設定了模糊或不完整的議題。

4　治療師與患者共同設定雙方都滿意的議題，同時包括特定目標問題（例如：工作時的緊張、對婚姻的不滿）。

6　治療師與患者共同設定針對目標問題的適當議題，有效運用時間。排定優先順序，並遵照議題進行。

____2.回饋

0　治療師未要求回饋以了解患者對於本次會談的理解或反應。

2　治療師引導出患者一些回饋，但是沒有問足夠的問題去確定患者是否了解治療師在本次會談中所用的邏輯，或是確定患者是否對本次會談滿意。

260

4　治療師詢問了足夠的問題去確定患者是否了解本次會談治療師所用的邏輯，或是確定患者是否對本次會談滿意。治療師並針對回饋，對自己的行為做適當的修正。

6　治療師熟練地在療程間引導語言或非語言的回饋，並且作出反應（例如：引導對治療的反應、定時檢視了解程度、在會談結束時幫忙綜括重點）。

____3.了解

0　治療師一再誤解患者直述的話，因而總是失焦。差勁的同理心技巧。

2　治療師通常可以反應或重述患者直述的話，但一再無法對更細微的溝通回應。有限的傾聽及同理能力。

4　治療師大致上可以由直述及更細微的溝通中，掌握其中反映出的患者的「內在現實」（internal reality）。不錯的傾聽及同理能力。

6　治療師可以透徹地了解患者的「內在現實」，也可以熟練地將這項了解用語言或非語言的方式，適切地傳遞給患者。（例如：治療師回應的腔調，傳達了對患者「訊息」的同理了解）。絕佳的傾聽及同理能力。

____4. 人際效益

0　治療師人際技巧差，看起來充滿敵意、貶抑，或是在某些部分對患者有破壞性。

2　治療師看起來不會有破壞性，但有明顯的人際問題。有時候治療師表現出不必要的不耐煩、冷淡、不誠懇，或是在展現自信、能力上有困難。

4　治療師展現了令人滿意的溫暖、關心、信心、真誠以及專業。沒有明顯的人際問題。

6　治療師展現了最理想的溫暖、關心、信心、真誠以及專業。完全適合此次療程中這位獨特的患者。

261

____5. 合作

0　治療師沒有嘗試與患者建立起合作關係。

2　治療師有嘗試與患者建立起合作關係，但在界定患者關切的問題或建立醫病關係上有困難。

4　治療師可以與患者合作，把焦點放在患者與治療師都覺得重要的問題上，同時建立起醫病關係。

6　絕佳的合作關係，治療師鼓勵患者在療程中盡可能扮演活躍的角色（例如：提供選擇），以發揮團隊功能。

____6. 掌握節奏及有效利用時間

0　治療師沒有嘗試組織治療時間。會談感覺漫無目標。

2　會談有一些方向，但是治療師在組織及節奏掌握上有明顯問題（例如：結構太少、沒有彈性、過快或過慢的節奏）。

4　治療師合理而成功地有效運用時間，合宜地控制討論的走向及節奏。

6　治療師藉由熟練地限制旁支末節與沒建設性的討論，以及很快地抓到適合患者的節奏，來有效利用時間。

第二部分：概念化，策略及技巧

____7.引導式發現

0　治療師多在爭辯、說服，或「說教」。治療師像是在對患者作交叉詰問，使患者生起防禦心，或是將自己的觀點強加在患者身上。

2　治療師過度依賴說服及爭辯，而不是引導發現。不過，治療師的風格支持度足夠，不會讓患者感覺到被攻擊或是生起防禦心。

4　治療師大多時候都能透過引導式發現幫助患者看到新的觀點（例如：檢視證據、考慮替代思考、權衡利弊），而不是透過爭辯。可以適當地運用詢問。　262

6　治療師熟練地在療程間利用引導式發現發掘問題，並幫助患者自己達成結論。在有技巧的詢問及其他介入方式間達到絕佳的平衡。

____8.聚焦在重要認知或行為

0　治療師沒有嘗試去引發特定的想法、假設、影像、意義或行為。

2　治療師使用適當的技巧去引發認知及行為；但是，治療師在尋找焦點有困難，或是聚焦在與患者的重要問題無關的認知及行為。

4　治療師聚焦在與標的問題相關的特定認知或行為上。但是，治療師還可以更進一步集中到更核心的認知或行為，以提供更佳的進展可能性。

6　治療師有技巧地聚焦在重要想法、假設、行為等事項，都與問題高度相關，同時提供重要進展的可能性。

____9.改變的策略

（註：這個項目的焦點在於治療師改變策略的品質，而不是這項策略如何有效地施行或是否真的有所改變。）

0　治療師沒有選擇認知行為技巧。

2　治療師選擇了認知行為技巧，不過，整體策略帶來的改變不是很模糊，就是看來對患者幫助成效不大。

4　治療師有針對改變的整體相關策略，顯示出合理的成效保證，並合併認知行為技巧。

6　治療師針對改變遵循一致的策略，看起來大有可為，並且合併適切的認知行為技巧。

263 **____10.運用認知行為技巧**

（註：這個項目的焦點在於技巧運用的熟練度，而不是對標的問題的適切度或是否真的有所改變。）

0　治療師沒有運用任何認知行為方法。

2　治療師使用認知行為方法，但是在運用的方式上有明顯瑕疵。

4　治療師運用認知行為方法，技巧中等。

6　治療師非常有技巧且機智地運用認知行為方法。

____11.**回家作業**

0　治療師沒有嘗試在認知治療中併用相關的回家作業。

2　治療師在併用回家作業有明顯困難（例如：沒有回顧上一次的回家作業、對回家作業解釋不清、指派不恰當的回家作業）。

4　治療師有回顧上次的回家作業，並針對當次會談正在處理的事件指派「標準的」認知治療回家作業。有清楚解釋回家作業。

6　治療師有回顧上次的回家作業，並謹慎地對下週的治療分派認知治療的回家作業。內容量身訂作，以幫助患者合併使用新的觀點、測試假設、試驗在這次會談討論的新行為等。

____總分

出處：重印自 Young JE, Beck AT: Cognitive Therapy Scale. Philadelphia, University of Penesylvania, 1980. 經同意使用。

附　錄

【附錄一】工作表及清單[1]

265 內容

1 附錄一可以在美國精神醫學會出版社的網站上免費完整下載更大的格式，網址 http:www.appi.org/pdf/wright。

a 改編自萊特等人「好日子就在前方：認知治療的多媒體程式」（Wright JH, Wright AS, Beck AT: *Good Days Ahead: The Multimedia Program for Cognitive Therapy.* Louisville, KY, Mindstreet, 2004）。允許讀者在臨床用途上使用這些項目。

認知行為治療個案系統性闡述工作表

266

病患姓名：　　　　　　　　　　　　　　日期：

診斷／症狀：

成長因素影響：

情境問題：

生物、基因與醫療因素：

長處／有利的條件：

治療目標：

事件一	事件二	事件三
自動化思考	自動化思考	自動化思考
情緒	情緒	情緒
行為	行為	行為

基模：

工作假設：

治療計畫：

267 自動化思考清單

說明：過去二個星期中，你曾經出現下列哪些負面自動化思考？

請在旁邊打勾。

___我的人生應該過得更好。

___他／她不了解我。

___我讓他／她失望。

___我再也無法享受事情的樂趣。

___為何我這麼軟弱？

___我總是把事情搞得一團糟。

___我的人生沒有出路。

___我無法處理它。

___我快要失敗了。

___我吃不消了。

___我沒什麼未來可言。

___情況失控了。

___我想要放棄。

___一定會有壞事發生。

___我一定是有什麼問題。

思考改變紀錄

情境描述	自動化思考	情緒	合理的反應	結果
a. 導致不悅情緒的真實事件，或 b. 導致不悅情緒的思考，或 c. 不愉快的身體感覺。	a. 寫下情緒之前的自動化思考。 b. 為自動化思考的相信程度評分，從0%到100%。	a. 標明悲傷、焦慮、憤怒等。 b. 為情緒的程度評分，從1%到100%。	a. 辨識認知謬誤。 b. 寫下自動化思考的合理反應。 c. 為合理反應的相信程度評分，從0%到100%。	a. 標示和評量接下來的情緒，從0%到100%。 b. 描述行為改變。

269 認知謬誤的定義

選擇性解釋（有時稱為**漠視證據**或**心智過濾器**〔mental filter〕）

定義　只用有限的證據就妄下結論。為了支持自己對情境的偏見，漠視或過濾掉重要的事實。

範例　一位低自尊的男性，沒收到某位老朋友的賀卡。他心想：「我失去了所有的朋友；根本沒有人會再關心我。」他忽略掉的證據有：還有很多老朋友寄賀卡給他；這位老朋友在過去十五年間，每年都有寄卡片給他，但去年因搬家、換工作而變得很忙碌；他自己和其他朋友仍然維持良好的關係。

武斷推論

定義　在只有矛盾或沒有證據的情況下做出的結論。

範例　一位害怕搭電梯的婦女被問到，她覺得在她搭電梯時，電梯突然掉下來的機率。她回答，有10%左右的機率電梯會掉落地面，而她會因此受傷。很多人企圖說服她，這種災難發生的機會是微乎其微。

過度類推（以偏概全）

定義　僅從幾個單獨的事件，就將結論不合理地外推到各種情境。

範例　一位憂鬱的大學生在考試中得了B，他覺得不滿意。他以偏概全地產生自動化的想法，如：「我這門課陷入麻煩了；我生活中的每個部分都一事無成；我一無是處。」

誇大與縮小

定義　歸因、事件或感覺被誇大或縮小。

範例　患有恐慌症的女性在恐慌發作時覺得頭昏，她心想：「我要昏倒了；我可能快要心臟病發作或中風了。」

個人化

定義　在很少或根本沒有憑據的情況下，將外在事件和自己相關聯。對於負面事件承擔過多的責任或自責。

270 範例　景氣較為衰退，一家過去很成功的企業也面臨年度預算的問題，必須考慮裁員。好幾間工廠都因此出現財務危機，但其中一位經理認為「這全是我的錯，我未能預見會發生這樣的事而先做些處裡，是我害慘了公司的所有員工。」

絕對性思考（也稱為二分法或全有全無思考）

定義　使用二分法來判斷自己、個別經驗或他人，例如：大好或大壞、大勝或大輸、全對或全錯。

範例　大衛，一位患有憂鬱症的男性，拿他自己和朋友泰德作比較。泰德看來擁有幸福的婚姻，小孩學業表現也很好。不過，他這位朋友雖擁有美滿的家庭生活，實際情況卻不盡理想。泰德的工作有問題、財力吃緊、身體也不好等等。大衛用二分法思考，他告訴自己：「泰德擁有所有的事物，我卻一無所有。」

271

自動化思考檢視證據工作表

指導語：

1. 辨識一個負面或困擾的自動化思考。
2. 然後列出所有支持或反對這個自動化思考的證據。
3. 在試著找出支持的證據中的認知謬誤之後，可以在最底欄寫下修正後的想法。

自動化思考：

支持的證據	反對的證據
1.	1.
2.	2.
3.	3.
4.	4.
5.	5.

認知謬誤：

替代思考：

每週活動排程

指導語：寫下每個小時的活動，用0-10分對這活動的掌控度（m, mastery）或完成度，以及樂趣（p, pleasure）或是從中得到的愉悅程度評分。0分表示完全沒有掌控感或是不覺得愉快，10分則代表完全掌控或是高度愉快。

	星期日	星期一	星期二	星期三	星期四	星期五	星期六
8:00 A.M.							
9:00 A.M.							
10:00 A.M.							
11:00 A.M.							
12:00 P.M.							
1:00 P.M.							
2:00 P.M.							
3:00 P.M.							
4:00 P.M.							
5:00 P.M.							
6:00 P.M.							
7:00 P.M.							
8:00 P.M.							
9:00 P.M.							

273 基模問卷

指導語：利用這份清單尋找任何可能的潛在思考規範。在你有的各個基模旁邊做記號。

健康的基模

____不論發生什麼事，我一定有辦法應付得來。
____如果我努力做某件事，終有一天能專精。
____我捱過來了。
____別人信賴我。
____我是個可靠的人。
____人們尊敬我。
____他們可以打敗我，但絕對打不倒我。
____我關心其他人。
____如果有預先準備，我通常能做得更好。
____我值得別人尊敬。
____我喜歡接受挑戰。
____沒有什麼好害怕的。
____我很聰明。
____我可以把事情理解清楚。
____我很友善。
____我可以應付壓力。
____問題愈困難，我愈能成長。
____我能夠從自己的錯誤中學習，進而成長。
____我是個好伴侶（好父母、好兒兒女、好朋友、好情人）
____一切都沒有問題。

失能的基模

____我必須完美，才會被接受。
____如果我選擇做某件事，就一定要成功。
____我真笨。
____沒有女人(男人)，我一無是處。
____我是個騙子。
____絕不能露出弱點。
____我很不討喜。
____一旦犯錯，我就一敗塗地了。
____我絕對無法自在和別人相處。
____我沒辦法完成任何事情。
____不管我怎麼做，都不會成功。
____這世界對我而言真是太可怕了。
____沒有人可以信賴。
____我必須永遠有所掌控。
____我很沒有吸引力。
____不要表露情感。
____別人會利用我。
____我很懶惰。
____當人們真正了解我，就絕不會喜歡我。
____要被接受，我得總是討人歡心。

檢視基模證據工作表

274

<table>
<tr><td colspan="2">指導語：
1. 指出一個你想要改變的負面或適應不良的基模，填入這個表格。
2. 寫下支持或反對這基模的證據。
3. 找出支持這適應不良基模證據中的認知謬誤。
4. 最後，把如何改變這基模的點子和如何付諸實行的計畫，記錄下來。</td></tr>
<tr><td colspan="2">我想要改變的基模：</td></tr>
<tr><td>支持這基模的證據</td><td>反對這基模的證據</td></tr>
<tr><td>1.
2.
3.
4.
5.</td><td>1.
2.
3.
4.
5.</td></tr>
<tr><td colspan="2">認知謬誤：</td></tr>
<tr><td colspan="2">檢視證據後，我對這基模相信的程度是：</td></tr>
<tr><td colspan="2">我所想到可以修正這基模的方式：</td></tr>
<tr><td colspan="2">我要如何修正基模，並用比較健康的方式進行：</td></tr>
</table>

275

認知行為治療督導清單[b]

治療師：________________________________

督導者：____________________ 日期：________________

指導語：用底下的清單監督並評估進行認知行為治療的能力。Part A所列是每次療程都應展現的能力，而Part B則是在進行了一段療程後展現的能力。這份清單不用於第一次或最後一次療程的表現評估。

Part A：在每次會談治療中應該展現的能力

能力	絕佳	滿意	須改善	未嘗試或沒有
1. 維持合作的經驗同盟				
2. 表達恰當的同理心及真誠				
3. 展現精確的了解				
4. 維持恰當的專業形象及界限				
5. 引發並給予適當的回饋				
6. 展現CBT模式的知識				
7. 展現運用引導式發現的能力				
8. 有效地設定議題與療程架構				
9. 回顧並指定有效的回家作業				
10. 指出自動化思考和／或信念（基模）				
11. 修正自動化思考和／或信念（基模）				
12. 使用行為介入或協助患者解決問題				
13. 靈活運用CBT方法以符合患者需要				

Part B：進行了一段或一系列療程後展現的能力

能力	絕佳	滿意	須改善	未嘗試或沒有
1.根據CBT系統性闡述設定目標及治療計畫				
2.教導患者CBT模式和／或治療介入				
3.展現使用思考紀錄的能力，或是其他回應功能不良認知的結構性方法				
4.會使用活動或愉悅事件排程				
5.會運用暴露法和不反應法，或是分級任務指派				
6.會運用放鬆和／或壓力因應技巧				
7.會用CBT復發預防方法				
評論：				

b 此清單由以下作者共同發展：Donna Sudak, M.D., Jesse H. Wright, M.D., Ph.D., David Bienenfeld, M.D., and Judith Beck, Ph.D., 2001

【附錄二】認知行為治療資源

Self-Help Books

Basco MR: Never Good Enough: How to Use Perfectionism to Your Advantage Without Letting It Ruin Your Life. New York, Free Press, 1999

Burns DD: Feeling Good: The New Mood Therapy, Revised Edition. New York, Avon, 1999

Craske MG, Barlow DH: Mastery of Your Anxiety and Panic, 3rd Edition. San Antonio, TX, Psychological Corporation, 2000

Foa EB, Wilson R: Stop Obsessing! How to Overcome Your Obsessions and Compulsions, Revised Edition. New York, Bantam, 2001

Greenberger D, Padesky CA: Mind Over Mood: Change How You Feel by Changing the Way You Think. New York, Guilford, 1996

Wright JH, Basco MR: Getting Your Life Back: The Complete Guide to Recovery From Depression. New York, Free Press, 2001

Computer Programs

FearFighter. Coventry, England, ST Solutions, 1996. Available at: http://fearfighter.com.

Tanner S, Ball J: Beating the Blues: A Self-Help Approach to Overcoming Depression. Randwick, Australia, Tanner and Ball, 1998. Available at: http://beatingtheblues.com.

Virtual reality programs by Rothbaum B et al. Decatur, GA, Virtually Better, 1996. Available at: http://virtuallybetter.com.

Wright JH, Wright AS, Beck AT: Good Days Ahead: The Multimedia Program for Cognitive Therapy. Louisville, KY, Mindstreet, 2004. Available at: http://www.mindstreet.com.

Videos of Master Cognitive-Behavior Therapists

Aaron T. Beck, M.D.: Demonstration of the Cognitive Therapy of Depression: Interview #1 (Patient With Family Problem). VHS or DVD. Bala Cynwyd, PA, Beck Institute for Cognitive Therapy and Research, 1977. Available from: http://beckinstitute.org.

Aaron T. Beck, M.D.: Cognitive Therapy of Depression: Interview #1 (Patient With Hopelessness Problem). VHS or DVD. Bala Cynwyd, PA, Beck Institute for Cognitive Therapy and Research, 1979. Available from: http://

beckinstitute.org.

Judith S. Beck, Ph.D.: Brief Therapy Inside Out: Cognitive Therapy of Depression. VHS. Bala Cynwyd, PA, Beck Institute for Cognitive Therapy and Research, 1979. Available from: http://beckinstitute.org.

Arthur Freeman, Ed.D.: Cognitive-Behavioral Couples Therapy (Psychotherapy Videotape Series—IV, Relationships). VHS. Washington, DC, American Psychological Association, 2004. Available from: http://apa.org.

Donald Meichenbaum, Ph.D.: Cognitive-Behavioral Therapy With Donald Meichenbaum, Ph.D. VHS. New York, Insight Media, 2000. Available from: http://www.insight-media.com.

Christine Padesky, Ph.D.: Cognitive Therapy for Panic Disorder. VHS or DVD. Huntington Beach, CA, Center for Cognitive Therapy, 1993. Available from: http://padesky.com.

Christine Padesky, Ph.D.: Guided Discovery Using Socratic Dialogue. VHS or DVD. Huntington Beach, CA, Center for Cognitive Therapy, 1996. Available from: http://padesky.com.

Professional Organizations With Special Interest in Cognitive-Behavior Therapy

Academy of Cognitive Therapy (http://www.academyofct.org)

American Association of Directors of Psychiatric Residency Training (http://aadprt.org)

Association for Advancement of Behavior Therapy (http://www.aabt.org)

British Association for Behavioural and Cognitive Psychotherapies (http://www.babcp.com)

European Association for Behavioural and Cognitive Therapies (http://www.eabct.com)

French Association for Behaviour and Cognitive Therapy (Association Française de Thérapie Comportementale et Cognitive; http://www.aftcc.org)

International Association for Cognitive Psychotherapy (http://www.cognitivetherapyassociation.org)

Centers of Cognitive-Behavior Therapy

United States

Alabama. Alabama Center for Cognitive Therapy, 7 Huddle Drive, Suite C, Birmingham, AL 35243, Phone: (205) 967-6611

Arizona. Center for Cognitive Therapy, 6991 East Camelback, Suite B-302, Scottsdale, AZ 85251, Phone: (480) 949-7995

California.

Fremont. Center for Cognitive Therapy, 39025 Sandale Drive, Fremont, CA 34538

Huntington Beach. Center for Cognitive Therapy, P.O. Box 5308, Huntington Beach, CA 92615-5308, Phone: (714) 963-0528, E-mail: mooney@padesky.com; Web: http://www.padesky.com

La Jolla. La Jolla Center for Cognitive Therapy, 8950 Villa La Jolla Drive, Suite 1130, La Jolla, CA 92037, Phone: (858) 450-0460, E-mail: cwiese5256@cs.com, brendaj@adnc.com, ATHorvath@cs.com

Oakland. Center for Cognitive Therapy, 5435 College Avenue, Suite 102, Oakland, CA 94818-1502, Phone: (415) 652-4455

San Diego. Cognitive Therapy Institute, 3262 Holiday Court, Suite 220, La Jolla, CA 92037, Phone: (858) 450-1101, E-mail: Jimshenk2@cs.com

Colorado. Cognitive Therapy Center of Denver, 2055 S. Oneida Street, Suite 264, Denver, CO 80224, Phone: (303) 639-9337

District of Columbia. Washington Center for Cognitive Therapy, 5225 Connecticut Avenue NW, Suite 501, Washington, D.C. 20015, Phone: (202) 244-0260

Florida. Florida Center for Cognitive Therapy, 2753 State Road 580, Suite 103, Clearwater, FL 34627

Georgia. Atlanta Center for Cognitive Therapy, 1772 Century Blvd., Atlanta, GA 30345, Phone: (404) 248-1159 or (800) 789-2228 for training program for professionals, E-mail: acct@cognitiveatlanta.com; Web: http://www.cognitiveatlanta.com

Illinois.

Chicago. Center for Cognitive Therapy, Department of Psychiatry, Northwestern University Medical School, 222 East Superior Street, Suite 200, Chicago, IL 60611

Cognitive Behavior Therapy Program, Department of Psychiatry (MC 913), University of Illinois at Chicago, 912 S. Wood Street, Chicago, IL 60612

Cognitive Therapy Program, 1725 W. Harrison Street, Suite 958, Chicago, IL 60612, Phone: (312) 226-0300

Kentucky. Kentucky Center for Cognitive Therapy, University of Louisville School of Medicine, Norton Psychiatric Center, PO Box 35070, Louisville, KY 40232, Phone: (502) 629-8880, E-mail: jwright@iglou.com

Maryland.

Baltimore. Baltimore Center for Cognitive Therapy, 6303 Greenspring Avenue, Baltimore, MD 21209, Phone: (301) 365-5959

Chevy Chase. Cognitive Therapy Center, 5530 Wisconsin Avenue, Suite 915, Chevy Chase, MD 20815, Phone: (301) 951-3668

Bethesda. Washington DC Area Center for Cognitive Therapy, 6310 Winston Drive, Bethesda, MD 20817, Phone: (301) 229-3066

Massachusetts.

Boston. Cognitive Therapy Research Program, Bay Cove Bldg., Suite 550, 66 Canal Street, Boston, MA 02114, Phone: (617) 742-3939

Newton Centre. The Center for Cognitive Therapy, 10 Langley Road, Suite 200, Newton Centre, MA 02158, Phone: (617) 527-3041

New Jersey. Cognitive Therapy Center of New Jersey, 49 Maple Street, Suite 401, Summit, NJ 07901, Phone: (908) 227-1550

New York.

Albany. Center for Cognitive Therapy of the Capital District, One Pinnacle Place, Suite 207, Albany, NY 12203, Phone: (518) 482-1815, E-mail: Johnel@aol.com, Dr_DMcCarthy@aol.com

Brooklyn. Cognitive Therapy Center of Brooklyn, 207 Berkeley Place, Brooklyn, NY 11217, Phone: (718) 636-5071

Great Neck (on Long Island). Cognitive Therapy Center of Long Island, 11 Middle Neck Road, Suite 207, Great Neck, NY 11021, Phone: (516) 466-8485

New York. American Institute for Cognitive Therapy, 136 East 57th Street, Suite 1101, New York, NY 10022, Phone: (212) 308-2440, E-mail: AICT@AOL.com; Web: http://www.cognitivetherapynyc.com

Cognitive Therapy Center of New York, 3 East 80th Street, New York, NY 10021

Long Island Center for Cognitive Therapy, 31 East 12th Street, Suite 1E, New York, NY 10003, Phone: (212) 254-0294, Web: http://www.facethefear.com

Nyack. Hudson Valley Center for Cognitive Therapy, 99 Main Street, Suite 114, Nyack, NY 10960, Phone: (845) 353-3399

North Carolina. Center for Cognitive Therapy of North Carolina, 2412 Basil Drive, Raleigh, NC 27612-2874, Phone: (919) 676-6711, E-mail: comprehab@mindspring.com

Ohio.

Cleveland. Cleveland Center for Cognitive Therapy, 24400 Highpoint Road, Suite 9, Beachwood, OH 44122, Phone: (216) 831-2500, E-mail: jpretzer@apk.net; Web: http://www.behavioralhealthassoc.com

Columbus (with branches in Reynoldsburg and Mt. Vernon). Center for Cognitive and Behavioral Therapy of Greater Columbus, 2121 Bethel Road, Suites C and E, Columbus, OH 43220, Phone: (614) 459-4490, E-mail: kda1757@earthlink.net

Pennsylvania.

Philadelphia. Beck Institute for Cognitive Therapy and Research, 1 Belmont Avenue, Suite 700, Bala Cynwyd, PA 19004-1610, Phone: (610) 664-

3020, E-mail:beckinst@gim.net; Web: http://www.beckinstitute.org
Center for Cognitive Therapy, University of Pennsylvania, Philadelphia, PA 19104, Phone: (215) 898-3466

Tennessee. Center for Cognitive Therapy, 340 21st Avenue North, Nashville, TN 37203, Phone: (615) 329-9057

Texas. Center for Cognitive Therapy, Glen Lakes Tower, 9400 N. Central Expressway, Suite 1212, Dallas, TX 75235, Phone: (214) 373-9605, E-mail: drpaul@why.net

Wisconsin. Cognitive Therapy Institute of Milwaukee, 1220 Dewey Avenue, Wauwatosa, WI 53213

Wyoming. Cognitive Therapy Program, 610 West Broadway, Suite L02B, Jackson, WY 83001, E-mail: Doctorjdoucette@aol.com

Australia

Centre for Cognitive Behaviour Therapy, 45 Balcombe Road, Mentone 3195, Melbourne, Australia, Phone: (03) 9585 1881; Web: http://www.ccbt.com.au

Brazil

Sociedade Brasileira de Terapias Cognitivas, Rua Jardim Botânico, 674—sala 108, Jardim Botânico, CEP: 22461-000, Rio de Janeiro, Brazil, Phone: (21) 2540-5238, E-mail: sbtc@sbtc.org.br; Web: http://www.sbtc.org.br

Canada

Toronto Center for Cognitive Therapy, Scotia Plaza, 49th Floor, 40 King Street West, Toronto, ON M5H 4A2, Canada, Phone: (416) 777-6699, E-mail: dubord@aol.com

United Kingdom

Oxford Cognitive Therapy Centre, Department of Clinical Psychology, Warneford Hospital, Oxford OX3 7JX, United Kingdom, Phone: (44) 1865 223986; Web: http://www.octc.co.uk

Recommended Reading

Barlow DH, Cerney JA: Psychological Treatment of Panic. New York, Guilford, 1988

Basco MR, Rush AJ: Cognitive-Behavioral Therapy for Bipolar Disorder, 2nd Edition. New York, Guilford, 2005

Beck AT: Love Is Never Enough: How Couples Can Overcome Misunderstandings, Resolve Conflicts, and Solve Relationship Problems Through Cognitive Therapy. New York, Harper & Row, 1988

Beck AT, Freeman A: Cognitive Therapy of Personality Disorders. New York, Guilford, 1990

Beck AT, Rush AJ, Shaw BF, et al: Cognitive Therapy of Depression. New York, Guilford, 1979

Beck AT, Emery GD, Greenberg RL: Anxiety Disorders and Phobias: A Cognitive Perspective. New York, Basic Books, 1985

Beck JS: Cognitive Therapy: Basics and Beyond. New York, Guilford, 1995

Clark DA, Beck AT, Alford BA: Scientific Foundations of Cognitive Theory and Therapy of Depression. New York, Wiley, 1999

Frankl VE: Man's Search for Meaning: An Introduction to Logotherapy, 4th Edition. Boston, Beacon Press, 1992

Freeman A, Simon KM, Beutler LE, et al (eds): Comprehensive Handbook of Cognitive Therapy. New York, Plenum, 1989

Guidano VF, Liotti G: Cognitive Processes and Emotional Disorders: A Structural Approach to Psychotherapy. New York, Guilford, 1983

Kingdon DG, Turkington D: Cognitive Therapy of Schizophrenia. New York, Guilford, 2005

Leahy RL (ed): Contemporary Cognitive Therapy: Theory, Research, and Practice. New York, Guilford, 2004

Linehan MM: Cognitive-Behavioral Treatment of Borderline Personality Disorder. New York, Guilford, 1993

Mahoney MJ, Freeman A (eds): Cognition and Psychotherapy. New York, Plenum, 1985

McCullough JP Jr: Skills Training Manual for Diagnosing and Treating Chronic Depression: Cognitive Behavioral Analysis System of Psychotherapy. New York, Guilford, 2001

Meichenbaum DB: Cognitive-Behavior Modification: An Integrative Approach. New York, Plenum, 1977

Salkovskis PM (ed): Frontiers of Cognitive Therapy. New York, Guilford, 1996

Turk DC, Meichenbaum D, Genest M: Pain and Behavioral Medicine: A Cognitive-Behavioral Perspective. New York, Guilford, 1983

Wright JH (ed): Cognitive-Behavior Therapy (Review of Psychiatry Series, Vol 23; Oldham JM, Riba MB, series eds). Washington DC, American Psychiatric Publishing, 2004

Wright JH, Thase ME, Beck AT, et al (eds): Cognitive Therapy With Inpatients: Developing a Cognitive Milieu. New York, Guilford, 1993

【附錄三】DVD使用指南

285 學習認知行為治療：實例指引

指示：將DVD放進DVD播放器或附有DVD光碟機的電腦中，將會呈現出封面頁面。選擇「主選單」(Menu)來看主選單螢幕，或稍待幾秒等主選單螢幕自動出現。選擇想看的個別影片。如果你是在個人電腦上觀看DVD，可以按壓滑鼠右鍵，就會出現控制選項，例如「主選單」、「暫停」和「播放」。

使用電腦DVD錄放裝置的系統需求（DVD播放器沒有系統需求），請見下一頁。

286 電腦DVD錄放裝置的系統需求

Windows XP

只要安裝相容的DVD解碼器，Windows XP的Windows Media Player就完全支援DVD錄放裝置。多數使用者電腦裡會配有DVD光碟機，硬碟製造商應事先就已將DVD解碼器安裝好了。

當你首次將DVD影片放入DVD光碟機時，會有提示指導你播放影片。如果你試著用Windows Media Player播放DVD時，出現錯誤訊息，你就需要DVD解碼器。如果你買的是附有DVD光碟機的個人電腦，請洽詢電腦製造商。製造商可能已經更新Windows XP的DVD解碼器驅動程式，可以下載更新，通常是免費的。

更多關於安裝DVD解碼器的資訊，請上微軟的支援網站

http://support.microsoft.com，見文章第306331篇。在「搜尋知識庫」（Search the Knowledge Base）欄中輸入「306331」，就可以找到這篇文章。

Windows Media Player 10的最低系統需求如下：

- 微軟Windows XP家用版（Home Edition），Windows XP專業版（Professional）、Windows XP媒體中心版（Media Center Edition），或Windows XP平板電腦版（Tablet PC Edition）
- 233 MHz或更高的處理器，例如Intel Pentium II 或Advanced Micro Devices（AMD）處理器
- 64MB記憶體
- 100MB可用的硬碟空間
- 有相容的DVD解碼器軟體的DVD光碟機
- 28.8Kbps的數據機
- 16位元的音效卡
- 超級VGA卡，顯示器解析度800×600
- 有64MB記憶體的顯示卡（視訊記憶體或VRAM）及Direct X Generation
- 擴音機或耳機
- 微軟Internet Explorer 6或Netscape 7.1

Mac OSX

下列的麥金塔電腦可支援DVD光碟機並播放視聽碟片：Power Mac G5、eMac、PowerBook G4、iBook、iMac，以及Mac mini computers。關於最新版本的DVD錄放裝置程式軟體，

請上蘋果電腦網站http://www.apple.com/macosx/features/dvdplayer。

287

影片編號	示範影片標題	時間（分／秒）
1	評估焦慮症狀：萊特醫師與吉娜	8:30
2	修正自動化思考：萊特醫師與吉娜	9:55
3	設定會談議題：司布真醫師與蘿絲	4:30
4	認知行為治療的心理衛教：司布真醫師與蘿絲	5:48
5	自動化思考的心理衛教：泰斯醫師與愛德	7:11
6	情緒改變：費茲傑羅醫師與克里斯	3:13
7	引導式發現：費茲傑羅醫師與克里斯	3:32
8	心像練習：費茲傑羅醫師與克里斯	4:21
9	產生合理的替代思考：費茲傑羅醫師與克里斯	6:22
10	檢視證據：費茲傑羅醫師與克里斯	10:27
11	認知預演：費茲傑羅醫師與克里斯	7:12
12	活動排程：泰斯醫師與愛德	10:22
13	分級任務指派：泰斯醫師與愛德	7:42
14	呼吸再訓練：萊特醫師與吉娜	7:12
15	暴露療法——建立階序：萊特醫師與吉娜	10:14
16	現場實境暴露療法：萊特醫師與吉娜	5:35
17	向下追問法：泰斯醫師與愛德	3:05
18	檢視基模的證據：泰斯醫師與愛德	11:03
19	排演修正後的基模：泰斯醫師與愛德	7:06
總長度		**133:20**

【附錄四】英文索引

編按：附錄所標示之數字為原文書頁碼，查閱時請對照貼近內文左右側之原文頁碼。

A

B

C

D

E

F

G

H

I

M

Q

R

T

U

V

W

Y

Z

學習認知行為治療：實例指引

Learning Cognitive- Behavior Therapy: An illustrated guide

作者—傑西・萊特（Jesse H. Wright, M.D., Ph.D.）、
莫妮卡・巴斯可（Monica R. Basco, Ph.D.）、麥可・泰斯（Michael E. Thase, M.D.）
譯者—陳錫中、張立人、莫庚翰、莊宜芳、許嘉月、林安省、倪信章、
王桓奇、郭佳倫、林彥鋒、劉彥平　審閱—陳錫中
共同出版—財團法人華人心理治療研究發展基金會

出版者—心靈工坊文化事業股份有限公司
發行人—王浩威　總編輯—徐嘉俊
執行編輯—裘佳慧　特約編輯—林婉華
內文排版—冠玫股份有限公司
通訊地址—106台北市信義路四段53巷8號2樓
郵政劃撥—19546215　戶名—心靈工坊文化事業股份有限公司
電話—02）2702-9186　傳真—02）2702-9286
Email—service@psygarden.com.tw　網址—www.psygarden.com.tw

製版・印刷—中茂分色製版印刷事業股份有限公司
總經銷—大和書報圖書股份有限公司
電話—02）8990-2588　傳真—02）2290-1658
通訊地址—248新北市新莊區五工五路2號(五股工業區)
初版一刷—2009年9月　初版十三刷—2023年11月
ISBN—978-986-6782-63-3　定價—600元

This work is a translation of the First Edition of Learning Cognitive-Behavior Therapy: An Illustrated Guide (Copyright © 2006) authored by Jesse H. Wright, Monica Ramirez Basco, and Michael E. Thase. The American Psychiatric Association has published a subsequent edition of this title in English which has replaced and superseded the First Edition. That title is *Learning Cognitive-Behavior Therapy: an Illustrated Guide*, Core Competencies in Psychotherapy, Second Edition (Copyright © 2017) authored by Jesse H. Wright, Gregory K. Brown, Michael E. Thase, and Monica Ramirez Basco. Series Editor: Glen O. Gabbard, M.D.

本著作為《學習認知行為治療：實例指引》（Copyright © 2006）第一版中文譯本，由傑西・萊特、莫妮卡・巴斯可、麥可・泰斯合著。美國精神醫學會已出版本書接續版本的英文本，取代原先的第一版，書名為《學習認知行為治療：實例指引》，心理治療核心能力系列，第二版（Copyright © 2017），由傑西・萊特、格雷哥里・布朗、麥可・泰斯、莫妮卡・巴斯可合著。系列主編：葛林・嘉寶醫師。

First published in the United States by American Psychiatric Publishing, Inc.,
Washington D.C. and London, UK

國家圖書館出版品預行編目資料

學習認知行為治療：實例指引／傑西・萊特（Jesse H. Wright），
莫妮卡・巴斯可（Monica R. Basco），麥可・泰斯（Michael E. Thase）合著；
陳錫中、張立人等 合譯.
-- 初版. -- 臺北市：心靈工坊文化, 華人心理治療研發基金會, 2009.9.
面；　公分. --（Psychotherapy；27）含索引
譯自：Learning Cognitive- Behavior Therapy: an illustrated guide
ISBN 978-986-6782-63-3（平裝附光碟片）
1. 認知治療法
178.8　　98010668